Library of Marxism Studies, Volume 2

马克思主义研究论库

第二辑

国家出版基金项目

阿尔都塞的马克思主义理论研究

Study on Althusser's Marxist Theory

王雨辰 著

中国人民大学出版社
·北京·

马克思主义研究论库
编委会名单

主编

庄福龄　罗国杰　靳　诺

委员（以姓氏拼音排序）

艾四林　陈先达　程恩富

顾海良　顾钰民　郭建宁

韩　震　郝立新　贺耀敏

侯惠勤　鲁克俭　梅荣政

秦　宣　石仲泉　吴易风

张雷声　郑杭生

出版说明

马克思主义是我们立党立国的根本指导思想，是我们认识世界、改造世界的强大理论武器，加强和推进马克思主义理论研究和建设，具有十分重要的意义。当前，随着中国特色社会主义伟大实践深入推进，新情况、新问题层出不穷，迫切需要我们紧密结合我国国情和时代特征大力推进理论创新，在实践中检验真理、发展真理，研究新情况，分析新矛盾，解决新问题，用发展着的马克思主义指导新的实践。时代变迁呼唤理论创新，实践发展推动理论创新。当代中国的学者，特别是马克思主义学者，要想适应时代要求乃至引领思想潮流，就必须始终以高度的理论自觉与理论自信，不断推进马克思主义中国化、时代化、大众化，不断赋予马克思主义新的生机和活力，使马克思主义焕发出强大的生命力、创造力、感召力，放射出更加灿烂的真理光芒。

为深入推进马克思主义理论研究、马克思主义中国化研究，中国人民大学出版社组织策划了"马克思主义研究论库"丛书。作为一个开放性的论库，该套丛书计划在若干年内集中推出一批国内外有影响的马克思主义研究高端学术著作，通过大批马克思主义研究性著作的出版，回应时代变化提出的新挑战，抓住实践发展提出的新课题，推进国内马克思主义研究，促进国内哲学社会科学的繁荣发展。

我们希望"马克思主义研究论库"的出版，能够受到广大读者的欢迎，为推动国内马克思主义研究和教学作出更大贡献。

中国人民大学出版社

目 录

第一章 阿尔都塞马克思主义理论的缘起与方法问题 1
  一、阿尔都塞：悲剧哲学家的理论生涯 1
  二、阿尔都塞马克思主义理论缘起的背景与理论主题 12
  三、阿尔都塞的哲学研究方法 18
  四、阿尔都塞的各种研究方法之间的关系 31

第二章 马克思主义与人道主义的关系考辨 34
  一、对马克思思想"认识论的断裂"的过程的考察 34
  二、马克思主义是"理论上的反人道主义" 43
  三、马克思主义是"理论上的反人道主义"论题的
      争论与评价 48

**第三章 阿尔都塞对"决定论的马克思主义理论"的
          批判** 61
  一、马克思主义理论不是对黑格尔哲学"颠倒"的结果 61
  二、"偶然相遇的唯物主义"的提出与内涵 75
  三、对"决定论式"的马克思主义理论的批判的理论得失 91

第四章 阿尔都塞对马克思主义哲学的阐发 99
  一、阿尔都塞的反经验主义认识论与"理论实践" 100

二、阿尔都塞对马克思主义哲学的新理解……………………… 112
　　三、马克思主义哲学（辩证法）与黑格尔哲学的根本区别…… 120
　　四、阿尔都塞对马克思主义哲学理解的特点与理论得失……… 135

第五章　阿尔都塞的意识形态理论……………………………… 150
　　一、意识形态的内涵与特点……………………………………… 150
　　二、意识形态的功能……………………………………………… 156
　　三、"意识形态国家机器"的概念与理论……………………… 162
　　四、阿尔都塞意识形态理论的理论得失与理论谱系…………… 171

第六章　阿尔都塞与当代马克思主义研究……………………… 183
　　一、阿尔都塞与西方马克思主义中的人本主义流派的关系…… 183
　　二、阿尔都塞与后马克思主义思潮……………………………… 205

参考文献………………………………………………………………… 220
后记……………………………………………………………………… 228

第一章　阿尔都塞马克思主义理论的缘起与方法问题

阿尔都塞的马克思主义理论并非是他闭门造车的结果，而是他对当时理论和政治局势探索的结果。拿他自己的话说，他的理论是"在特定环境下发布的公告，是在占统治地位的马克思主义哲学中既反对教条主义又反对右派对教条主义的批判的政治檄文，是在政治中反对经济主义及其人道主义'补充'的哲学檄文"①。具体说，他的理论主要针对的是当时流行于西欧共产党内的人道主义的马克思主义思潮和马克思主义阵营中盛行的将马克思主义理论政治实用主义化和教条主义化的做法。他强调，将马克思主义理论人道主义化、政治实用主义化和教条主义化的做法都贬损了马克思主义理论的科学性，无法真正发挥马克思主义理论的认识功能和意识形态职能，由此，他把捍卫马克思主义理论的科学性以及如何处理马克思主义理论的科学性和意识形态职能的关系，作为他理论探索的中心问题。

一、阿尔都塞：悲剧哲学家的理论生涯

路易·阿尔都塞（Louis Althusser，1918—1990）是当代法国著名的马克思主义研究者，法国共产党著名的马克思主义理论家，西方马克

---

① ［法］路易·阿尔都塞. 亚眠的答辩//中共中央编译局. 马列主义研究资料：1986年第3-4辑合刊. 北京：人民出版社，1986：294.

思主义中科学主义流派的著名代表人物（国内外学术界通常称之为"结构主义的马克思主义理论家"）。他以"保卫马克思"的姿态投入20世纪60年代的国际马克思主义阵营和法国共产党内的理论争论中。针对"人道主义马克思主义思潮"的盛行，他反其道而行，用"极端思维"的方式，旗帜鲜明地提出了"马克思主义是理论上的反人道主义"的理论命题，要求严格区分马克思主义理论同资产阶级哲学的原则界限，捍卫马克思主义理论的科学性；而为了反对苏联模式的经济决定论，他通过考察马克思和黑格尔的关系，提出了历史唯物主义是"多元决定"历史观的理论主张，以示他的马克思主义理论同经济决定论、技术还原论式的马克思主义理论模式的区别；针对当时马克思主义阵营对待马克思主义理论的政治实用主义化和教条主义化的指导思想，他力图解决马克思主义理论的科学性和意识形态职能的关系问题，由此他把马克思主义理论分成作为科学认识理论与认识工具的"历史唯物主义"和作为意识形态职能工具的"辩证唯物主义哲学"。他一生的理论探讨集中于"青年马克思"和马克思主义的关系问题，马克思和黑格尔、费尔巴哈等近代哲学家的关系问题，马克思主义和人道主义的关系问题，马克思主义理论的科学性和意识形态职能的关系问题，意识形态理论等，晚年又提出"偶然相遇的唯物主义"理论。他对这些问题所持的基本观点，无论是在当时，还是在现在，都引起热烈的争论，他的名字、著作和理论在20世纪六七十年代曾经风靡欧洲和拉美地区。而他提出了"征候阅读法"和"总问题"研究方法等哲学研究方法，并用这些方法重新解读马克思的《资本论》，无论从方法上，还是从理论观点上，都影响了法国的"后结构主义"。在东方马克思主义阵营中，他长期被看作马克思主义的"异端"而备受指责和批评，他的理论被看作用结构主义理论和方法解读马克思主义的结果；而在西方马克思主义阵营中，他又似乎是一个"正统的马克思主义理论家"；在法国思想界，他是不可绕过的思想家。他既主导了20世纪60年代法国马克思主义理论和思想发展的主题，同时又造就了一批后结构主义、后马克思主义和后现代主义思想家。要科学地评判他理论的得失，首先应考察他一生的理论探索和理论生涯。

阿尔都塞于1918年10月16日出生于阿尔及利亚首都阿尔及尔附近的比曼德利小镇的一个银行经理的家庭。阿尔都塞的母亲是一个小

第一章 阿尔都塞马克思主义理论的缘起与方法问题

学教师。1924—1930 年,阿尔都塞在阿尔及尔读完小学。1930—1936 年,阿尔都塞在法国最大的港口城市马赛读完中学。1936—1939 年,他在法国里昂市的帕尔卡公立中学为参加巴黎高等师范学校的入学考试做准备。1939 年他如愿以偿进入巴黎高等师范学校的文学院。不久德国法西斯侵入法国,1939 年年底,阿尔都塞应征入伍。第二年 6 月,他被德军俘虏,在德军集中营内度过了整整五年的囚禁生活。长期的战俘生活使他的身心受到巨大的伤害,也为他后来多次出现精神失常,直至 1980 年 11 月 16 日,因精神病发作而掐死了他的妻子埋下了祸根。

第二次世界大战后,阿尔都塞重新回到巴黎高等师范学校学习。二战中法国共产党组织了工人阶级的先锋队"人民抵抗战线",他们具有勇敢的献身精神和强大的历史作用,使法国共产党获得了巨大的政治声望,并成为法国战后第一大政党。因此在当时的巴黎高师出现了一些共产党员学生,法国的许多知识分子就是在这种情况下,逐渐走向工人阶级,走向共产党的,阿尔都塞当然也不例外。对于当时共产党对知识分子的这种吸引力,法国著名的哲学家萨特曾经有一段表述:"开始改变我的是马克思主义的现实,是在我眼前工人群众的沉重存在,这个巨大而又阴沉的队伍在体验和实行马克思主义,并在远处对小资产阶级知识分子产生一种不可抗拒的吸引力。……当新生的阶级意识到自己时,这种意识就对远处的知识分子产生作用,并使他们头脑里的想法分化瓦解。"[①] 对此,阿尔都塞自己也表示:"使我对政治产生热情的,是革命的本能、理智、工人阶级在争取社会主义的斗争中所表现的英勇精神。战争和多年被囚禁的生活,使我与工人、农民有了密切的接触,使我结识了不少共产主义战士。"[②]

在巴黎高师期间,在他的老师加斯东·巴什拉(也有译为"巴歇拉尔")的指导下,阿尔都塞完成了题为《黑格尔哲学中的内容的概念》的论文,从而获得在巴黎高师任教的资格。正是在巴黎高师,他遇到了后来成为他妻子的爱琳娜·李特曼,后者当时信仰马克思主义,正是在她的动员和影响下,阿尔都塞于 1948 年加入了法国共产党。在 20 世纪

---

① [法]让·萨特. 辩证理性批判:第一卷. 林骧华,徐和瑾,陈伟丰,译. 合肥:安徽文艺出版社,1998:18—19.

② [法]路易·阿尔都塞. 列宁和哲学. 杜章智,译. 台北:远流出版事业股份有限公司,1990:19.

四五十年代，阿尔都塞的研究兴趣主要集中于 18 世纪的法国政治和哲学，1959 年他发表了自己的第一部著作《政治和历史、孟德斯鸠、卢梭、马克思》，并向当时巴黎高师校长、黑格尔研究和马克思主义研究的专家让·依波利特提交了题为《法国 18 世纪的政治和历史》的博士学位论文提纲。他在 1975 年的博士学位论文答辩上，阐述了他对 18 世纪法国政治和哲学的研究，这被看作他后来研究和理解马克思思想的预备阶段。

真正使阿尔都塞投身于马克思主义理论研究的是 20 世纪 60 年代国际共产主义运动的政治现实，阿尔都塞指出："是政治决定了一切。不是一般的政治，而是马列主义的政治。……在五十年代和六十年代同样如此，理由你是知道的：'个人崇拜'的后果、二十大，然后是国际共产运动的危机。尤其不容易顶住现代'人道主义'意识形态的传播以及资产阶级意识形态对马克思主义的其他攻击。"① 那么，五六十年代的政治现实到底是怎样的呢？50 年代整个世界处在冷战时期，西方资产阶级对西方共产党、马克思主义研究采取了高压政策。1953 年斯大林逝世，赫鲁晓夫在 1956 年苏共二十大上做了反斯大林的"秘密报告"，批判了斯大林个人专权、个人崇拜以及在处理苏共和其他兄弟共产党关系问题上的霸权行为，一时间在国际共产主义运动中引起了轩然大波。由于当时马克思主义阵营对斯大林在社会主义建设过程中产生错误的根源，没有运用马克思的唯物史观予以科学的分析，它们不仅没有科学地揭示错误产生的经济根源和政治根源，而且简单地把一切错误产生的根源都归于斯大林的个人品格，其结果在整个国际共产主义运动中，造成了严重的思想混乱，也极大地损害了共产党在人民群众心目中的形象。资产阶级思想家乘虚而入，大力宣传人道主义的马克思主义，用资产阶级抽象的异化、人道主义思想来解释和统领马克思主义，也引发了关于"青年马克思思想"的大争论。阿尔都塞正是在这样的政治和理论环境之下，投身于马克思主义理论研究的。

针对青年马克思思想的争论，1960 年，阿尔都塞在法共理论机关刊物《思想》上发表《论青年马克思》（理论问题）一文，该文对青年马克思思想的性质、对青年马克思思想道路的看法既不同于传统的马克

---

① ［法］路易·阿尔都塞. 列宁和哲学. 杜章智，译. 台北：远流出版事业股份有限公司，1990：19.

第一章 阿尔都塞马克思主义理论的缘起与方法问题

思主义观点,也不同于当时法共党内的理论权威加罗迪、列斐伏尔等人,故引起了巨大的理论争论。为了反驳对他的各种批评与诘难,阿尔都塞又陆续发表《矛盾与多元决定》(研究笔记)、《卡尔·马克思的〈1844年经济学哲学手稿〉》(政治经济学与哲学)、《关于唯物辩证法》(起源的不平衡)、《马克思主义和人道主义》等论文,进一步阐发他的理论观点。1965年,他把上述论文结集,以《保卫马克思》为名公开出版,几个月后,他又出版了和巴里巴尔等人合著的《读〈资本论〉》一书。这两本书在当时引起巨大的争论,虽然出版社多次再版,但仍然供不应求。

上述两部阿尔都塞艰深的理论著作,之所以会产生如此大的影响,和他在书中所阐述的一套颇具匠心的反传统理论以及当时的社会政治现实是密切相关的。

阿尔都塞在《保卫马克思》和《读〈资本论〉》两部著作中,一反当时流行于法共党内的苏联模式的马克思主义理论,并对当时流行的理论观点进行了深刻的批判。他有感于当时教条主义盛行、政治实用主义盛行,导致人们无法科学地阅读马克思的著作,更谈不上对马克思主义理论进行科学研究。对当时的政治形势和理论形势,阿尔都塞指出,"战争突然结束了,我们立即投入到党所领导的大规模的政治斗争和意识形态斗争中去。……我们的哲学家不研究任何哲学,并把一切哲学都当作政治;对于艺术、文学、哲学或科学,总之对于整个世界,我们统统用无情的阶级划分这把刀来个一刀切。用一句挖苦的话来概括,那时只是漫无边际地挥舞'要么是资产阶级科学,要么是无产阶级科学'这面大旗。……我们当时所有的哲学家,在这条专横路线统治下,只能或者人云亦云,或者保持沉默,或者盲目信仰,或者被迫信仰,再不然就是尴尬地装聋作哑,绝没有其他选择的余地"①。阿尔都塞认为,用这种态度对待马克思主义理论,既无法科学地解释马克思主义理论,也无法抵御资产阶级哲学和意识形态的侵袭。因此,捍卫马克思主义理论的科学性,必须从复习马克思主义基本理论开始。正是抱着这样的态度,阿尔都塞投身于马克思主义理论研究和争论中,他以独特的理论运思,在这两部著作中,对马克思主义理论的内涵和特征做了全新的解释。这种

---

① [法]路易·阿尔都塞. 保卫马克思. 顾良,译. 北京:商务印书馆,2006:2-3.

全新的解释主要体现在他既构造了一个新的马克思的形象，同时也提出了一种新的阐释马克思哲学的方法。对此，日本学者今村仁司指出："两本书同时提出了两个主题。其中之一是，全面批判从 19 世纪下半叶到 20 世纪中叶出现的所有对马克思的解释，一扫渗透于马克思形象中的非马克思的意识形态，提出了切合马克思精神的马克思本来的思想和理论。再一个就是，阐明创造新的马克思形象的方法和立场。前一主题，在提供马克思的'历史科学'能够将自身作为科学的根据的同时，阐明马克思在科学研究过程中，事实上（潜在地）已经产生了'马克思的哲学'。后一主题，是从 20 世纪法国所开辟的'认识论'（即从社会的、历史的发展过程中理解、阐明科学知识产生条件的认识论，简而言之就是科学认识论）中，寻求解读马克思著作的方法。"①而这种新的研究方法和对马克思哲学的新阐释，正迎合了当时在西方青年中盛行的反传统的心态。

阿尔都塞的理论观点，特别是他对人道主义在马克思主义科学理论中的地位问题的看法，在法共党内引发了热烈的争论。1966 年法共中央专门举行会议，讨论阿尔都塞所表述的马克思主义理论，其核心就是"马克思主义和人道主义的关系"问题。其实，这个问题在法共党内的分歧和争论由来已久。一种观点以 R. 加罗迪为代表。加罗迪在 1956—1970 年曾经担任法共中央政治局委员，是法共党内著名的理论家。他在《马克思主义的人道主义》《人的远景》等著作中，认为马克思主义是理论上和实践上的人道主义，这既体现在"人"是马克思主义的出发点，也体现在马克思所设想的共产主义是人道主义的完成。加罗迪同时指出，马克思主义既是一种人道主义，也是一门科学，这二者并不矛盾，科学社会主义就是人道主义的社会主义，可以说，马克思主义之所以是人道主义，是因为它是科学；而它之所以是科学，是因为它人道。从这种观点出发，加罗迪对马克思主义做了人道主义的解释。他指出马克思主义的人道主义具有唯物主义和共产主义两个特征："说它是唯物主义的，因为异化的根源是在经济之中，不改造这种经济是不可能实现人道主义的。自由的第一任务，是使自由的物质条件出现。说它是共产主义的，因为人是他的社会关系的总和，这些关系一被歪曲，人就被剥夺了人性。只有为改造这些关系的斗争，只有集体的斗争，人才能获得

---

① ［日］今村仁司. 阿尔都塞：认识论的断裂. 牛建科，译. 石家庄：河北教育出版社，2001：6.

第一章　阿尔都塞马克思主义理论的缘起与方法问题

他的人性。"① 加罗迪的上述观点，加上列斐伏尔、萨特的存在主义的流行，使人道主义的马克思主义理论解说在当时法共党内占据了主导地位。而阿尔都塞则认为，"人道主义"不是一种科学理论，它是资产阶级的意识形态，不仅不能把它作为一个科学的理论分析当时的政治和历史，而且当时马克思主义者的突出任务就是清算这种意识形态哲学，严格划定马克思主义科学理论同资产阶级意识形态哲学的原则区别和界限。

对于当时的理论局势，阿尔都塞指出："对斯大林主义者的'教条主义'的批判，普遍地被共产主义知识分子当作一种'解放'。这种'解放'产生了一种具有深远影响的意识形态反应，即'自由'和'伦理'倾向，它自发地重新发现了'自由'、'人'、'属人的人'和'异化'等陈旧的哲学论题。这种意识形态的倾向在马克思的早期著作中寻找理论依据，而马克思的早期著作也确实包含了一种关于人、人的异化和人的解放哲学的全部论点。这些情况自相矛盾地改变了马克思主义哲学的局面。自三十年代以来，马克思的早期著作成了小资产阶级知识分子用以反对马克思主义的'工具'。这些早期著作，开始是一点一点地，以后又是大规模地被用来对马克思主义作一种新的解释。今天，许许多多的被苏共二十大从斯大林主义者的'教条主义'中'解放'出来的共产主义知识分子，正公开地发展这种新的解释，'马克思主义的人道主义'的论题和对马克思著作所作的'人道主义'解释正逐步地、不可抗拒地把自己的影响强加给当代的马克思哲学，甚至在苏联的和西方的共产党内部也不例外。"② 面对这种理论局势，阿尔都塞强调，必须反对这种以人道主义形式出现的伦理唯心主义哲学。也正是在这种情况下，阿尔都塞在《论青年马克思》等一系列论文中，旗帜鲜明地、有针对性地提出了一个富有论战性的命题：马克思主义是"理论上的反人道主义"，这在当时引起了巨大的反响，也进一步推进了关于"马克思主义和人道主义关系"问题的论战。为此，法共中央不得不于1966年召开中央会议对加罗迪和阿尔都塞之间的论战进行了评判。其结果是法共中央

---

① [法] R. 加罗迪. 人的远景. 徐懋庸，陆达成，译. 北京：生活·读书·新知三联书店，1965：380.

② [法] 路易·阿尔都塞. 致我的英语读者//中共中央编译局. 马列主义研究资料：1983年第5辑. 北京：人民出版社，1983：153-154.

一方面肯定阿尔都塞的"马克思主义是理论上的反人道主义"的论题捍卫了马克思主义理论的严密性,但是却割裂了马克思主义理论同工人阶级实践之间的关系,犯有"理论主义"的错误;另一方面,他们也批评加罗迪把马克思青年时期的人道主义同他成熟时期的著作混同,损害了马克思主义的科学性。大会最后得出的结论是:马克思主义是我们时代的人道主义。同资产阶级用以掩盖社会关系、为剥削和非正义辩护的抽象人道主义不同,它是从工人阶级的历史任务中产生出来的,工人阶级在解放自身的同时,也要解放全社会。

面对党的批评,阿尔都塞在坚持他的"马克思主义是理论上的反人道主义"理论命题的正确性的同时,也做了自我批评,承认自己的理论的确犯有"理论主义"的错误。为此,他在《列宁和哲学》一书中,认真地探寻了马克思主义理论的意识形态职能的问题。这既避免了和党发生正面的冲突,也显示了作为哲学家的阿尔都塞勇于承认错误、不懈探索的理论品格。当然,阿尔都塞和党的这种微妙关系,可以说一直伴随着西方马克思主义发展过程的始终。对此,佩里·安德森在《西方马克思主义探讨》中指出:西方各共产党的斯大林化,导致了他们在意识形态上从属于苏联的政策,这使得当时的理论家面临两种抉择,"一种抉择是,理论家加入共产党并遵守其严格的纪律。在这种情况下,他有可能同国内工人阶级的生活保持某种名义上的接触(无论如何,党必然得同工人阶级有联系),他还有可能至少获得马克思主义和列宁主义经典著作在哲学方面的连续性(研读马克思主义和列宁主义,在党内是强制性的)。以这样做来接近工人阶级日常现实斗争(虽然只是相对的接近),它的代价是对工人阶级斗争的实际情况保持缄默。在这一时期,在一个强大的共产党内部,任何一个未曾参与领导层的知识分子(或工人),都不可能对重大的政治问题发表哪怕是微不足道的独立见解,除非是以极其隐晦的形式。卢卡奇和阿尔都塞可作为这种抉择的例证"①。

20世纪60年代,是资本主义国家的多事之秋。在发达资本主义国家中相继发生了学生运动和工人运动。1967年6月,联邦德国激进的"社会主义学生联盟"领导的学潮使许多大学瘫痪,他们甚至提出了取消现行体制,成立学生和工人苏维埃的要求;1968年4月,美国哥伦

---

① [英]佩里·安德森. 西方马克思主义探讨. 高铦,文贯中,魏章玲,译. 北京:人民出版社,1981:59-60.

第一章 阿尔都塞马克思主义理论的缘起与方法问题

比亚大学激进的"学生争取民主社会组织"占领了大学图书馆,袭击校长办公室,导致了美国其他高校的学生风潮;1969年,意大利都灵工人占领工厂,反对雇主和工会。这其中影响最大的当属1968年5月在法国发生的学生运动,史称"五月风暴"。

1968年3月22日,巴黎大学学生集会抗议政府逮捕那些因为反对越南战争而向美国在巴黎的产业投掷炸弹的学生,巴黎大学的其他左翼学生组织闻讯赶来声援,导致学生风潮相继发生。如3月29日,农泰尔校区的学生抵制考试,未经当局准许在黎塞留剧场集会。4月5日,法国南部的杜鲁斯大学左、右两派学生发生争执,引来警察干预。5月3日,巴黎大学训导处将农泰尔校区带头闹事的左翼领袖邦迪等人招去"训导",却引来其同学的声援。学校当局呼吁他们解散未成,于是引来警察干预,双方发生了武斗,"五月风暴"由此爆发。几万学生和教师举行游行示威,并得到了外省学生的声援。5月12日,巴黎大学的学生占领学校,成立了"行动委员会",并使数百万工人加入游行的队伍,学生运动进入第二阶段。面对这场声势浩大的学生和工人运动,法国共产党不仅未施援手,甚至极力阻止工人与学生相结合,这场"无目标"的学生运动因此逐渐归于平息。

为什么会发生这样的学生运动?深层原因是当时的学生"对大学本身的理念以及背后整个资产阶级生活方式的质疑"[①]。60年代的法国经济迅速发展,而法国的整个高等教育体系相对落后,大学教育越来越不适应时代发展,要求变革大学教育的呼声日益强烈。更激进的学生则认为,大学不应该只是一处职业训练所,同时工作和生活也并不是意味着自私自利、庸庸碌碌和自我压抑。而整个60年代,法国把经济增长和科技发展作为最高的指导原则,物质生活水平提高,社会冲突相应减少;但是,社会文化的单向度性,不仅未能消除人们的压抑感,还导致了青年学生把文化的反叛作为反抗现代社会的一种方式。

面对这场学生运动,由于法共的反对态度,因此,阿尔都塞没有像萨特等人那样走上街头,而是和法共的策略保持一致,出奇地沉寂。但由于他在《保卫马克思》和《读〈资本论〉》两部著作中,对马克思主

---

① 于治中. 法国1968:终结的开始. 中文版序言//[意]安琪楼·夸特罗其,[英]汤姆·奈仁. 法国1968:终结的开始. 赵刚,译. 北京:生活·读书·新知三联书店,2001:12.

义理论"反传统"的解释,迎合了当时青年学生的精神追求,因此他仍被尊奉为青年学生的"精神领袖"。而阿尔都塞本人由于受到法共的压力,开始反思自己理论的失误。1970年,阿尔都塞发表《自我批评论文集》,对自己的理论观点既做了辩护性的阐发,也做了自我批评。

阿尔都塞在《自我批评论文集》中,坚持认为在马克思的思想发展过程中,存在着一个从意识形态时期向科学时期转变的"认识论的断裂",认为这对能否捍卫马克思主义的科学性至关重要;同时他也承认他的理论犯有下列错误:(1)他承认他犯了"理论主义"的错误,割裂了马克思主义理论同工人运动之间的联系。(2)他对"科学和意识形态对立"的划分存在问题,把"意识形态"简单地等同于谬误,本质上是"按照科学和非科学的理性主义思想方法来思考这一'断裂'和界定这一'断裂'。……因此把意识形态归结为谬误,把谬误称作是意识形态,赋予了这种理性主义游戏一种虚假的面貌"①。其结果就把"马克思主义同资产阶级意识形态的决裂仅仅归结为'断裂',把马克思主义同资产阶级意识形态的对抗归结为科学同意识形态的对抗"②。(3)他在否定自己是"结构主义者"的同时,承认自己同结构主义"调情"超过了一定的界限。(4)他承认自己的哲学忽视了阶级斗争。

通过以上的反思和自我批判,他在1971年出版的《列宁和哲学》一书中,既强调了做一个共产党人哲学家的困难,同时也对马克思主义哲学的意识形态功能进行了探讨。那么,为什么做一个共产党人哲学家异常困难呢?阿尔都塞从政治方面和理论方面进行了分析。他指出,一个职业哲学家入党后,在意识形态方面仍然是小资产阶级。他若要在哲学中站稳无产阶级的阶级立场,就必须对自己的思想进行革命改造。阿尔都塞认为,这种政治方面的困难对哲学家起着归根到底的决定作用;理论方面的困难则在于:为了说明无产阶级的阶级立场,必须要有正确的原则和方向,这就要求要有科学的理论作为指导,这也要求弄清楚马克思主义理论的真谛。问题在于当时在马克思主义理论中,历史唯物主义科学已经建立起来了,而辩证唯物主义哲学则以"实践的状态"存在着,因此,科学地阐述马克思主义哲学的内涵是当时共产党人哲学家面

---

① [法]路易·阿尔都塞. 自我批评论文集. 杜章智,沈起予,译. 台北:远流出版事业股份有限公司,1990:138-139.
② 同①142.

第一章 阿尔都塞马克思主义理论的缘起与方法问题

临的最艰巨的任务。为了解决马克思主义理论的意识形态功能问题，阿尔都塞把马克思主义理论分成一门科学（历史唯物主义科学）和一门哲学（辩证唯物主义哲学），认为历史唯物主义科学承担着科学认识的职能，和阶级斗争无关；辩证唯物主义哲学则承担着意识形态斗争的重任，是"理论领域的阶级斗争"，是以"哲学的方式对阶级斗争进行的干预"。

70年代是阿尔都塞的精神世界屡遭打击的年代。在国际共产主义运动中，法国共产党和共产国际、苏共的政策和策略保持高度的一致。阿尔都塞在政治上倾向于中国，他对中国和中国人民寄予美好的感情，认为社会主义的未来在中国。他把所写的《保卫马克思》一书不仅寄给了当时的中共中央政治局，而且在该书中，他还引用毛泽东的《矛盾论》中的论述为自己的观点做论证。1976年，毛泽东逝世，中共中央粉碎了"四人帮"，结束了长达十年的"文化大革命"，这对阿尔都塞无疑也是一个沉重的打击，他把这一切当作"马克思主义危机"的征兆。1977年11月，他在意大利举行的一次题为《革命后社会的权力与反对派》的研讨会上，做了题为《马克思主义的危机》的长篇发言，认为"马克思主义危机"产生的主要原因在于马克思主义理论本身存在着"困难、矛盾和空白"，它们显示了马克思主义理论的局限性。这些和他在《保卫马克思》《读〈资本论〉》《列宁和哲学》等著作中所显示出的高昂的革命论调是存在着明显的差别的。也正是这种理论上的困惑，对现实的失望，进一步加剧了他时常发作的精神病症，而不得不于1978年到精神病院进行治疗。1980年11月16日清晨，他精神病突发，并掐死了他的妻子爱琳娜，阿尔都塞的"杀妻事件"震惊了法国。① 1981年1月23日，法院裁决阿尔都塞不适合接受审判，因为他是在精神错乱的状态下杀人的。阿尔都塞虽然免于一死，但却从此被关进精神病院，彻底退出了法国马克思主义理论界和文化界。为什么这样的悲剧会发生，有作者写道："杀妻案发生，阿尔都塞一生奋斗的目标似乎都遭毁灭，然而事业最高峰早在他年轻时成就。三年以前，当法国共产党，包括密特朗总统的社会党宣布脱离其他左派，许多知识分子对共产党大感失望，此事件迫使阿尔都塞复兴马克思思想的计划胎死腹中。他向一

---

① 关于此点，可参见［美］爱德华·法克斯. 马克思主义哲学家阿尔都塞"杀妻事件". 当代, 1992 (9).

位朋友透露：'我的思想领域已遭摧毁，我不能再从事思考。'"① 从这一段话我们可以看出，阿尔都塞悲剧性的结局，不仅仅是他个人的悲剧，而且是他那个时代的悲剧。1990 年，阿尔都塞逝世，留给我们的是他的自传《来日方长》，初版就发行了四万册，这说明尽管阿尔都塞离开了法国马克思主义理论界、文化界，但他仍然是法国现代思想史上不可绕过的思想家，同样也是我们西方马克思主义研究不可绕过的理论家，他的悲剧性的结局，他所留给我们的理论，值得我们回味与反思。

二、阿尔都塞马克思主义理论缘起的背景与理论主题

1. "人道主义的马克思主义思潮"的兴起

"人道主义的马克思主义思潮"产生于 20 世纪 30 年代，其先行者是德国社会民主党右翼分子朗兹胡特和迈耶尔。他们在为 1932 年马克思的《1844 年经济学哲学手稿》首次公开发表所写的序言中公开宣称，《1844 年经济学哲学手稿》是"真正的马克思主义的启示录""马克思的中心著作"，与成年马克思写作《资本论》时的思想存在着本质的区别，由此开创了把"青年马克思"和"成年马克思"对立起来的先例，并获得了西方资产阶级学者的喝彩。由此，西方资产阶级学者或者用青年马克思的思想反对成年马克思的思想，制造"两个马克思"对立的神话；或者用青年马克思的思想来解释和统领整个马克思主义。具体说，就是用《1844 年经济学哲学手稿》一书中的抽象人道主义和异化思想，来解释和否定马克思在《资本论》中关于阶级斗争和剩余价值的学说，其实质是把马克思主义归结为抽象的人道主义，严重贬损了马克思主义理论的科学性、革命性和战斗性。而苏共二十大后，马克思主义阵营反思和批判斯大林主义和教条主义，也使得"人道主义的马克思主义思潮"开始在西方共产党内流行。

对于苏共二十大后西方共产党和马克思主义阵营中的理论发展状况，阿尔都塞在《保卫马克思》一书的新版序言《致我的英语读者》中指出："对斯大林'教条主义'的批判是被共产主义知识分子普

---

① ［美］爱德华·法克斯. 马克思主义哲学家阿尔都塞"杀妻事件". 当代，1992（9）.

第一章 阿尔都塞马克思主义理论的缘起与方法问题

遍当作一种'解放'来经历的。这种'解放'导致了一种深刻的'解放'——'伦理'倾向的意识形态反应。这种反应不由自主地恢复了'自由'、'人类'、'类自身'、'异化'等旧有的哲学主题。这种意识形态倾向在青年马克思的著作中寻找其理论的依据,而青年马克思的著作确实包含着人、人的异化及解放的哲学的所有论争。这种情况导致了马克思主义哲学中的一种反常的逆转。自从三十年代以来,青年马克思的著作被小资产阶级知识分子用作同马克思主义进行斗争的武器,后来却被一点一点地,甚至是广泛地用于对马克思主义的新'解释'中,而这种新解释今天已经被许多共产主义知识分子,被苏共二十次代表大会从斯大林教条主义'解放'出来的知识分子发展到了极致的地步。'马克思主义人道主义'的主题,马克思著作的'人道主义'解释逐渐地、并且是不可阻挡地加在了新近的马克思主义哲学之上,这在苏共和西方共产党内都一样。"① 而在法共党内加罗迪是宣扬人道主义马克思主义思潮的代表人物。他在《人的远景》一书中,提出处于一定具体历史阶段上的人是马克思主义的出发点,而在资本主义制度下,人处于异化的生存状态,马克思主义的任务就是要把工人阶级从异化的生存状态中拯救出来,使其成为完整的人。因此马克思主义从本质上说就是人道主义,科学社会主义就是真正的人道主义的社会主义。加罗迪的上述人道主义的马克思主义在法共党内占据统治地位,具有很大的影响。而在阿尔都塞看来,人道主义尽管曾经起过进步的历史意义,但它本质上却是资产阶级的意识形态,把马克思主义人道主义化实际上是把马克思主义降低为资产阶级意识形态,必然贬损马克思主义理论的科学性,他理论探索的目标之一就是要在马克思主义理论与资产阶级意识形态之间画一条严格的界限,从而捍卫马克思主义理论的科学性。

阿尔都塞理论建构的另一个理论背景是:以卢卡奇、葛兰西和法兰克福学派为代表的人本主义的西方马克思主义都强调"异化""人道主义"在分析当代西方人生存处境和探求人的解放道路过程中的价值和意义。对此,卢卡奇在《历史与阶级意识》一书中提出"总体性辩证法"和"物化理论",认为建立在"总体性辩证法"基础上的马克思主义哲学主要是通过发挥其批判价值向度,寻求无产阶级的自由和解放的。卢

---

① [法]路易·阿尔都塞. 保卫马克思. 顾良,译. 北京:商务印书馆,2006:248-249.

卡奇运用这种马克思主义哲学分析当代西方人的生存状态，指出当代西方人处于被资本和机器生产体系所支配的异化生存状态。法兰克福学派继承和深化了卢卡奇所提出的"异化论题"，不仅强调资本主义社会是一个"总体异化"的社会，而且进一步将马克思主义哲学人道主义化。马尔库塞的《历史唯物主义的基础》一文是他阐释马克思主义哲学性质和内涵的纲领性文献。在该文中，马尔库塞高度评价《1844年经济学哲学手稿》一书对于理解和阐发马克思主义哲学的价值和意义，甚至强调《1844年经济学哲学手稿》一书"使关于历史唯物主义的由来、本来含义以及整个'科学社会主义'理论的讨论置于新的基础之上"①，马尔库塞这里所说的"新的基础"就是指"人道主义和异化"思想。在他眼里，马克思主义是包含哲学批判、政治经济学批判和革命实践在内的一种总体性理论，其中哲学批判是总体性理论的核心和基础，这种哲学批判的核心就是对资本主义社会人的异化和价值贬损现象的批判，并通过这种批判来消除异化，最终实现人的本质。与马尔库塞一样，弗洛姆也立足于异化和人道主义解读马克思主义哲学，他的《马克思关于人的概念》一书集中体现了他对马克思主义哲学的看法。他反对那种把青年马克思和成年马克思的思想割裂和对立起来的做法，认为马克思的思想具有一贯性和连续性，这种一贯性和连续性就体现为"人和人的异化"问题始终是马克思主义哲学的主题，强调"马克思的目的不是仅限于工人阶级的解放，而是通过恢复一切人的未异化的、从而是自由的能动性，使人获得解放，并达到那样一个社会，在那里，目的是人而不是产品，人不再是'畸形的'，变成充分发展的人"②。可以说，把马克思主义理论人道主义化，是所有人本主义的西方马克思主义理论的共同点。

面对人道主义马克思主义思潮的流行，阿尔都塞明确指出：人道主义是资产阶级意识形态，把马克思主义理论人道主义化的做法只能贬损马克思主义理论的纯洁性和科学性，因此，要捍卫马克思主义理论的科学性，就必须严格辨识马克思主义哲学同资产阶级哲学的原则区别，这

---

① [美]赫伯特·马尔库塞. 历史唯物主义的基础//西方学者论《一八四四年经济学—哲学手稿》. 薛民, 译. 上海：复旦大学出版社, 1983：93.

② [美]埃里希·弗洛姆. 马克思关于人的概念//西方学者论《一八四四年经济学—哲学手稿》. 涂纪亮, 等译. 上海：复旦大学出版社, 1983：63.

2. 马克思主义哲学理论的教条化、政治化、工具化

由于当时国际共产主义运动中，盛行着对马克思主义理论的教条主义理解，对马克思主义理论采取了政治实用主义的态度，因此当时人们不是去建设、完善和发展马克思主义理论，而是把马克思主义理论当作满足意识形态需要的工具。对此，阿尔都塞指出："在哲学方面，那就是全副武装的知识分子如同围猎野兽一样地到处追逐错误。我们的哲学家不研究任何哲学，并把一切哲学都当作政治；对于艺术、文学、哲学或科学，总之对于整个世界，我们统统用无情的阶级划分这把刀来个一刀切。用一句挖苦的话来概括，那时只是漫无边际地挥舞'要么是资产阶级科学，要么是无产阶级科学'这面大旗。"① 对马克思主义理论的政治实用主义化做法的后果是马克思主义阵营只能把大部分时间花在宣传鼓动上，而无法展开对马克思主义理论的真正科学的研究，导致当时共产党内的知识分子只能牺牲自己的理论研究工作，一味地为了党的利益去搞政治斗争和意识形态斗争。在这种专制主义和教条主义路线的支配下，"我们当时所有的哲学家，在这条专横路线统治下，只能或者人云亦云，或者保持沉默，或者盲目信仰，或者被迫信仰，再不然就是尴尬地装聋作哑，绝没有其他选择的余地"②。因此，"哲学家却无路可走。只要他为了党去讲哲学和写哲学，他就只能人云亦云，只能对著名的引言在党内提出一些微不足道的不同见解。我们在哲学界没有听众。……当时，我们在政治上和哲学上深信自己达到了世界上唯一可靠的大陆，却不知道如何从哲学上去论证这一大陆的存在和可靠；其实，在我们每个人的脚下，除了信念以外，没有任何可靠的大陆可言"③。这种缺乏对马克思主义展开理论研究的状态，决定了要从理论上打败人道主义马克思主义思潮是不可能的，阿尔都塞由此强调，要科学回应人道主义的马克思主义思潮的挑战，就必须从复习马克思主义理论的基本知识入手。

阿尔都塞从三个方面进一步分析了当时法共党内缺乏马克思主义理论研究和理论修养的状况与原因。具体说：第一，与德国、苏联、波兰

---

① [法]路易·阿尔都塞. 保卫马克思. 顾良，译. 北京：商务印书馆，2006：2.
② 同①3.
③ 同①9.

和意大利等国不同，法国工人阶级和法共缺乏理论传统，无法产生真正有影响的马克思主义理论家。马克思主义理论家的出现必须借助知识分子对历史、科学和哲学的潜心研究，并能实际地参加工人运动。而这些国家的知识分子地位卑微，知识分子只有站在工人阶级的立场上，才能实现其自由，才能具有前途。而法国情况则完全不同，法国资产阶级把知识分子纳入反对封建主义的阵营，给予知识分子很高的地位和很大的自由空间，使知识分子不需要投身于工人运动改善地位和待遇，即便投身于工人运动，也难以摆脱资产阶级意识形态的影响，造成了工人阶级对知识分子的不信任。可以说，正是法国工人运动同知识分子的长期脱离致使法共缺乏理论传统。第二，法共缺乏理论传统又使它产生了看不起理论，尤其是看不起哲学理论作用的缺陷，这就决定了法共无法像欧洲其他共产党那样产生马克思主义理论大师。第三，法共不仅缺乏理论传统，而且法兰西民族在哲学和文化上的沙文主义习气，使法国对国外的理论研究成果缺乏必要的研究和吸收。正是上述三个方面的原因，既使法国无法摆脱教条主义的制约，又使法国对马克思主义理论的真正研究无法展开。而苏共二十大后教条主义的结束，原本为人们的研究获得了自由，为真正理解马克思主义理论提供了前提，但法共党内却流行人道主义的马克思主义理论，并把人道主义这种资产阶级意识形态当作自由和解放来体验。正是当时马克思主义阵营中对马克思主义理论的误读，使阿尔都塞把捍卫马克思主义理论科学性作为其理论介入局势的目标。

3. 阿尔都塞的三大理论主题

阿尔都塞强调人道主义是资产阶级的意识形态，把马克思主义理论人道主义化必然混淆马克思主义理论与资产阶级哲学的原则区别，因此，他反复强调捍卫马克思主义理论科学性的重要性。为了完成他提出捍卫马克思主义理论的科学性的任务，他提出应当在马克思主义理论和不属于马克思主义理论的意识形态之间划分严格的界限，具体说，主要包括两个方面的介入："第一重介入的目的是在马克思主义理论和哲学的（及政治的）诸种主观主义形式之间'画出一条分界线'，而马克思主义理论正是受到了这些主观主义的危害，或者说它们威胁着马克思主义。……第二重介入的目的是在马克思主义哲学及马克思主义历史科学

第一章　阿尔都塞马克思主义理论的缘起与方法问题

的真正的理论基础与前马克思主义的唯心主义观念之间'画一条分界线'，当前对马克思主义所作的'人的哲学'或'人道主义'的解释就建立在此类观念之上。"① 阿尔都塞认为只有划分这两条界限，才能真正捍卫马克思主义理论的科学性。为此，他采用"总问题"研究方法，把科学与意识形态对立起来，强调马克思思想发展过程中存在着一个从非科学的意识形态时期向科学时期转变的所谓"认识论的断裂"，并有针对性地提出了马克思主义是理论上的反人道主义、反经验主义、反历史主义的命题。如何捍卫马克思主义理论的科学性可以说是阿尔都塞马克思主义理论的第一个主题。

针对当时马克思主义阵营对待马克思主义理论的政治实用主义的做法，阿尔都塞批评这种对待马克思主义理论的态度，只会起到弱化马克思主义理论政治功能的作用。因此，如何处理马克思主义理论的科学性与意识形态职能的关系问题，成为阿尔都塞马克思主义理论的第二个主题。为了解决这个问题，他一方面把"意识形态"当作非科学的认识排斥在马克思主义理论之外，另一方面又认为马克思主义理论必然具有指导工人阶级获得自由和解放的意识形态职能。于是，他把马克思主义理论划分为"辩证唯物主义哲学"和"历史唯物主义科学"两部分内容，在《保卫马克思》一书中把"辩证唯物主义哲学"规定为关于"理论实践的理论"。在他的这个观点被批评为具有"理论主义"的错误和倾向之后，他又在《列宁和哲学》一书中把"辩证唯物主义哲学"规定为"理论领域的阶级斗争"，其功能在于服务无产阶级争夺世界观的斗争。在他那里，"辩证唯物主义哲学"与科学认识无关，只承担意识形态功能；"历史唯物主义科学"则只承担认识功能，与意识形态无关。他实际上是以割裂"辩证唯物主义哲学"与"历史唯物主义科学"的内在统一，来保证马克思主义理论的科学性和意识形态职能的统一的。在此基础上他进一步提出了"镇压性国家机器"和"意识形态国家机器"的区分，借以说明当代资产阶级是如何通过政党、大学、宗教场所和家庭赋予人们不同的社会角色，进行资产阶级生产关系的再生产的，对当代意识形态和文化研究产生了重要影响。

---

① [法] 路易·阿尔都塞. 保卫马克思. 顾良，译. 北京：商务印书馆，2006：251-252.

反对对马克思主义理论的教条主义理解是阿尔都塞马克思主义理论的第三个主题。阿尔都塞认为当时马克思主义阵营流行的对马克思主义理论的经济决定论、技术还原论的解释，仅仅把马克思主义理论看作对黑格尔哲学颠倒的结果，无法真正把握马克思哲学革命变革的实质。由此他通过对马克思思想发展史的考察，提出了马克思主义理论是"多元决定论"的命题，并坚持"历史无主体的过程"的思想，强调马克思并不是简单地颠倒黑格尔哲学，而是对黑格尔的辩证法、社会历史理论进行了根本性的改造，通过与以黑格尔哲学为代表的近代资产阶级哲学决裂，形成了新的理论总问题，而创立了历史唯物主义科学。把马克思主义理论解释为经济决定论、技术还原论，实际上是立足于近代哲学思维方式来解释马克思主义理论，无法真正把握马克思主义理论的实质与意义。基于上述认识，阿尔都塞在晚年又明确提出马克思的唯物主义是"偶然相遇"的唯物主义，目的在于反对对马克思主义经济决定论、技术还原论的解释。

　　围绕上述三大主题，阿尔都塞提出了"总问题"研究方法和"征候阅读法"，以"科学与意识形态对立论"为基础，通过对马克思思想发展史的考证，提出了"认识论的断裂""马克思主义是理论上的反人道主义、反经验主义和反历史主义""多元决定论""理论实践""意识形态国家机器"等命题和概念，以及"偶然相遇的唯物主义"等理论，这些命题和理论对国外马克思主义哲学的发展起了巨大的推动作用。

三、阿尔都塞的哲学研究方法

　　阿尔都塞把人道主义马克思主义思潮提出的关于青年马克思和成年马克思的关系问题看作资产阶级思想家对马克思主义阵营的一种"挑衅"，能否科学回应这种"挑衅"则关系到马克思主义的生死存亡。但是当时马克思主义阵营或者由于教条主义的束缚，或者由于对马克思主义理论研究的不足，仓促应战，不仅没有从理论上回答人道主义马克思主义关于青年马克思和成年马克思的关系问题，反而用人性、异化和人道主义来体验自由和解放，这就凸显了加强马克思主义理论研究的重要

第一章 阿尔都塞马克思主义理论的缘起与方法问题

性。在阿尔都塞看来,要科学回答人道主义的马克思主义关于"两个马克思"的关系问题,首先必须具备科学的哲学研究方法。他把这种科学方法规定为"总问题"研究方法和"征候阅读法",他在此基础上提出了"科学与意识形态对立论",并通过对马克思思想史的研究,最终形成了他的系统的马克思主义理论。

1. 理论"总问题"研究方法

阿尔都塞反对当时马克思主义阵营中流行的用"未来完成式"的哲学史方法论研究青年马克思思想的做法,指出这种方法的特点是在青年马克思身上寻找"唯物主义成分"、"唯心主义成分"和"马克思主义成分",仿佛青年马克思注定要成为一个马克思主义者一样。而马克思为什么一定要以及怎样成为"成年马克思"式的马克思主义者这些必须回答的问题则在这种哲学史方法论之外。其根本原因在于这种"未来完成式"的哲学史方法论存在着内在的缺陷。这种"未来完成式"的哲学史方法论是以三个理论前提为基础的。具体说:一是分析性前提。即任何理论体系和任何思想结构都能够还原为各自的组成部分,可以脱离整个理论体系,对理论体系的各组成部分单独进行研究,也可以把它与属于另一个理论体系的类似成分相比较。二是目的论前提。即先建立一个历史的秘密法庭,先提出某种目的论的观念,然后在这个观念的支配下,对构成理论体系的各部分的意义进行评判。比如:先验地提出某种"什么是马克思主义"的观念,然后在这种观念的支配下,评判马克思不同历史时期的思想和著作。这种评判方法显然是先验论的。因为"什么是马克思主义"的观念的得出,应该建立在对马克思思想发展真实道路考察的基础上。三是观念论前提。即认为考察观念的发展只要着眼于观念本身就够了,不需要和现实的历史发展联系起来。这一哲学史方法论实际上脱离了马克思思想发展的真实道路,脱离了马克思思想发展与其所处的社会历史环境的关系来探讨青年马克思的思想,因此,即便正确地区分了青年马克思思想中的"唯物主义"和"唯心主义"成分,但它们如何在马克思那里构成一个整体,如何判定马克思思想整体的性质又是这一方法论无法回答的问题,更无法说清楚"青年马克思"在整个马克思主义中的地位。因此,阿尔都塞从捍卫马克思主义理论科学性这一目的出发,主张用理论"总问题"研究方法来研究马克思的思想史及马克思主义理论。

之所以必须采用理论"总问题"研究方法有三个方面的原因：第一，决定思想的意义的是思想的方式，即思想"总问题"，只有从"总问题"出发，组成部分才能在特定的思想中被思考。因此，应该首先搞清楚青年马克思在其理论发展各个阶段的不同的理论"总问题"。这就要求我们必须透过马克思著作的表面文字，找出隐藏在其中的"总问题"，才能确定马克思在思想发展不同阶段的理论性质。第二，每一个独特的思想整体的意义取决于它同现有意识形态环境的关系，以及取决于同作为意识形态环境的基地并在这一环境中得到反映的社会问题和社会结构的关系及其变化。第三，推动思想发展的主要动力不在该思想的内部，而在它的外部，在思想家的个性以及同历史的联系中。那么，我们必须分析清楚阿尔都塞所说的理论"总问题"研究方法的内涵与特征。

理论"总问题"[1] 在阿尔都塞那里相当于理论思维方式或理论生产方式，它决定了理论家的理论视野，决定了理论家看得见或看不见的领域。因此，他强调："科学只能在一定的理论结构即科学的总问题的场所和视野内提出问题。这个总问题就是一定的可能性的绝对条件，因此就是在科学的一定阶段整个问题借以提出的诸形式的绝对规定。"[2] 在理论"总问题"中，看得见与看不见的东西不是由主体所决定的，而是由理论"总问题"的内在结构所决定的，它们在理论"总问题"中具有内在统一的关系。"决定看得见的东西的这种关系也决定着看不见的东西，把它看作是看得见的东西的影子。总问题领域把看不见的东西规定并结构化为某种特定的被排除的东西即从可见领域被排除的东西，而作为被排除的东西，它是由总问题领域所固有的存在和结构决定的。看不见的东西禁止和压制了某种领域对它自己对象的反思即总问题对它的对象之

---

[1] 理论"总问题"（Problematic），在学术界有多种用法。关于 Problematic，国内学术界有多种译法和解释，主要有"总问题""问题系""问题框架""问题提法"等，张一兵教授在《问题式、症候阅读与意识形态：关于阿尔都塞的一种文本学解读》（中央编译出版社 2003年版）一书中主张译为"问题式"，意指"理论问题生产方式"，笔者赞同张一兵教授的观点。笔者认为"总问题"实际上就是指"思维范式"或者"思维方式"，"思维范式"实际上也就是指理论生产方式，它决定了解释对象和建构理论的基本原则。

[2] ［法］路易·阿尔都塞，艾蒂安·巴里巴尔. 读《资本论》. 李其庆，冯文光，译. 北京：中央编译出版社，2001：17.

第一章 阿尔都塞马克思主义理论的缘起与方法问题

一的内在必然关系。……在这里,看不见的东西和看得见的东西一样也不再是主体看的职能。"① 从阿尔都塞以上论述可以看出:第一,理论"总问题"实际上是理论家的理论思考方式,它决定了理论家如何思考、回答和提出理论问题,相当于库恩所说的"范式"。第二,理论家的理论思考虽然受理论"总问题"的支配,并在理论"总问题"内思考,但理论家一般不思考理论"总问题"本身,因而对理论"总问题"往往是无意识的。因此,"一般说来,总问题并不是一目了然的,它隐藏在思想的深处,在思想的深处起作用,往往需要不顾思想的否认和反抗,才能把总问题从深向深处挖掘出来"②。要把握马克思的理论在不同阶段的性质,就必须找出支配马克思理论思考的理论"总问题"。第三,理论或认识的发展本质上是理论"总问题"的"场所转换",这种"场所转换"不是"由主体的看引起,而是主体在它所处的场所进行反思的过程。……在这种变化中,主体所起的作用并不是它自认为起到的作用而是过程的机制赋予它的作用"③。这实际上是强调认识是由理论"总问题"的内在结构所决定的无主体的过程。

阿尔都塞的理论"总问题"研究方法要求把握理论家思考的理论思维和理论框架,把握理论家提出理论问题的方式,把握思想体整体的理论性质。理论"总问题"一词原本是他的好友雅克·马丁提出的,阿尔都塞受结构主义方法论的影响,借用了雅克·马丁所提出的这个词。结构主义于20世纪60年代在法国兴起,其理论先驱是瑞士语言学家索绪尔,后经法国的列维-斯特劳斯、拉康、福柯、巴尔特而被运用于人类学、心理学、文艺理论等方面,逐渐成为流行于欧、美地区的一种新的哲学思潮。④ 其特点是把自然科学的研究方法引入人文科学和社会科学中,把"一切不符合他们的'科学'认识论的世界观和人生观都称为'意识形态论'"⑤。结构主义从哲学方法论的价值取向上看,具有"反主体论、反中心论、反历史主义、反目的论",强调结构共时性分析的

---

① [法]路易·阿尔都塞,艾蒂安·巴里巴尔. 读《资本论》. 李其庆,冯文光,译. 北京:中央编译出版社,2001:18.
② [法]路易·阿尔都塞. 保卫马克思. 顾良,译. 北京:商务印书馆,2006:56.
③ 同①20.
④ 关于"结构主义"的基本观点,可参见刘放桐,等. 现代西方哲学(修订本):下册. 北京:人民出版社,1999.
⑤ 李幼蒸. 结构与意义. 北京:中国社会科学出版社,1996:118.

特点。结构主义思潮从方法上看,其主要特点是:(1)认为作为整体的研究对象是由诸部分构成的,这些部分之间关系的总和就是结构。结构具有表层结构和深层结构之分,而研究对象的深层结构是看不见的,需要从对象各要素的关系中抽象出来。(2)强调结构的整体性或总体性,结构整体对于它的各部分具有优先的重要性,而构成结构的各要素、各成分没有自己独立的性质,它们的性质和意义取决于结构整体和各成分之间的关系。(3)强调共时态的研究方法,主张从对象的横断面揭示其内部结构,不主张从历史发展的角度研究对象。因此,结构主义反对线性因果观,认为结构与结构之间的差异和变迁,并不是某一种外部原因所引起的,而是结构内部各要素关系变迁的结果。阿尔都塞的理论"总问题"研究方法同结构主义一样强调整体性和共时态的研究方法,忽视和反对历时态的研究方法,表明了阿尔都塞在研究方法上深受结构主义的影响。理论"总问题"研究方法虽然具有肯定挖掘、发现理论家的理论思考框架、思维方式对于把握思想体理论性质的重要性,肯定考察思想体的变化必须关注理论家同外部环境的关系的作用,但是,阿尔都塞把思想体的变化看作从一个理论"总问题"向另一个理论"总问题"的转变和断裂,无法说清楚不同的理论"总问题"之间转换的中介和途径,导致在运用这一方法探讨马克思思想发展过程时,不仅无法真正说清楚青年马克思和成年马克思的思想关系问题,而且也造成他的诸多理论论断带有浓厚的神秘性。

2."征候阅读法"

由于理论"总问题"并非一目了然,因此阿尔都塞提出要用"征候阅读法"找出隐藏在深处的理论"总问题"。阿尔都塞无疑受弗洛伊德理论的影响,反对直接的阅读。"我们只是从弗洛伊德开始才对听、说(或沉默)的含义产生怀疑;这种听、说的'含义'在无辜的听和说的后面揭示了完全不同的另一种语言即无意识的语言的明确的深刻含义。"①也就是说,必须超越理论文本的范围展开阅读才能真正理解文本的真实含义。因此,"必须彻底改变关于认识的观念,摒弃看和直接

---

① [法]路易·阿尔都塞,艾蒂安·巴里巴尔. 读《资本论》. 李其庆,冯文光,译. 北京:中央编译出版社,2001:5.

第一章 阿尔都塞马克思主义理论的缘起与方法问题

阅读的反映的神话并把认识看作是生产"①。阿尔都塞认为,这种摒弃直接阅读而采取的方法就是"征候阅读法"。

在《保卫马克思》一书中,阿尔都塞曾经指出,以前阅读马克思主义的方法主要有两种:一种阅读方法由一些政治活动家提出,他们由于把全部精力投入政治,于是把哲学当作行动的宗旨。他们毫无保留地接受了《关于费尔巴哈的提纲》里那句把改造世界同解释世界对立起来、在理论上含糊不清的名言,倾向于通过哲学的实现达到哲学的末日,他们庆贺哲学已为政治所实现和为无产阶级所完成,并且在行动中已经死亡。另一种阅读方法则是由评论家所提出的。他们学着《德意志意识形态》一书中的某些实证主义公式的样子,宣告了"哲学的末日",这里使哲学结束的,不是革命的无产阶级及其革命行动,而是纯粹的科学。因此他们指望从文章中找到内容充实的科学论述,以弥补教条主义哲学空洞宣言的不足。上述两种阅读方法,在阿尔都塞看来都是存在问题的。第一种阅读方法实际上对马克思主义理论采取了政治实用主义和教条主义的态度,第二种阅读方法则把马克思主义降为实证主义。因此,他在《保卫马克思》一书中提出第三种阅读方法,即真正回到马克思那里去。这就要求我们不仅要对哲学本身进行批判,而且还要去接触和批判实际事物,并由此同哲学意识形态②相决裂。通过这双重批判,从我们自己的立场去重新开始对青年马克思的批判历程,越过阻碍我们认识现实的幻想浓雾,最后到达马克思主义真正的出生地。那么,这第三种阅读法到底是什么?阿尔都塞在《保卫马克思》一书中并没有详细阐述,到了《读〈资本论〉》一书中,他才明确地提出来并加以论述,这就是"征候阅读法"。

阿尔都塞以马克思对古典经济学的阅读和研究为例说明他所说的"征候阅读法"的内涵。在他看来,马克思实际上对古典经济学(如亚当·斯密)采取了一种双重阅读法。具体说,这种阅读法可以称为"回顾式的理论阅读法"。根据这一方法,马克思是通过自己的著作和观点来阅读古典经济学(如亚当·斯密)的。在这种情况下,斯密的著作是

---

① [法]路易·阿尔都塞,艾蒂安·巴里巴尔. 读《资本论》. 李其庆,冯文光,译. 北京:中央编译出版社,2001:15.

② 阿尔都塞这里所讲的哲学意识形态,是指非科学形态的哲学,即马克思主义哲学产生以前的资产阶级哲学。

通过马克思的著作被看到并且以马克思的著作为尺度的,斯密没有看到和没有理解的东西在马克思那里也表现为空缺。"这种阅读的结果无非是一致性和不一致性的记录,是对斯密的发现和空白、功绩和缺陷、他的出现和不出现的总结"①,这种阅读法提不出什么新的问题。在马克思那里,还有另一种阅读法,阿尔都塞称之为"征候阅读法",只有运用这种阅读法,才有可能发现新的理论。那么,到底什么是"征候阅读法"呢?在阿尔都塞看来,所谓"征候阅读法"就是"在同一运动中,把所读的文章本身中被掩盖的东西揭示出来并且使之与另一篇文章发生联系,而这另一篇文章作为必然的不出现存在于前一篇文章中"②。按照阿尔都塞的解释,他认为,一本书所写下的文字所反映的真实含义,"不可能从它的公开的语言中阅读出来,因为历史的文字并不是一种声音在说话,而是诸结构中某种结构的作用的听不出来、阅读不出来的自我表白"③。也就是说,任何一种理论既有表面的文字所显示出的表层结构,也有在文字后面隐藏的内在深层结构,这种内在结构对于作者而言,虽然是无意识的,但却是思想家从事理论思考的理论框架或理论总问题,它决定了该思想体的性质。因此,在阅读理论著作时,不仅要看到理论著作中写在纸上的原文,而且要看到原文没有明确说出,但是却隐藏在原文中的内在结构,即"空白、无和沉默",只有这样才能抓住该理论的本质,这种阅读方法就叫作"征候阅读法"。"单纯的字面上的阅读在论证中只能看到论述的连续性。只有采用'征候阅读法'才能使这些空白显示出来,才能从文字表述中辨别出沉默的表述,这种沉默的表述,由于突然出现在文字叙述中,因而使文字叙述出现了空白,也就是说丧失了它的严格性或者说它的表达能力达到了极限。一旦这种叙述的表达能力达到了极限,那么在其自身所开辟的领域中必然会出现叙述的空缺。"④ 因此,阿尔都塞认为,我们对马克思著作的阅读不应该仅停留于浅层的直接的阅读,也应该运用这种"征候阅读法",只有运用这种阅读法,才能找出马克思没有说出,但是又存在于马克思著作中的

---

① [法] 路易·阿尔都塞,艾蒂安·巴里巴尔. 读《资本论》. 李其庆,冯文光,译. 北京:中央编译出版社,2001:8.
② 同①21.
③ 同①6.
④ 同①94.

第一章 阿尔都塞马克思主义理论的缘起与方法问题

深层结构,即理论框架或理论总问题。

他由此指出,决不能认为马克思的整个哲学存在于一些论战性的著作中,只能说马克思的哲学①以哲学实践的方式,存在于分析资本主义生产方式的《资本论》中。因此,阿尔都塞强调,应该"对马克思以及马克思主义的著作逐一地进行'征候'阅读,即系统地不断地生产出总问题对它的对象的反思,这些对象只有通过这种反思才能够被看得见。对最深刻的总问题的揭示和生产使我们能够看到在其他情况下只是以暗示的形式和实践的形式存在的东西"②。阿尔都塞的"征候阅读法"要求不停留于理论著作的字面含义,而应透过这些字面含义,抓住理论家在写该部理论著作时进行理论思考的思维方式,应该说,这种阅读方法具有其合理性。从其理论渊源看,阿尔都塞实际上借用了法国结构主义者拉康的语义分析理论,而拉康的语义分析理论又源于弗洛伊德的精神分析学。

弗洛伊德(1856—1939)是奥地利著名的哲学家,他创立的精神分析学说对心理学、哲学、文学等其他社会科学都产生过重大的影响。他的学说的核心是把人的心理活动过程和人的行为看作"无意识"系统所决定的,它承载的是人的本能、欲望,总是希望不断地追求快乐。由此,他进一步把人的人格结构划分为"本我、自我、超我"三个部分。"本我"代表的是人的最原始的、无意识的本能冲动,它遵循着"快乐原则"行事;"自我"则是理性根据外部世界的要求,根据"现实原则"修正"本我",它主张在社会容许下最大限度地满足"本我"的要求;"超我"则是一个以理性和良知的形式支配"自我"的社会道德规范,它的功能主要是指导"自我"去压抑"本我"。因此,"自我"既要最大限度地满足"本我"的要求,也必须听从"超我"的指导,这样它们之间必然形成一种张力。当对"本我"的压抑过于强烈,使"本我、自我、超我"三者之间的关系过于紧张时,就会导致人患精神疾病。弗洛伊德在长期的医疗实践中,创造了"自由联想法"和"释梦理论"来医治精神疾病。

所谓"自由联想法",就是让患者在身心放松的状态下,使被压抑

---

① 这里阿尔都塞所说的马克思的哲学,是指支配马克思从事理论思维的理论总问题。
② [法] 路易·阿尔都塞,艾蒂安·巴里巴尔. 读《资本论》. 李其庆,冯文光,译. 北京:中央编译出版社,2001:26.

了的本能冲动、欲望以直接或乔装替换的形式进入意识,从而发现埋藏在患者心中的病原。1900年,弗洛伊德在《梦的解析》一书中,系统地提出了他的"释梦理论",其主要内容可归纳为:第一,梦是通往"本我"的捷径。因为人在睡眠的时候,"自我和超我"会放松警戒,那些被压抑的欲望和冲动就会进入人的意识而成为梦。通过分析这些梦,就可以发现被压抑的"本我"。当然梦所呈现的并不是被压抑的"本我"的直接显现,而是总以伪装的形式呈现的"本我",因此,弗洛伊德把梦分成两种,即显梦和隐梦。第二,显梦是梦境的表层,属于意识的层面,因此梦者醒来后能够记忆起来;隐梦是指梦的真实内容,属于前意识的层面。因此可以说,梦的显意仿佛是个假面,梦的隐意则是被假面所掩盖的真实冲动,它们长期被压抑而得不到满足。梦则为它们提供了满足的途径。第三,弗洛伊德把梦的隐意转化为梦的显意的过程称为梦的工作。梦的工作主要包括四种:(1)凝缩,即几种隐意以一种显意象征出现;(2)转移,即从隐意转化为显意时,梦中的情节可能彼此转移,梦者所讲的次要情节可能是梦的隐意中最重要的方面;(3)象征,也就是使隐意中被压抑的欲望改头换面,以象征在显意中出现;(4)润饰,即把梦中无条理的材料醒后加以系统化来掩盖真相。

弗洛伊德的精神分析学肯定了非理性因素在人的行为中的重要作用,创立了心理医疗的学说与方法,既是对心理学、医学的重大贡献,也逐渐渗透到其他的学科,如语言学、人类学、文学,甚至影响到了对马克思主义的研究。法国的语言学家拉康将精神分析学运用到语义学研究中,指出没有说出的东西和已经说出的东西同样重要。可以说,弗洛伊德的精神分析学以及拉康结构主义语义学正是阿尔都塞"征候阅读法"的理论渊源,这也是阿尔都塞肯定弗洛伊德对直接听说表示怀疑的说法的根本原因。

阿尔都塞的"征候阅读法"要求揭示支配理论家理论思考的理论"总问题",肯定理论文本的内在结构和整体意义,实际上是重视理论文本的"共时态"的意义和价值,要求重视认识结构中"无意识"的作用,这些都是其合理因素。但是,他所说的"征候阅读法"过于重视理论文本的"共时态"意义和价值,否定了理论文本的意义和价值不仅取决于其内部结构,而且必然要受到外部条件和环境的变化,实际上是把理论文本的"共时态"和"历时态"意义和价值割裂开来。事实上,任何一个理论文本的意义和价值不仅与其内在结构和理论"总问题"相关，也必然与历史条件的变化和时代需要、文化传统的差异密切相关。阿尔都塞的问题在于割裂了理论文本的"共时态"和"历时态"意义和价值的关系，片面强调理论文本的"共时态"意义和价值，而忽视和否定理论文本的"历时态"意义和价值，这种对待理论文本的形而上学态度必然使他在阐释马克思主义理论的过程中形成若干似是而非的论题，如马克思主义是理论上的反人道主义、反经验主义等，用他自己的话说是一种"极端思维"所致。此外，他虽然提出了认识结构中的"无意识"的作用问题，但是他不仅对"无意识"做了主观随意的解释，而且夸大了"无意识"在认识过程中的作用和地位，使他的"征候阅读法"具有浓厚的个人主观色彩和神秘性。事实上，"无意识"的确在人类认识过程中发挥作用，但是"无意识"本质上是人类认识过程中认识、思考长期积淀的结果，脱离理性认识的作用谈论"无意识"的作用，只会陷入主观主义、相对主义、神秘主义和非理性主义的错误中。

3. "科学与意识形态对立论"

阿尔都塞把科学和意识形态看作两个截然对立的理论总问题，并把这种科学和意识形态对立论的原则，运用于马克思主义哲学研究中，从而认为在马克思的思想中，存在着一个从非科学的意识形态时期到科学时期的所谓"认识论的断裂"。所谓"认识论的断裂"，是阿尔都塞借用他的老师加斯东·巴什拉的观点。巴什拉在《科学精神的形成》等著作中指出：要获得正确的认识和科学，必须首先克服"认识论障碍"。这些障碍大致可分为原初经验、常识经验和一般认识、言辞障碍、单一的实用认识、实体论、泛灵论、神话等，也就是说，一切科学都有它的开端，都有一个史前时期，科学就是在把史前时期的谬误不断地加以抛弃的同时产生出来的。在科学的这一产生过程中，史前时期的谬误总是同科学相对立的。"回首过去的谬误，人们发现，真理其实是由真正的精神忏悔构成的。事实上，人们摧毁错误的认识，克服精神本身妨碍精神化的东西，逆反先前的认识才能获得正确的认识。"[①] 科学家只是在获得了真理以后，才能以真理的立场来重新考察史前时期的谬误。阿尔都

---

① ［法］加斯东·巴什拉. 科学精神的形成. 钱培鑫，译. 南京：江苏教育出版社，2006：9.

塞继承和发展了他的老师的观点,把科学和意识形态的对立称为"认识论的断裂",意指任何科学的理论实践总是同它史前时期的、意识形态的理论实践划清界限,它们之间存在着理论上和历史上的质的中断。那么,为什么说科学和意识形态是对立的呢?阿尔都塞认为,这是由它们内在的理论"总问题"的不同特点所决定的。

　　阿尔都塞指出,"意识形态是具有独特逻辑和结构的表象(形象、神话、观念和概念)体系,它在特定的社会中历史地存在,并作为历史而起作用……作为表象体系的意识形态之所以不同于科学,是因为在意识形态中,实践的和社会职能压倒了理论的职能(或认识的职能)"①。在他看来,意识形态并不是以真实的方式反映外部世界,而是以想象、神话、幻想和颠倒的方式反映外部世界的,它是为统治阶级服务的工具,是统治阶级根据自己的意志调整人类与其生存条件的关系所必需的接力棒和跑道。也就是说,意识形态并非是对客观外部世界的真实反映,恰恰相反,意识形态是人对于社会的一种想象关系,是一种反映统治阶级利益的主观感受。"意识形态是个表象体系,但这些表象在大多数情况下和'意识'毫无关系;它们在多数情况下是形象,有时是概念。它们首先作为结构强加于绝大多数人,因而不通过人们的意识。它们作为被感知、被接受和被忍受的文化客体,通过一个为人们所不知道的过程而作用于人。"② 阿尔都塞同时还指出,意识形态所反映的不是人类同自己生存条件的关系,而是他们体验这种关系的方式,它既存在着真实的关系,也存在着体验和想象的关系。它是人类对于人类真实条件的生存关系和想象关系的多元决定的统一。当然,在意识形态中,真实关系不可避免地被包括到想象关系中,甚至它表达的是一种希望或一种留恋,而不是对现实的反映。可见,阿尔都塞虽然承认意识形态是人对外部客观世界的反映,但却认为这种反映本质上是人的一种主观意向,是人的一种利益体验。正因为意识形态是人们根据自己的利益调整生存关系,因此它对于阶级统治又是必不可少的,意识形态并不是胡言乱语,也不是可有可无的东西,而是社会生活的一种基本结构,它具有能动的功能。这种能动的功能主要体现在它不仅能在想象的关系中加强

---

　　① [法]路易·阿尔都塞. 保卫马克思. 顾良,译. 北京:商务印书馆,2006:227-228.
　　② 同①229.

第一章　阿尔都塞马克思主义理论的缘起与方法问题

或改变人类对其生存条件的依附关系，而且还使人们在意识形态的支配下，自以为是意识形态的主人。意识形态之所以对任何社会不可或缺，是因为"为了培养人、改造人和使人能够服从符合他们的生存条件的要求，任何社会必须具有意识形态"①。阿尔都塞的结论是，意识形态的社会职能和实践职能压倒了认识职能，是代表统治阶级利益的"虚假意识"。阿尔都塞的上述思想后来在《列宁和哲学》一书中，进一步发展成为"意识形态承担着资本主义生产关系的再生产"的著名观点。从以上论述我们可以看出，阿尔都塞实际上认为，意识形态虽然是任何一个社会所必不可少的，但它却是统治阶级根据自己的利益制造出来的，它并不客观地反映现实生活，意识形态在本质上属于一种非科学的"虚假意识"。

和意识形态不同，科学则是对客观外部世界的正确反映，"科学（科学是对现实的认识）就其含义而言是同意识形态的决裂，科学是建立在另一个基地之上，科学是以新问题为出发点而形成，科学就现实提出的问题不同于意识形态的问题，或者可以说，科学以不同于意识形态的方式确定自己的对象"②。科学和意识形态的对立就体现在：和意识形态以幻想的现实提出问题不同，科学提出的问题则建立在现实的基础上。这就决定了科学只有在抛弃意识形态理论"总问题"后，才得以形成。"谁如果要得到科学，就有一个条件，即要抛弃意识形态以为能接触到实在的那个领域，即要抛弃自己的意识形态总问题（它的基本概念的有机前提以及它的大部分基本概念），从而'改弦易辙'，在一个全新的科学总问题中确立新理论的活动。"③ 因此，阿尔都塞反对当时在马克思主义研究中的一个常见的观点，即认为马克思是通过颠倒黑格尔哲学创立唯物史观的。阿尔都塞认为，科学并不是把意识形态的总问题颠倒过来就可以了，因为如果是这样，科学仍会停留在意识形态的理论总问题的基础上。科学和意识形态相比，具有自己独特的理论总问题。正因为这样，科学只有不断地和意识形态进行斗争才能得到发展。因为"任何科学在其历史过程中不可能由于上帝的恩典而永远不受唯心主义的威胁和玷污，即不受包括它的各种意识形态的威胁和玷污。我们还知道，

---

① [法]路易·阿尔都塞.保卫马克思.顾良,译.北京：商务印书馆,2006：232.
② 同①66.
③ 同①186.

纯科学只是在不断清除唯心主义的条件下才能存在,科学只有在不断地摆脱那些窥视、袭击和缠绕它的意识形态条件下,才能成为在历史中的必然中的自由的科学"①。通过以上论述,阿尔都塞认为,科学和意识形态是完全对立的,意识形态到科学的飞跃,实际上是认识的质的中断。

阿尔都塞把科学和意识形态对立论的原则运用于马克思主义研究中,在他看来,由于马克思主义是科学,不是意识形态,因此就要把一切非科学的因素从马克思主义理论中清除出去,把他认为是属于意识形态的东西都予以排斥,凡是科学的东西都加以捍卫。由此他认为,在马克思思想发展过程中,存在着一个从青年时期的意识形态理论总问题到成年时期科学理论总问题的转变,只有成年时期的马克思的思想才真正属于科学的马克思主义。

阿尔都塞把科学看作正确反映外部对象世界的规律和本质的知识体系,以及正确的认识工具;而意识形态则是渗透着特定阶级利益、价值取向、情感价值的观念体系,二者属于不同的理论总问题,不应加以混淆,由此他得出意识形态是"虚假意识"的反意识形态结论。阿尔都塞强调科学和意识形态具有不同的特点是正确的,但把它们作为两个不同的总问题硬性割裂开来、对立起来则是完全错误的。实际上,科学和意识形态所涉及的是科学认识和价值评价之间的关系问题。科学认识侧重于反映客体的内在规律和尺度,价值评价侧重于反映主体的内在需要和尺度。它们之间的关系不应是断裂和对立的,而是统一的。反映在意识形态中,一切阶级的意识形态都或多或少地包含着正确反映外部世界的客观内容,不全都是"虚假意识"。特别是无产阶级的意识形态,它是以正确反映自然和社会规律的马克思主义作为理论基础的,是科学性和政治实践性的统一。阿尔都塞割裂二者的辩证关系,一方面是他极端思维的形而上学思维方式所致,另一方面则在于他把资产阶级意识形态的虚假性同科学的对立,上升到一般意识形态同科学的对立。他在《自我批评论文集》中对这个错误有所认识。他说:"我实际上就把马克思主义同资产阶级意识形态的决裂仅仅归结为'断裂',把马克思主义同资产阶级意识形态的对抗归结为科学和意识形态的对抗。"② 他把这种科

---

① [法]路易·阿尔都塞. 保卫马克思. 顾良,译. 北京:商务印书馆,2006:162.
② [法]路易·阿尔都塞. 自我批评论文集. 杜章智,沈起予,译. 台北:远流出版事业股份有限公司,1990:142.

学和意识形态对立论的原则，运用于他的马克思主义理论研究中，必然无法正确地解决他所提出的理论任务，即马克思主义理论科学性和意识形态职能的问题。因为在他那里，意识形态是"虚假意识"，那么这就必然会否定作为意识形态基础和核心的哲学所具有的客观内容，因此，尽管他一再指出科学地揭示以实践状态存在的马克思主义哲学的内涵，但是由于哲学并不包含客观的科学内容，那么同样地，马克思主义哲学依然不能像科学那样给我们提供科学的认识。这样，马克思主义哲学的内容到底是什么，以及它的职能又是什么，这些问题阿尔都塞就无法说清楚。可以说，正是在科学与意识形态、科学与哲学的关系问题上秉承断裂思想，阿尔都塞的马克思主义理论才有了一系列矛盾。对此，他自己曾经指出："这最后有关哲学的论点对马克思主义的科学（即历史唯物主义）概念之间不是没有它的间接影响的。会有影响的原因，与其说是因为我使用了科学和马克思主义'哲学'之间的这一（原则上正确的）划分，还不如说是因为我拿这种方式来讨论这种关系（最后把哲学当时是像科学一样是由同样的材料做出来的理论来加以讨论，而只加上补充的大写字母：Theory）。就马克思主义科学、历史唯物主义这一形式的展现来说，产生了非常不幸的后果——尤其在《读〈资本论〉》当中。"①

四、阿尔都塞的各种研究方法之间的关系

阿尔都塞上述三种研究方法之间不是孤立的关系，而是彼此联系、相互影响的关系。具体说，理论"总问题"和"征候阅读法"之间存在着一种解释的循环；对理论"总问题"的看法直接决定了如何看待"科学和意识形态"的关系。而阿尔都塞所秉承的研究方法直接决定了他如何理解马克思主义理论的科学性、马克思主义理论的科学性与意识形态职能的关系。

1. 理论"总问题"与"征候阅读法"之间的解释的循环

阿尔都塞一方面认为发现马克思的理论"总问题"需要运用"征候

---

① ［法］路易·阿尔都塞. 自我批评论文集. 杜章智，沈起予，译. 台北：远流出版事业股份有限公司，1990：143.

阅读法"对马克思的著作展开阅读,另一方面又认为只有应用马克思主义理论"总问题"才能真正弄懂马克思的理论。在《保卫马克思》一书中,他一方面把马克思主义理论划分为"辩证唯物主义哲学"和"历史唯物主义科学",断言历史唯物主义科学以理论形态存在,辩证唯物主义哲学以实践状态存在,阐发出辩证唯物主义哲学的内涵对于捍卫马克思主义理论的科学性和工人的革命实践具有重要的意义;另一方面他又要求运用辩证唯物主义哲学指导马克思主义理论研究,这显然是无法自圆其说的。在《读〈资本论〉》一书中,他又指出"只有应用马克思的哲学才能对《资本论》进行哲学的阅读,而马克思的哲学又是我们的研究对象本身。这个循环之所以可能,只是因为马克思的哲学存在于马克思主义的著作之中"①。这实际上是要求运用马克思主义哲学理论"总问题"来阅读《资本论》,而马克思主义理论"总问题"又存在于《资本论》中,这种循环之所以可能,是因为马克思主义哲学本身是一种理论生产,理论生产意味着能把隐秘的东西表现出来,这显然是一种循环。阿尔都塞意识到这是一种循环,但又为这种循环展开辩护。"我们的问题要求我们不能简单地从字面上阅读,哪怕是仔细地阅读。我们应该进行真正的批判性阅读,也就是说,在阅读马克思的著作时应该应用我们在《资本论》中所寻求的这一马克思主义哲学的原则本身。这种批判性阅读似乎是一种循环,因为我们好像是从马克思主义哲学的应用中去寻求马克思主义哲学。因此,确切地说,我们是从马克思明确告诉我们的哲学原则(这些原则也可以从他的断裂时期和成熟时期的著作中得出)的理论研究中,从应用于《资本论》的这些原则的理论研究中,寻求这些原则的发展、丰富和完善的。这种表面的循环不会使我们感到奇怪,一切认识的'生产'在其过程中都包含着这种循环。"② 对阿尔都塞而言,其困境在于:他的"征候阅读法"的运用是以理论"总问题"的存在为前提的,但是要揭示理论"总问题"又必须要运用"征候阅读法",这种解释的循环必然会使他对马克思主义理论的解释充满个人主观和神秘的色彩。

---

① [法]路易·阿尔都塞,艾蒂安·巴里巴尔. 读《资本论》. 李其庆,冯文光,译. 北京:中央编译出版社,2001:29.
② 同①79.

2. 理论"总问题"与"科学和意识形态对立论"

在阿尔都塞看来，支配和决定理论体性质的是该理论体的理论"总问题"。理论的发展本质上是用一个理论"总问题"代替原有的理论"总问题"，即"认识论的断裂"。而不同的理论"总问题"之间具有不可通约性，这就意味着新的理论"总问题"和原有的理论"总问题"之间没有任何联系。阿尔都塞认为科学和意识形态是两种不同的理论"总问题"，前者提供客观认识，后者代表了统治阶级的愿望和利益，是一种与客观认识无关的"虚假意识"。正是对理论"总问题"的这种理解导致他把科学与意识形态绝对对立起来。

他运用科学与意识形态对立论这一原则研究马克思主义理论，强调马克思思想中存在着一个从被意识形态理论"总问题"支配到被科学理论"总问题"支配的所谓"认识论的断裂"，但由于他认为理论"总问题"之间具有不可通约性，对理论"总问题"如何实现转换的问题没有做出有效的说明，这就使他无法真正说清楚马克思思想的真实演化过程，无法说清楚青年马克思的思想和成年马克思思想之间的关系问题，实际上也就无法说清楚青年马克思的思想在马克思主义理论中的地位和性质问题。同时，他把科学与意识形态看作决然对立的理论总问题，势必也就无法说清楚马克思主义理论科学性和意识形态职能的关系问题、辩证唯物主义哲学与历史唯物主义科学的关系问题。既然意识形态是一种虚假意识，那么就无法评判作为意识形态核心的哲学的价值与意义，他由此提出"哲学没有研究对象"和"哲学无历史"两个令人难以置信的命题；在此基础上他进一步提出了"辩证唯物主义哲学"是在思维中理论生产出来的，只承担意识形态职能而不具有科学认识的功能，"历史唯物主义科学"则是以承担科学认识为主要任务的科学，不具有意识形态功能。实际上他是以割裂辩证唯物主义与历史唯物主义的内在统一，来解决马克思主义理论科学性与意识形态职能的关系问题，他以这种方式来捍卫马克思主义理论科学性决不可能真正成功。

第二章 马克思主义与人道主义的关系考辨

阿尔都塞认为马克思的思想存在着一个从人道主义理论"总问题"向历史唯物主义理论"总问题"转变的所谓"认识论的断裂"。正是通过这种"认识论的断裂",马克思的思想才摆脱资产阶级意识形态的束缚,而走向成熟阶段。以此为基础,阿尔都塞从反对人道主义的马克思主义理论出发,有针对性地提出了马克思主义是"理论上的反人道主义"的命题,在马克思主义阵营产生了非常大的影响。科学评判阿尔都塞对马克思主义和人道主义的关系的考辨,不仅有利于我们正确认识阿尔都塞的马克思主义理论的实质,而且有利于我们正确认识人道主义的历史作用和历史地位,正确理解马克思哲学革命变革的过程与实质。

一、对马克思思想"认识论的断裂"的过程的考察

阿尔都塞通过对青年马克思思想发展道路的历史考察,得出马克思在其思想发展过程中存在着"认识论的断裂"的结论,并强调马克思正是通过这种"断裂",告别了人道主义理论"总问题",而创立历史唯物主义科学的。

1. 马克思思想发展中的"认识论的断裂"

阿尔都塞认为马克思的思想发展中存在着"认识论的断裂",这一断裂就是从"人道主义"理论"总问题"向"反人道主义"理论"总问

题"的转换。在他看来,支配青年马克思理论思考的理论"总问题"是人道主义,而人道主义是资产阶级哲学原则和意识形态,马克思正是同人道主义理论"总问题"决裂,而实现哲学的革命变革的。阿尔都塞称 1840—1844 年为青年马克思时期,1845 年为断裂期,1845—1857 年为马克思思想的成长期,1857—1883 年为马克思思想的成熟期。他认为,马克思青年时期的理论"总问题"是"理论人道主义",这一时期大致可分为两个小阶段:

第一阶段(1840—1842 年):这一阶段占主导地位的是离康德和费希特较近而离黑格尔较远的"理性加自由"的人道主义。马克思同书报检查令、莱茵省的封建法律和普鲁士专制制度做斗争,把政治斗争及其依据——历史理论——建立在"抽象的人的哲学"基础上。这一阶段的马克思认为,"自由"是人的本质,无论人是接受自由,还是否定或者拒绝自由,人都是一种自由的存在,人终究离不开自由。因此,马克思说:"自由确实是人的本质,因此就连自由的反对者在反对自由的现实的同时也实现着自由……可见,各种自由向来就是存在的,不过有时表现为特殊的特权,有时表现为普遍的权利而已。"① 当然,在当时的马克思看来,人的自由既不是一种任性,也不是由利益所决定的。人只有作为理性的人来说,才是真正自由的。马克思的这种观点,实际上与康德和费希特把自由看作对理性的内在规律的服从的观点是一致的。在这种观点的支配下,哲学的任务就是要求国家必须是符合人性的国家。而国家只要承认其本质,就会自动进行改革,并成为理性,成为人类的真正自由。在这种情况下,全部政治就可以归纳为哲学批判和政治批判,通过这些批判提醒国家完成自己应完成的任务。因此,这一时期马克思的政治实践就是以要求出版自由为前提进行公开的理论批判。

第二阶段(1842—1845 年):占主导地位的是费尔巴哈的"共同体"人道主义,虽然马克思在思考的主题上超出了费尔巴哈,但其理论格局和理论总问题与费尔巴哈仍是一样的。这体现在:马克思使用的术语是费尔巴哈的术语,如异化、类本质、整体存在、主谓颠倒等,马克思的大部分伦理观点都是直接受费尔巴哈的启发或直接借用来的。不同的只是,与费尔巴哈坚持远离政治实践和具体的人的抽象的人性论不同,马克思

---

① 马克思恩格斯全集:第 1 卷. 北京:人民出版社,1995:167.

把费尔巴哈的人性论运用于政治和人的具体活动,并将费尔巴哈"抽象的人"改造为"共同体的人"。

和这一阶段相对应的历史以及马克思的政治实践主要体现为:在第一阶段,国家的本质被规定为"理性",因此,当时德意志的激进青年希望未登位的王储登上王位后,能够履行他在登位前许下的自由主义的诺言。但是,历史却粉碎了这种理性人道主义的幻想,王储还未登上王位,就已经从自由主义转向了专制主义,这使得当时的德意志激进青年陷入了真正的历史危机和理论危机。针对当时的这种历史状况,马克思认为,国家的弊端不能像以前所讲的是国家与其本质的分离,而是其本质(理性)与其存在(非理性)的矛盾。而这场历史危机和理论危机发生的时候,费尔巴哈出现了。费尔巴哈的人道主义指出了"非理性"不过是"理性"的异化,理性的异化中又存在着人的历史。费尔巴哈的上述观点为当时的德意志激进青年,包括马克思,思考当时理论和现实的矛盾提供了契机。这时的马克思虽然依旧宣扬"人的哲学",但是马克思这里所讲的"人",并不是以前所讲的那种"抽象的人",而是作为"共同体的人",人只有在人的普遍关系中,即人与人的关系和人与物的关系中,才能实现自己的自由,历史和政治就建立在这样的人的本质的基础上。在这种"共同体的人道主义"理论总问题的支配下,历史被看作作为"理性和自由"的人在异化中的产物。也就是说,在异化的劳动产品中,如在商品、国家、宗教中,人不知不觉地实现着自己的本质。这一人的本质异化的历史意味着有一种先于人而存在的确定本质。当这种异化的历史一经结束,异化的人就会实现自己的本质,而成为真正的人。

阿尔都塞指出,在这种"人的理论"的基础上,出现了一种旨在实现人的本质的新的政治实践,这种政治实践不仅要通过理论批判来完成,还需要通过哲学和无产阶级的实践来共同完成。也就是说,一方面,人在哲学中得到充分肯定;另一方面,人的本质在无产阶级的现实实践中又遭到否定,无产阶级遭遇着非人的待遇。因此,哲学理论批判高扬着人的本质,揭露无产阶级遭受奴役的现实,而无产阶级通过自己的实践不断地消除异化,直到共产主义社会人获得了完整的自由。因此可以说,在这一时期马克思的政治实践中,马克思像费尔巴哈那样,首先肯定人有某种先天的本质,然而无产阶级在现实的世界中却受到了非人的待遇，于是，马克思就进行哲学理论批判，并把这种哲学批判付之于无产阶级为消除异化的政治实践中，而这一切都是建立在人具有某种先天本质的人的哲学基础上的。

通过以上论述，阿尔都塞认为，当时青年马克思实际上是一个费尔巴哈哲学的信奉者，并不同于当时流行的说法，即青年马克思是一个黑格尔哲学的崇拜者，广为流传的所谓青年马克思是黑格尔派的说法实际上是一种神话。阿尔都塞强调指出："马克思在大学期间曾研究过黑格尔的著作，他后来转到了康德和费希特的总问题，接着又改宗费尔巴哈的总问题，这个转变只能说明，马克思不但不向黑格尔靠拢，而是离他越来越远。依靠康德和费希特的帮助，马克思倒退到了十八世纪末；依靠费尔巴哈的帮助，他退到了十八世纪理论历史的中心。"① 因此，当时青年马克思只是一个用伦理总问题去理解人类历史的费尔巴哈派的先进分子。只有到了 1845 年，马克思才告别了这种人道主义理论总问题，并采用了新的科学的理论"总问题"——"理论反人道主义"，打开了一个理论的新天地，创立了历史唯物主义科学。那么，马克思是如何实现这种理论"总问题"的转变的呢？阿尔都塞由此提出了他的独特的"重新退回"说。

2. 青年马克思思想发展的道路——"重新退回"说

阿尔都塞指出，按照理论"总问题"的研究方法，要真正弄清楚青年马克思的思想道路的问题，决不能仅在意识观念领域内进行探讨，必须弄清楚马克思思想发展中的各个重大事件同真实历史之间的关系问题，这种关系具体说就是马克思本人对真实历史的直接认识。他因此对那种仅从思想观念内部探讨青年马克思道路的做法提出批评。当时有几种代表性的观点，如：第一种观点认为，马克思把黑格尔的方法同黑格尔的内容做了区别，抛弃了黑格尔哲学的内容，而运用黑格尔的方法去研究历史，从而发现唯物史观。第二种观点认为，马克思把头足倒置的黑格尔体系颠倒过来，通过吸收费尔巴哈的唯物主义，结合二者形成了唯物史观。阿尔都塞对此评价道：所谓颠倒，不过是一种理论比喻，只具有教学的意义，不能说明问题的实质。因为颠倒并不能保证哲学的结构、哲学的问题及其意义会发生变化。也有人认为，马克思是把费尔巴

---

① ［法］路易·阿尔都塞. 保卫马克思. 顾良，译. 北京：商务印书馆，2006：18.

哈的唯物主义运用到历史中，进而发现唯物史观的。阿尔都塞对此指出，局部的唯物主义很难算作唯物主义。还有人认为马克思是把黑格尔或者费尔巴哈的异化理论运用于社会关系中，彻底改变异化理论的根本意义的。第三种观点认为，以往的唯物主义者是不彻底的，而马克思是彻底的唯物主义者。阿尔都塞指出，上述这些观点都具有一定的真理性，但是它们都把青年马克思的思想演变过程停留在思想范围内进行考察，因此不能从根本上说清问题，必须超越思想观念的领域，接触马克思当时所处的真实历史，才能真正揭示青年马克思的思想发展过程。他由此提出了"重新退回"说来解决上述问题。

阿尔都塞首先肯定马克思独特的个性——强烈的批判精神、一丝不苟的求实精神、无与伦比的现实感，以及善于提问、勤于思考和勇于探索等理论个性。他指出，对马克思本人个性的揭示，有利于搞清楚马克思思想道路的问题。因为"如果不从事这项研究，我们就可能弄不清楚为什么马克思和他同时代的许多人，即青年黑格尔派的成员，虽然出生于相同的社会环境，面对相同的意识形态论题和历史问题，却经历了不同的命运"[①]。阿尔都塞把研究的重点放在了考察马克思同他当时的意识形态环境和社会现实环境上。

阿尔都塞指出，任何一个思想家都有一个诞生地，都是在一定的世界中开始思想和写作的。对于马克思而言，当时包围在他身边的是19世纪30年代的德意志意识形态，即德国唯心主义。马克思被这一意识形态所包围，也必然要受这种意识形态的奴役和影响。决不能低估这种奴役和影响，进而认为似乎马克思只要动动脑筋，就必然会摆脱这种意识形态的束缚。重要的是，要清楚马克思是如何摆脱德意志唯心主义的意识形态的束缚，而达到科学的理论"总问题"的。

马克思指出，德意志意识形态是德国所特有的，而英国和法国却没有，其原因在于：德国的经济和政治落后，资产阶级软弱无力，德国知识分子只能在思想中思考英、法资产阶级革命已做过的事情，并通过哲学来表达他们的愿望，造成了德国在意识形态和理论方面的过度发达，这种发达是相对历史发展的落后而言的，是一种异化的发达。因为它同它所反映的真实对象（德国的现实）和问题没有具体的联系，青年马克

---

① [法] 路易·阿尔都塞. 保卫马克思. 顾良，译. 北京：商务印书馆，2006：59.

思就是在这种意识形态的包围中思考问题的。阿尔都塞由此坚决反对在马哲史研究中流行的一种观点，即认为马克思通过对德国哲学，特别是对黑格尔哲学世界观的颠倒，代之以唯物主义世界观，并吸取其辩证法的合理内核，发现唯物史观的"颠倒说"的传统解释。阿尔都塞强调，这种解释方法认为，马克思把黑格尔的方法同黑格尔的内容做了区分，并将费尔巴哈的唯物主义运用到历史研究之中，虽然这种方法具有一定的真理性，但这种方法实际上仅把青年马克思的思想演变过程看作在思想的范围内进行的，也就是说，青年马克思理论的转变就在于对黑格尔、费尔巴哈等人提出的思想进行思考。阿尔都塞则指出：马克思诚然是从对思想的考察中得出了许多真理，但是如果仅仅停留在思想的领域来考察青年马克思的思想，那么无疑会陷入唯心主义的思想史观。马克思如果不摆脱德意志意识形态的束缚，不改变理论思考的"总问题"的话，即使颠倒了黑格尔的哲学世界观，也不能创立唯物史观。由此，他认为，必须考察马克思所面对的真实历史。也就是说，青年马克思在从事理论思考的时候，首先面对的是当时的德意志意识形态，但是这种德意志意识形态却是一种离现实最远的"虚假意识"，马克思就被这种"虚假意识"所包围着。如果始终不能脱离这种意识形态的包围，用这种意识形态的总问题来从事理论思考，那马克思的理论立场是不可能得到转变的。由此，阿尔都塞提出了"重新退回"说来解释"马克思的道路"问题。所谓"重新退回"，就是指马克思一方面摆脱过分发达的德意志意识形态的束缚，另一方面重新退回到现实的起点，真正接触事物本身和真实历史。"必须从意识形态的大踏步倒退中重新回到起点，以便接触事物本身和真实历史，并正视在德意志意识形态浓雾中若隐若现的那些存在。没有这一重新退回，马克思思想解放的历史就不能被理解；没有这一重新退回，马克思同德意志意识形态的关系，特别同黑格尔的关系，就不能被理解；没有向真实历史的这一退回（这在某种程度上也是一种倒退），青年马克思同工人运动的关系仍然是个谜。"[①] 按照阿尔都塞的看法，这种"退回"实际上也可以看作从神话退回到了现实，进而认真思考了在退回之后所发现的一切，最终实现理论"总问题"的转换的。那么，马克思又是如何实现"重新退回"的呢？

---

① [法] 路易·阿尔都塞. 保卫马克思. 顾良, 译. 北京：商务印书馆，2006：64-65.

阿尔都塞从两个角度论述了这种"重新退回"。第一，马克思在1843年开始阅读英国经济学家的著作，并研究马基雅维利、孟德斯鸠、卢梭、狄德罗等人的思想和法国大革命。他不是为了把黑格尔的书重读一遍，并用黑格尔读过的书来证明黑格尔的观点，而是为了退回到黑格尔的此岸，退回到德国真实的现实历史状况，并用自己的思想来思考这一现实历史状况。也就是说，马克思退回到德国的历史，是为了破除德国历史落后的幻觉，是为了根据历史的现实去研究历史，而不是根据外部的模式或用这种模式的尺度去衡量历史。因此，这一后退其实是对被意识形态所窃取并被弄得面目全非的现实的一种弥补和恢复。第二，在1830—1840年德国的知识分子向往着法国和英国，把这两个国家想象为自由和理性的国土，认为法国的体制和英国的法律是理性的体现。但1843年，马克思教德国人学会理性和自由的尝试失败后，他动身去法国，体验有关法国的神话。然而，他和恩格斯却在法国和英国发现了并不符合其神话的现实——纯政治的谎言、阶级斗争、有血有肉的资本主义和组织起来的无产阶级。由于这双重发现，一方面在歪曲了现实的德意志意识形态的此岸，发现了德意志意识形态所涉及的现实，即德国的现实，另一方面在不了解现实的意识形态的彼岸，发现了一个新的现实即法国、英国的现实。这种现实具体讲就是：马克思在法国发现了有组织的工人阶级，恩格斯在英国发现了发达的资本主义和阶级斗争规律。它们对青年马克思的思想转变起了决定性的作用。马克思以严谨的理论思考了这双重现实，改变了成分，并思考了新成分的统一性和现实性，最终突破了意识形态的"总问题"而创立了历史唯物主义科学，实现了"认识论的断裂"。

阿尔都塞通过"重新退回"说考察青年马克思思想发展的历程，强调必须根据马克思思想发展的实际，而不是先验地用马克思成熟时期的思想来解释、说明青年马克思的思想性质和思想道路，"必须承认真实经验和真实成长的现实逻辑，从而破除真理固有的幻觉……必须承认真实历史对意识形态的影响，从而赋予马克思的个人风格和他所具有的非凡的求实精神以实际意义，这一意义对马克思主义未来的发展是绝对不可缺少的，也是它所要求的"[①]。如果从马克思思想发展的实际出发，

---

① [法]路易·阿尔都塞. 保卫马克思. 顾良, 译. 北京：商务印书馆, 2006：71.

第二章　马克思主义与人道主义的关系考辨

我们就可以看到，由于马克思的思想成长于德意志意识形态，这就决定了他必须越过德意志意识形态幻觉的重重障碍，最终突破了沉重的意识形态束缚。青年马克思的确在向马克思主义发展，但是这种发展要以与德国历史所输灌给他的种种幻觉做斗争为前提，要以努力发现被这些幻觉所掩盖的现实为前提，要以马克思努力清算自己的思想为前提。因此，"人们可以懂得，在某种意义上，如果考虑到这个开端，就绝对不能说'青年马克思时期的马克思属于马克思主义'"①。

从阿尔都塞对青年马克思思想发展的解决过程中，可以看出，他既反对"人道主义的马克思主义"思潮用抽象的人和异化来解释、软化马克思主义的做法；也反对马克思主义阵营中用简单的"颠倒说"来说明青年马克思思想转变的做法。他有针对性地提出"重新退回"说，即认为青年马克思只有冲破德意志意识形态——资产阶级唯心主义哲学的束缚，重新退回到英国、法国、德国的现实历史，才有可能实现思想的飞跃，简单地在哲学观念内对黑格尔哲学进行唯物主义的颠倒，是不能解释马克思思想的革命性质的。阿尔都塞要求区分马克思主义哲学和资产阶级哲学的不同，阐明马克思主义产生的革命意义，并要求我们充分重视马克思思想发展的复杂性、艰巨性，应该说这是他思想中值得肯定的内容。但是如前所述，阿尔都塞没有很好地解决不同理论总问题转换的中介环节，这样尽管他认为不存在着"人道主义马克思主义"所说的"两个马克思的对立"，他所说的马克思思想中存在着"认识论的断裂"，实际上却斩断青年马克思和成年马克思思想的联系，这样也就把青年马克思的思想排斥在马克思主义理论之外，无法说清青年马克思的思想在马克思思想发展过程中的地位和价值。也正因为如此，以刘易斯为代表的英国马克思主义者批评他的"断裂说"缺乏足够的证据。在刘易斯看来，马克思从来没有放弃他《1844年经济学哲学手稿》中的思想，恰恰相反，马克思"反而还继续和发展这部手稿的论据，宣布他跟这些观点没有分歧，也没有抛弃他们"②。众所周知，马克思的《1844年经济学哲学手稿》深受黑格尔辩证法和异化思想的影响，黑格尔把整个世界的发展看作"绝对精神"外化，又回归到"绝对精神"的辩证过程，马

---

① [法]路易·阿尔都塞. 保卫马克思. 顾良，译. 北京：商务印书馆，2006：72.
② [英]刘易斯. 阿尔都塞的问题：马克思主义的人道主义//[法]路易·阿尔都塞，等. 自我批评论文集：补卷. 林泣明，许俊达，译. 台北：远流出版事业股份有限公司，1991：12.

克思受此影响，把整个世界的发展看作人们劳动创造和自我实现的过程，而且强调正是私有制造成了人们劳动的异化，扬弃私有制是克服异化的根本途径。刘易斯强调，马克思的上述思想在《德意志意识形态》中被加以扩充和发展，在《资本论》中进一步被具体化了。刘易斯甚至认为，马克思后来的思想发展都可以在《1844年经济学哲学手稿》中找到根源，阿尔都塞仅仅凭马克思说过要把从前的信仰清算一下，就断定马克思思想发展过程中存在着"认识论的断裂"是缺乏足够的证据的。针对这些批评，阿尔都塞并没有妥协。他在《自我批评论文集》中对于他为什么要坚持"断裂说"，做了进一步申述。

阿尔都塞首先指出，资产阶级之所以反对这个命题，主要是因为其统治需要依靠他们的历史文化，他们必然会用资产阶级的哲学传统解释马克思的思想；共产党人批评他是因为害怕失去他们的政治盟友；无政府主义者则批评他把"资产阶级的"概念引入马克思主义理论中。阿尔都塞强调，在更加合理的论点提出之前，由于"政治原因和理论原因"，他仍然坚持这种"断裂说"。其原因在于两点。具体说：第一，从政治上看，这场关于"青年马克思问题"的辩论，决不是一场语义学的争论，而是一场关系到马克思主义理论和实践的重要争论。"这场辩论和论争归根结底都是政治的。……这不是关于语义学的一场辩论！坚持这些词语或抵制这些词语，为这些词语辩护或摧毁这些词语——在这些斗争里头某种真实的东西是生死攸关的，其意识形态的和政治的性质是显而易见的。在有关这些语词的论点背后，今天生死攸关的是列宁主义。这不是一番大道理，这也是工人运动和马克思主义理论、唯物主义与辩证法的概念之间相结合的具体形式的问题。"① 第二，从理论上看，阿尔都塞认为，既应该肯定马克思主义理论包括一门科学和一门哲学，也应该注意把马克思主义理论同理论主义、思辨哲学或实证主义的错误区分开来。而马克思主义理论中所包含的"科学"实际上就是历史唯物主义。正是历史唯物主义科学，在无产阶级的科学认识和资产阶级抽象的人的学说的意识形态之间，划出了严格的界限。因此，"我们也有权利提到'认识论上的断裂'，并使用这种哲学上的范畴来表明一种科学诞生的这个历史理论的事实，这包括通过马克思主义从它史前时期脱胎而

---

① [法]路易·阿尔都塞. 自我批评论文集. 杜章智，沈起予，译. 台北：远流出版事业股份有限公司，1990：135.

出的可见征兆，通过它对于这个史前时期的谬误所作的摒弃，来表明马克思主义革命科学诞生的这个历史理论的事实，而不管它独特的性质是如何"①。可以看出，阿尔都塞之所以要坚持这种"断裂说"，其目的在于严格区分马克思主义理论和资产阶级哲学的原则界限，以说明马克思主义理论在人类思想史上的独特性和革命性。同时，这种"断裂说"也可以说是他的"总问题"哲学研究方法运用于马克思主义理论研究的必然的逻辑结论。

二、马克思主义是"理论上的反人道主义"

如前所述，阿尔都塞认为，马克思的思想中存在着一个从"意识形态时期"到"科学时期"的"认识论的断裂"，而他坚决反对"人道主义的马克思主义"把马克思主义理论归结为"青年马克思思想"的做法。在他看来，青年马克思的思想还没有摆脱资产阶级哲学人道主义理论"总问题"的束缚，因此属于"非科学的"意识形态时期，决不能把科学的马克思主义理论归结为青年马克思的思想。由此，他批判了人道主义的马克思主义理论"总问题"，论述了青年马克思是如何摆脱资产阶级哲学意识形态的束缚，而达到科学时期的，并针对人道主义的马克思主义理论，提出了一个富于论战性的论题——马克思主义是理论上的反人道主义。

1. 人道主义理论"总问题"的特点

阿尔都塞指出，人道主义理论总问题的特点是"从人的本质，从自由的人这个主体，从需求、劳动和愿望的主体，从伦理活动和政治活动的主体出发，企图从理论上来解释社会和历史"②。不可否认，这种以抽象的人性、人的本质解释世界和历史的"人道主义"曾经起过反封建的进步的历史作用。这是因为伴随着资产阶级的兴起，新兴的商品经济

---

① ［法］路易·阿尔都塞. 自我批评论文集. 杜章智，沈起予，译. 台北：远流出版事业股份有限公司，1990：138.

② ［法］路易·阿尔都塞. 亚眠的答辩//中共中央编译局. 马列主义研究资料：1986年第3-4辑合刊. 北京：人民出版社，1986：320.

要求人是具有行为和思维能力的自由的人，首先是享有财产自由的人和买卖自由的人，即权利的主体，而人道主义正表达了资产阶级和商品经济的这种要求，因为这种人道主义恰恰是在"其哲学体系的范畴中既恢复了人认识的权利，又恢复了人行动的权利"①。但是问题在于：这种以人的抽象人性、本质为基础的人的哲学只在马克思以前的古典哲学中起作用，是表达资产阶级利益的意识形态，并不能成为分析政治和历史的科学理论工具。而马克思的科学理论则"既否定现存社会和现存历史的哲学，同时又否定古典哲学传统并进而否定资产阶级的全部意识形态"②。也就是说，马克思是同这种以抽象的人性、人的本质为基础的人道主义理论断裂，而创立历史唯物主义科学的。为了说明这种"断裂"，阿尔都塞首先分析了人道主义理论总问题的内在结构。

阿尔都塞认为，马克思以前的资产阶级哲学以及由这种哲学所阐述的所有其他领域，如认识论、历史观、伦理学、美学等都建立在人道主义的理论总问题的基础上，其特点是用"人性"或"人的本质"作为分析问题的工具。人道主义的理论"总问题"是由两个互为补充的假定组成的一个严密的体系。这两个假定具体说就是：（1）存在着一种普遍的人的本质；（2）这个本质从属于"孤立的个体"，这种孤立的个体是人的真正主体。这两个命题存在着一种相互依存的关系，而这种依存是以"经验主义和唯心主义"的世界观为前提的。也就是说，为了使人具有普遍的本质，就必须假定有具体的主体作为绝对已知数存在，这就意味着"主体的经验主义"。也就是说，如果先设定有人的某种普遍本质，如假设人具有普遍的"自由"，那么就必须首先肯定已经有具体的人存在，这就是所谓"主体的经验主义"；另外，为了使这些经验个体成为人，这些个人就必须具有人的全部本质，不论事实上是否存在这个本质，也必须在法律上予以确定，阿尔都塞把这称为"本质的唯心主义"。"主体的经验主义"和"本质的唯心主义"是相辅相成的，这两个论题在人道主义理论总问题内部可以相互颠倒。人的本质或经验主体的内容可以变化，如从笛卡儿到费尔巴哈，人的本质可以从理性变化到感性，反之亦然。同样地，主体也可以从经验主义转化为唯心主义，如从洛克到康德，经验主体变成了先验主体。但是，无论它们如何变化，在人道

---

①② [法]路易·阿尔都塞. 亚眠的答辩//中共中央编译局. 马列主义研究资料：1986年第3-4辑合刊. 北京：人民出版社，1986：319.

主义总问题内部，只要有一种本质的唯心主义，就始终有一种主体的经验主义与之相适应。青年马克思的思想之所以属于意识形态时期，就是因为他的理论思考的总问题建立在人的哲学的基础上，它表明青年马克思尚未摆脱资产阶级意识形态的束缚。为了表明马克思的唯物史观同这种人道主义理论总问题的区别，阿尔都塞有针对性地提出了一个富于论战性的论题：马克思主义是"理论上的反人道主义"。

2. 马克思主义是"理论上的反人道主义"

阿尔都塞认为，要正确地理解马克思主义理论，首先"必须把人的哲学神话打得粉碎；在此绝对条件下，才能对人类世界有所认识。援引马克思的话来复辟人本学或人道主义的理论，任何这种企图在理论上始终是徒劳的。而在实践中，它只能建立起马克思以前的意识形态大厦，阻碍真实历史的发展，并可能把历史引向绝路"①。之所以说马克思主义不是一种人道主义理论，是因为从1845年开始，马克思同一切把历史和政治归结为人的本质的人道主义理论彻底决裂了，把"主体、经验主义、观念本质"等哲学范畴从它们统治的领域驱逐出去，排除了主体的经验主义和本质的唯心主义这两个假定，并重新确立了一个新的理论总问题，一种系统地向世界提问的新方式，一些新原则和一个新方法。这种新发现导致了马克思历史唯物主义科学的诞生，在这种历史唯物主义科学中还暗含了一种新的哲学。也就是说，马克思不仅取消了主体的经验主义和本质的唯心主义两个假定，还代之以实践的辩证唯物主义和历史唯物主义。这种实践的辩证唯物主义与历史唯物主义通过创造一系列新的概念，创立能够科学说明历史和政治的历史唯物主义科学，反对把人道主义说成科学的理论，但又肯定人道主义意识形态所具有的实践功能。

基于以上认识，阿尔都塞把马克思的新发现主要归结为三个方面的内容。具体说：第一，制定出建立在崭新概念基础上的历史理论和政治理论，这些概念是社会形态、生产力、生产关系、上层建筑、意识形态、经济起最后的决定作用以及其他特殊的决定因素等；第二，彻底批判任何哲学人道主义的理论要求；第三，确定人道主义为意识形

---

① [法] 路易·阿尔都塞. 保卫马克思. 顾良, 译. 北京：商务印书馆，2006：226.

态。通过上述三个新的理论发现，马克思就同人道主义划清了界限，提出了关于社会历史的科学理论。因此，阿尔都塞认为，任何把马克思主义人道主义化的后果必然是把科学的马克思主义理论降为意识形态。

阿尔都塞认为，马克思主义是"理论上的反人道主义"的命题具体包含三层含义。具体说：第一，反对从抽象的人的哲学引申出社会发展的规律性，成熟时期的马克思明确宣称其分析方法"不是从人出发，而是从一定的社会经济时期出发"①，其历史和政治理论不再建立在抽象的人性、人的本质、异化等概念上，而是建立在经济基础、上层建筑、生产力、生产关系等社会结构的科学分析的基础上；第二，生产关系是人们之间的关系，社会结构、生产关系是独立于人的活动和意志而存在的东西，个人不过是他所处的社会结构关系的承担者和执行者，历史是无主体的发展过程；第三，历史是按照其自身的逻辑客观发展的自然过程，社会的变革和阶级斗争不是个人离开生产关系和社会结构的制约和决定作用的自主活动。

既然马克思主义理论从本质上讲，是"理论上的反人道主义"，那么，又如何看待和理解当时在苏联、东欧社会主义国家流行的"人道主义"理论思潮呢？它反映了什么？阿尔都塞对上述问题的解答是：所谓马克思主义是"理论上的反人道主义"，其含义是指马克思主义否定"人道主义"是一种科学的理论，解释历史、政治问题必须建立在马克思的唯物史观的基础上，因为革命的战略只能建立在科学的理论基础上。如果用人道主义去分析社会历史和政治，那对于争取人的解放反倒是糟糕的。但是，马克思并不否认人道主义的历史存在，承认人道主义作为意识形态的必要性，并在此基础上制定出意识形态政策。阿尔都塞认为，如果从这一观点去看待当时在社会主义阵营，特别是在苏联的"人道主义化"这一事件，就可以发现这一事件具有两重的性质。

阿尔都塞指出，当时苏联等社会主义国家盛行人道主义思潮，它首先意味着一种"拒绝和揭露"，它拒绝对人的种族的、政治的、宗教的等一切歧视，它拒绝一切经济剥削和政治奴役。它既揭露了西方社会中

---

① 马克思恩格斯全集：第19卷.北京：人民出版社，1963：415.

第二章 马克思主义与人道主义的关系考辨

人们受剥削、压迫、奴役的异化生活状态，也揭露了苏联在社会主义实践中，所出现的个人崇拜和无产阶级专政被滥用，导致对人的歧视和奴役的现实。此外，它也表达了人们希望实现自由的愿望。这一愿望在当时本来具有实现的历史条件，但是又没有实现，于是人们就求助于人道主义这一论题来表达这一愿望。因此，"社会主义人道主义在苏联国内就是针对着无产阶级专政已经过时以及专政的被滥用这样一个历史现实。它针对这'双重'的现实性：一种是已为生产力和生产关系发展的合理必然性所超越的现实性；另一种是本来就不应该要求超越的现实性，即'理性的不合理存在'的另一种形式；对于苏联的过去所留下的这部分历史的'非理性'和'非人性'，即恐怖、镇压和教条主义，苏联至今也还没有完全克服其后果和危害"①。那么，到底应当怎样看待人的解放和人的自由问题呢？阿尔都塞对此指出：无产阶级革命斗争的最终目的当然是结束剥削和实现人的解放。但是，人的解放和自由的实现，却是一个历史过程。在社会主义的第一个阶段，只能首先实现工人阶级的解放，这就意味着要实行无产阶级专政。但是随着苏联社会主义建设进入第二个阶段，无产阶级专政的历史使命已经完成，国家不再是阶级的国家，而是全民的国家。因此，在意识形态中，阶级人道主义的提法为社会主义的个人人道主义所取代，这就导致了人道主义思潮的兴起，它实质上反映了在社会主义建设过程中，"随着社会生产力达到一定的程度，应采取哪些经济的、政治的和文化的组织形式去适应这一发展；在新的历史阶段中，应该实行哪些个人发展的新形式，使国家不再用强制手段去指导和监督每个人的命运，使每个人从此在客观上具有选择自己命运的权利"②。因此，当时社会主义的人道主义论题的实质并不是要求助于"人的哲学"，而是要制定出社会主义国家处于无产阶级专政消亡或已经过时的阶段所应实行的政治生活、经济生活和意识形态生活的新的组织形式。如果弄清楚社会主义人道主义论题盛行的原因和实质，那么，"如果把人道主义这个意识形态概念不分场合和毫无保留地作为一个理论概念去使用，这却可能是危险的，因为人道主义这个概念无论如何总是使人想到意识形态的无意识，并且很容易同小资产阶级

---

① [法]路易·阿尔都塞.保卫马克思.顾良，译.北京：商务印书馆，2006：234-235.
② 同①235-236.

的思想命题混淆起来"①。基于以上认识，阿尔都塞指出虽然借助人道主义理论，能够更容易解决当时马克思主义理论上的不足，但是如果不加强对理论的研究，甚至把马克思主义理论人道主义化的话，只能使马克思主义的科学理论降低为一种非科学的意识形态。实际上，阿尔都塞并不否认人道主义意识形态存在的必要性，但是反对立足于人道主义理论来解释政治和历史。在他看来，只有马克思的历史唯物主义才是分析政治和历史的科学理论工具。正是因为这样，他才有针对性地提出了马克思主义是"理论上的反人道主义"命题。

三、马克思主义是"理论上的反人道主义"论题的争论与评价

阿尔都塞以论战性的方式提出了马克思主义是"理论上的反人道主义"命题之后，既引发了关于"马克思主义和人道主义"关系的大论战，也招致了一些对他理论的批评。一种批评意见认为，这个命题必然会鄙视人和阻挠人的革命斗争；另一种批评意见则用现实社会存在的人道主义，如社会主义的人道主义来否定这个命题。

1. 围绕马克思主义是"理论上的反人道主义"论题的争论

"马克思主义和人道主义"关系问题的争论的中心问题是"人道主义在马克思主义中的理论地位问题"。1965—1966年，在《新评论》杂志上对马克思主义的人道主义的问题展开了讨论。参加讨论的十位作者中，有七人支持阿尔都塞所说的"人道主义"在马克思主义中没有"科学理论地位"的观点。他们"同意阿尔都塞所说的马克思主义人道主义至少在当前不是一种严密的科学理论或哲学理论，但是同时不同意把作为科学的马克思主义和作为意识形态的人道主义加以硬性分割"②。通过上述讨论，阿尔都塞的观点在法国的影响越来越大，使当时的法国马克思主义思想中的两种倾向——"加罗迪倾向"和"阿尔都塞倾向"的

---

① [法] 路易·阿尔都塞. 保卫马克思. 顾良，译. 北京：商务印书馆，2006：237.
② [俄] A. R. 梅斯里夫钦科. 当代国外马克思列宁主义哲学. 中共中央编译局研究室，译. 北京：社会科学文献出版社，1986：437.

对立更加明显。弗·恩克尔在《新评论》杂志上也指出,"路易·阿尔都塞不止一次地断言马克思的理论反人道主义,明显地与罗歇·加罗迪的整个理论相矛盾,加罗迪有一本书正好叫作《马克思主义的人道主义》。在《新评论》上展开的关于人道主义的讨论,极其明显地反映了这些分歧"①。

波兰学者沙夫在《结构主义与马克思主义》一书中,指责阿尔都塞把青年马克思和成熟马克思分离开来,批评他在谈论生产关系时把人排除在外,并否认人在马克思主义思想中的地位,不理解马克思主义的人道主义的真实内涵,进而得出马克思主义是"理论上的反人道主义"的结论,而这些不过是他用结构主义解释马克思主义的结果。在沙夫看来,要科学评判阿尔都塞的马克思主义是"理论上的反人道主义"的命题,必须首先搞清楚马克思主义的原意。具体说:第一,必须弄清楚马克思所说的社会主义必然代替资本主义的基础和原则问题。沙夫指出,结构主义认为这一基础和原则来自对生产力和生产关系的科学分析,而与意识形态没有关系。因为在结构主义那里,所谓意识形态是一种"虚假意识"。而在马克思主义那里,这一基础不仅来自对生产力和生产关系的科学分析,也与意识形态等上层建筑因素密切相关,即也取决于能否以马克思主义作为无产阶级的意识形态。这是因为马克思主义与结构主义对意识形态的看法不同,在马克思主义这里,"意识形态不再是像结构主义设定的那样是反科学的模糊不清的东西,而是决定人们社会行为目标的观点和态度的体系,就生成条件而言它可以是(就马克思主义理论而言)科学的"②。阿尔都塞因为不正确地运用了结构主义方法,所以不懂得马克思主义理论的上述特质。第二,沙夫批评阿尔都塞把生产关系仅仅看作物与物的关系,而不是人与人的关系,并把人排除在生产关系之外,这显然是荒谬的,也明显违背了马克思的论述。"如果阿尔都塞是要强调,人与人的所有社会关系都要受到现存的客观条件的制约,都要受到现存的结构的制约(这是正确的),那么他应该清楚说明这一点,而不能为了避免犯主观主义的错误而陷入客观主义的错误之中。说得简单一点就是,要避免犯个体主义的唯意志论的错误(这是存

---

① 中共中央编译局. 马列主义研究资料:1983 年第 5 辑. 北京:人民出版社,1983:193.
② [波兰] 亚当·沙夫. 结构主义与马克思主义. 袁晖,李绍明,译. 济南:山东大学出版社,2009:95.

在主义的特点，是阿尔都塞所厌恶的），但不应该把婴儿与洗澡水一起倒掉，即不应拒斥主观主义的时候否认作为社会活动担负者的人。"①第三，关于马克思主义和人道主义的关系问题，沙夫指出，在阿尔都塞那里，所谓人道主义和反人道主义的概念存在着不对称的问题。具体说，他的人道主义概念是狭窄的，而反人道主义概念则是宽泛的，核心是否定人在马克思主义理论中的地位和作用。他不理解马克思所主张的人道主义的内涵与意义。在马克思那里，人道主义和人的问题始终是其理论主题。不过与阿尔都塞所说的抽象的人道主义不同，"马克思主义的人道主义认为，除去别的因素之外，社会经济基础的发展制约着人类个体的发展，马克思主义的人道主义的结论是对于事实的经验观察得出的，而不是从抽象的道德规范和与之相关的对社会生活的要求得出的。由于阿尔都塞对于这一问题不理解，因而使他对马克思主义理论完全不理解，并导致他对马克思主义的曲解和故弄玄虚"②。通过以上的分析，沙夫的结论是：第一，阿尔都塞所说的"人道主义"，是指从"人的本质"的思辨观念中推演出的关于社会发展的思想倾向，与马克思主义所说的人道主义完全不同，这就意味着他的反人道主义与马克思主义的人道主义没有任何关系。第二，阿尔都塞所说的"反人道主义"和他所理解的"人道主义"概念的内涵之间是不对称的，因为他的"反人道主义"不仅仅是对于社会发展的必然性来自"人的本质"的先验规定这一论题的否定，还认为马克思所理解的生产关系不是人与人的关系，并把这作为马克思主义的最基本原理。第三，阿尔都塞宣称的马克思认为生产关系不是人与人之间的关系，显然不符合马克思的原意，而阿尔都塞否定社会发展中人的作用和意义，把社会发展仅仅归于客观的社会结构，这也与马克思的观点不符合。

英国马克思主义者刘易斯在《阿尔都塞的问题：马克思主义的人道主义》一文中，则批评阿尔都塞在马克思主义的人道主义问题上的知识观点别的任何问题都显得贫乏。这是因为：马克思的确不仅在他的早期著作中明确肯定了自己的人道主义信仰，而且在《资本论》中以人道主义的方式分析了资本主义的冷酷无情和惨无人道。与那种多愁善感的

---

① ［波兰］亚当·沙夫. 结构主义与马克思主义. 袁晖，李绍明译. 济南：山东大学出版社，2009：97.
② 同①103.

第二章　马克思主义与人道主义的关系考辨

人道主义不同，马克思从来没有抽象地谈论过人的问题，马克思、恩格斯在《德意志意识形态》一书中总是联系一定的社会历史条件谈论人的问题，而在《资本论》一书中，马克思对人的异化的社会经济根源做了深入的分析，并把实现生产资料公有制看作克服人的异化和实现人的解放的途径。因此，"如果从马克思主义中去掉了它对人、人的利益、实现人的愿望和人的个性的关怀，那就会否定马克思及其后的列宁主义所主张的一切。人道主义和信任人，对于马克思说来从来都不是'抽象的'人的理论，虽然那是阿尔都塞的全部寓意"①。刘易斯对阿尔都塞的质疑以及刘易斯与阿尔都塞之间的争论引发了英国马克思主义理论界的热议，英国的《今日马克思主义》杂志上发表了多篇关于阿尔都塞马克思主义理论评论的论文，有力地推动了马克思主义研究的深入。

法国学者祁雅理也认为，阿尔都塞"为了迎合他先入为主的结构主义的反人道主义和他的同时性而非历时性的结构的伪科学思想，只能采取忽视一切关于人，关于无产阶级和革命实践所起的作用，关于黑格尔的影响，以及关于马克思的深刻的人类救世主的论述方法，来抹杀马克思的人道主义"②。法国的马克思主义者L.塞夫则认为，加罗迪和阿尔都塞两人的观点都很难被接受。他指出，把马克思主义看成一种人道主义的思辨解释仅仅满足于表面现象，它没有认识到马克思主义科学认识论的复杂性，未能提出"人""异化"这类词后面起作用的那些概念的真正地位问题；而对马克思主义做理论的反人道主义的解释则没有看到："它从歪曲《关于费尔巴哈的提纲》第六条的时刻起就忽略了的东西是，虽然人的本质和社会关系的总和一致，但任何程度上都不再是孤立个人所固有的一种抽象物，然而它依然是一种先于每一个特定个人的存在的本质，个人的存在实际上是这种本质以另一种形式再现。这种再现在阶级社会中必然是矛盾的、支离破碎的和不完全的。但是现代生产的规律本身终将使这种再现像个性形式所要求的那样成为完整的。正因为如此，马克思的社会关系科学从同思辨的人的概念决裂开始，决不禁

---

① [英]刘易斯.阿尔都塞的问题：马克思主义的人道主义//[法]路易·阿尔都塞，等.自我批评论文集：补卷.林泣明，许俊达，译.台北：远流出版事业股份有限公司，1991：19.

② [法]约瑟夫·祁雅理.二十世纪法国思潮.吴永泉，陈京璇，尹大贻，译.北京：商务印书馆，1987：188.

止在这种决裂的结果的基础上重新回到对人类个体及其具体生活形式的科学认识上来。"① 塞夫实际上一方面反对阿尔都塞把马克思主义解释为理论上的反人道主义,强调人的自由和解放问题一直是马克思主义的主题;另一方面又强调马克思主义的人道主义与西方那种抽象人道主义存在着本质的区别,这种区别主要体现在马克思主义总是立足于具体的社会历史条件和生产关系来谈论人的问题。为了凸显这种区别,塞夫把马克思主义的人道主义规定为科学人道主义。"在何种意义上马克思主义可以被描述为科学人道主义,即关于个人在历史上繁荣发展的矛盾和条件以及马克思所说的全面发展的个人在共产主义社会中必然到来的理论。……马克思通过建立历史唯物主义以及辩证法,使得科学能够达到人的本质,因为在这种本质的意识形态形式之外,他发现了它的现实存在;因此,经验主义的科学概念和唯心主义的本质概念之间的旧有的不相容就不成立了。此外,由于向现实本质的概念转变意味着向这种本质的历史概念转变,马克思主义的人本学就是关于人的发展的科学,个人就是处在社会关系的再生产的过程中。"② 塞夫由此批评加罗迪和阿尔都塞都没有注意到马克思主义人道主义的特质。

2. 阿尔都塞对马克思主义是"理论上反人道主义"命题的辩护

针对上述批评,阿尔都塞认为,他的马克思主义是"理论上反人道主义"是他"思考极端"的结果。他指出,只有站在不可能的立场去思考可能,才能矫枉过正,从而正确地解决问题。他认为,马克思主义是理论上的反人道主义的论断本是一个确切的论断,但是人们却不愿意从它的确切含义去理解它,造成了全世界,包括国际工人运动内部、资产阶级和社会民主党的意识形态结成反对他的神圣联盟。因此他在《答刘易斯(自我批评)》和《亚眠的答辩》等文中,一再肯定这个命题,坚持认为他的分析方法不是从"人"出发,而是从一定的"社会生产关系"出发;不是从抽象的人的概念出发,而是从具体的生产关系以及由此规定的政治法律关系、意识形态关系出发,为他的"理论上反人道主义"命题做辩护。

---

① [法] L. 塞夫. 马克思主义是科学的人本学或科学的人本主义//沈恒炎,燕宏远. 国外学者论人和人道主义:第一辑. 北京:社会科学文献出版社,1991:573.
② 同①578.

第二章 马克思主义与人道主义的关系考辨

阿尔都塞首先回应了刘易斯对他的诘难。他首先批评刘易斯脱离马克思主义政治运动史，抽象地谈论马克思主义哲学的做法，没有认识到"哲学归根结底是理论领域中的阶级斗争"，因而无法真正理解马克思主义理论的实质。阿尔都塞把刘易斯的批评归结为两个问题："刘易斯认为：1. 我不懂马克思的哲学。2. 我不懂马克思思想形成的历史。总之，他指责我不懂马克思主义理论。"① 对于第一个问题，阿尔都塞首先分析了刘易斯是怎样理解和看待马克思主义的。阿尔都塞把刘易斯理解的马克思主义归结为三个命题，即是人创造了历史、人是通过超越历史的办法来创造历史和人只能认识他自己做的东西。阿尔都塞强调刘易斯的这三个命题都面临困难。具体说：第一，"是人创造了历史"这个命题的实际含义是"已经创造了的人利用历史来创造历史。在历史中，人生产一切：不仅是他'劳动'的结果、产物都是历史，他所改造的原料也是历史"②。阿尔都塞认为，上述观点意味着刘易斯是与马克思有别的另一个阶级的哲学家。因为刘易斯认为人不仅是制造工具的动物，而且也是创造历史的动物，刘易斯唯心主义地认为人创造了包括历史在内的一切。第二，在刘易斯那里，人通过"超越"的办法创造历史。而最早谈论"超越"的哲学家是柏拉图，这一概念后来为中世纪宗教哲学所继承和发展，并最终成为资产阶级哲学的核心内容。正因为刘易斯把"人"看作上帝一样创造世界，他的哲学本质上是不同于马克思主义哲学的资产阶级哲学。阿尔都塞指出，刘易斯关于"人创造历史"的观点与马克思列宁主义关于"群众创造历史"的观点是对立的。阿尔都塞强调马克思主义从不抽象谈论人的作用，始终把"群众"看作历史的创造者和主体，不仅认为"群众"是历史的创造者，而且强调"阶级斗争是历史的原动力"。因此，在历史发展问题上，马克思主义"不再是按照'人'的思考角度提出来。这点我们都知道。但是在'阶级斗争是历史的原动力'这一命题中，'创造'历史的这个问题也被取消了。就是说，它不再是寻找历史的'主体'的问题了。它不再是谁创造历史的一个问题了"③。阿尔都塞的以上论述实际上是要说明"人"不再是马克思主

---

① [法] 路易·阿尔都塞. 答刘易斯（自我批评）// [法] 路易·阿尔都塞，等. 自我批评论文集：补卷. 林泣明，许俊达，译. 台北：远流出版事业股份有限公司，1991：86.

② 同①89.

③ 同①96.

义理论思考历史的基础和出发点，不能把马克思主义理论人道主义化。第三，刘易斯关于"人只能认识他所做的东西"的命题与马克思列宁主义关于"人只能认识存在的东西"的命题存在着差异，差异的核心是，是否坚持"存在先于思维"的唯物主义原则。马克思列宁主义不仅坚持"存在先于思维"这一唯物主义原则，而且也肯定思维的能动性，刘易斯关于"人只能认识他所做的东西"的命题恰恰否定了存在第一性这一唯物主义原则，片面夸大了思维的能动性。阿尔都塞进一步分析了刘易斯上述观点在科学和政治领域的影响。阿尔都塞认为，在科学与哲学的关系上，哲学或者帮助科学产生出新的知识，或者力图阻碍科学进步。而刘易斯关于"人只能认识他所做的东西"这个命题表明他坚持一种与萨特类似的抽象人道主义哲学，"它们妨碍现有的科学知识的发展。它们是知识的障碍。它们不是促使它前进，而是拉它倒退。更确切地说，它们把知识拉回到马克思和列宁做出科学发现和发展以前的状态。它们把事物拉回到科学以前的状况"①。只有马克思列宁主义哲学建立的历史科学，要求同资产阶级意识形态决裂，始终坚持把哲学看作理论领域的阶级斗争，从而能够有助于科学和哲学研究；对于刘易斯关于"是人创造了历史"的命题，阿尔都塞强调这种观点实际上是否定了阶级差别、为一切人服务的抽象人道主义观点，这就意味着否定了马克思列宁主义关于人民群众创造历史的论断，也使工人阶级远离有组织的阶级斗争，无法正确认识其在历史发展中的角色和地位，实际上也就不利于无产阶级的政治。

阿尔都塞进一步论述了应当如何理解马克思思想发展史。阿尔都塞首先肯定刘易斯的批评有一点是正确的，即刘易斯认为阿尔都塞提出马克思实现了"认识论的断裂"后，就不再使用异化、否定之否定的范畴，而这些范畴在后来的《德意志意识形态》《政治经济学批判大纲》《资本论》等著作中依然存在。但阿尔都塞依然坚持他的"断裂说"是正确的。因为马克思在 1845 年后使用了青年时期不曾有的新概念，即生产方式、生产力、生产关系、经济基础、上层建筑和意识形态概念。不仅如此，也可以从马克思对费尔巴哈评价的变化看出这种"断裂"的存在。在《1844 年经济学哲学手稿》一书中，费尔巴哈被马克思描绘

---

① ［法］路易·阿尔都塞. 答刘易斯（自我批评）// ［法］路易·阿尔都塞, 等. 自我批评论文集：补卷. 林泣明, 许俊达, 译. 台北：远流出版事业股份有限公司, 1991：106.

第二章 马克思主义与人道主义的关系考辨

为具有非凡洞见能力的哲学家,而在《关于费尔巴哈的提纲》和《德意志意识形态》中费尔巴哈则成为马克思批评的对象。因此,在"1845年的确开始了某种不可逆转的东西:'认识论上的断裂'是一个不归点。开始了某种不会有止境的东西。我写过,这是一种'延续不断的断裂',像在任何其他科学中一样,是一个漫长的工作时期的开始"[1]。为了说明"认识论的断裂",阿尔都塞在《列宁和哲学》一书中再次展开了论述。在他看来,所谓"认识论的断裂"在马克思那里不是瞬间完成的,而是经历了一个发展的过程。具体说,马克思的"认识论的断裂""最初的、依然很不确定的开端先是在《关于费尔巴哈的提纲》中宣布的,后来写进了《德意志意识形态》。显然,这一认识论上的断裂不是一种瞬息即逝的事件。甚至有可能,人们可以通过递进法,在涉及到它的某些细节的地方赋予它一种过去的预感"[2]。这一过程在阿尔都塞看来首先开始于《关于费尔巴哈的提纲》,在《德意志意识形态》一书中更加彰显,这一过程延续到1847年的《哲学的贫困》和《共产党宣言》、1859年的《政治经济学批判》、1865年的《工资、价格和利润》以及1867年的《资本论》第一卷等著作中。因此,阿尔都塞认为马克思最终完成断裂的时间是1857年之后。由此,他把1840—1844年称为马克思的青年时期,1845年为思想断裂时期,1845—1857年为思想成长时期,1857—1883年为马克思的思想成熟时期。在明确肯定"认识论的断裂"存在之后,阿尔都塞也做了自我批评,承认他的失误在于没有把马克思的哲学革命和"认识论的断裂"区别开来,因而混淆了马克思主义哲学和历史唯物主义科学的区别,其结果导致了"理论主义"的错误。在《列宁和哲学》一书中,他开始纠正这种错误,认为马克思主义理论包括一门辩证唯物主义哲学和一门历史唯物主义科学,强调哲学与科学的不同在于:哲学不是科学、哲学没有科学意义上的研究对象、哲学没有科学意义上的历史以及哲学是理论领域的阶级斗争。因此,不应当把马克思主义哲学与历史唯物主义科学混同起来。阿尔都塞上述论述的用意在于:在《保卫马克思》一书中,他把历史唯物主义科学规定为

---

[1] [法]路易·阿尔都塞. 答刘易斯(自我批评)//[法]路易·阿尔都塞,等. 自我批评论文集:补卷. 林泣明,许俊达,译. 台北:远流出版事业股份有限公司,1991:78.

[2] [法]路易·阿尔都塞. 列宁和哲学. 杜章智,译. 台北:远流出版事业股份有限公司,1990:46.

在思维领域提供科学认识的理论工具，辩证唯物主义哲学被他归结为"关于理论实践的理论"，即一般科学的研究方法论。他的这一观点被批评割裂了马克思主义理论与工人运动之间的有机联系，犯了"理论主义"的错误；而在《列宁和哲学》一书中他则力图通过区分哲学与科学的不同，把辩证唯物主义哲学规定为理论领域的阶级斗争，具有争夺世界观的功能，强调哲学对于科学研究的指导作用。基于以上认识，阿尔都塞一方面反对苏共二十大后用具有意识形态性质的人道主义理论来认识政治和历史，强调只有运用历史即唯物主义科学才能真正认识政治和历史的本质；另一方面强调发挥辩证唯物主义的批判价值功能对于工人运动的重要作用和意义，因此，他反复引用列宁的"没有革命的理论，就不会有革命的运动"这一名言为他的上述观点做证据，也用以纠正他的"理论主义"的错误。阿尔都塞和刘易斯之间的争论实际上就是关于如何看待马克思主义理论的性质、如何看待马克思主义理论同人道主义关系的争论。撇开争论双方的对错，这场争论无疑推进了当时马克思主义阵营对马克思主义理论的研究。

在《亚眠的答辩》一文中，阿尔都塞对马克思主义是"理论上的反人道主义"的命题继续做了系统的辩护。在他看来，理论人道主义把"人"作为世界的本质和目的，不能也不应该否认"人道主义"在历史上所起过的进步作用。"我远没有诋毁这一伟大的人道主义传统的打算，它的历史功绩在于它反对封建制、教会及其思想家，赋予人以权利和尊严。但我想，我们也不会否认，产生了伟大作品和伟大思想家的这一人道主义意识形态是同新兴的资产阶级不可分割的。"① 可以说，古典哲学中的人道主义传统既恢复了人认识的权利，也恢复了人行动的权利，"人的本质""人类"这类范畴在马克思以前的古典哲学中，起着基本的理论作用。阿尔都塞指出：这种人道主义哲学"从人的本质，从自由的人这个主体，从需求、劳动和愿望的主体，从伦理活动和政治活动的主体出发，企图从理论上来解释社会和历史。……马克思只是在与这类人道主义观的理论企图决裂的条件下，才创立了历史的科学和撰写了《资本论》"②。那么，马克思和人道主义哲学告别后，又是用什么来分析社

---

① [法]路易·阿尔都塞. 亚眠的答辩//中共中央编译局. 马列主义研究资料：1986年第3—4辑合刊. 北京：人民出版社，1986：318.
② 同①320.

会和历史呢？

对此，阿尔都塞的回答是：在马克思那里，决定和识别社会形态的因素归根到底不是虚无缥缈的人的本质或本性，不是抽象的人，甚至也不是具体的人，而是与经济基础合成一个整体的生产关系。马克思的"生产关系"并不是指人和人之间的关系，"认为生产关系可以归结为人与人之间的关系或人的集团之间的关系，这种想法是一种极其错误的理论欺骗。……马克思当时把人仅仅当作生产关系的'承受者'或当作由生产关系所决定的生产过程中的某种职能的执行者"①。此外，阿尔都塞也认为，资本主义社会形态不仅需要生产关系的保障，还需要上层建筑的帮助。但是上层建筑和经济基础一样，都仅仅是把"人"作为上层建筑（法律政治关系和意识形态关系）的承受者和其职能的执行者。马克思正是从现有的经济形态出发，从生产关系以及生产关系最后在上层建筑中确定的各种关系中，来解释历史和政治的。因此，阿尔都塞强调，能否坚持马克思主义是"理论上的反人道主义"，直接决定了能否把马克思主义理论同作为资产阶级意识形态的人道主义哲学区别开来，决定了马克思主义理论将以何种形式同工人运动相结合。

3. 如何评价马克思主义是"理论上的反人道主义"命题

可以说，到底应该如何评价阿尔都塞关于马克思主义是"理论上的反人道主义"的命题，这是一个极其复杂的问题，因为它实际上关涉到马克思主义和人道主义、马克思的人道主义同一般人道主义等一些十分重要而复杂的理论问题。笔者认为，应当联系阿尔都塞所处的理论背景和阿尔都塞的理论主题、理论实质两个方面展开分析。

第一，从阿尔都塞所处的理论背景看，当时国际共产主义运动中，由于苏共二十大对斯大林教条主义和个人专权的反思，人道主义的马克思主义理论盛行，当时马克思主义阵营不是从理论上反思"斯大林现象"产生的社会历史根源和文化根源，而是把这一结果归因于斯大林个人的性格和特质，因而无法真正克服斯大林主义的错误。同时，在教条主义指导思想下，马克思主义理论被政治实用主义化，不仅无法科学回应西方小资产阶级提出的"两个马克思"思想冲突的问题，甚至还跟着

---

① ［法］路易·阿尔都塞. 亚眠的答辩//中共中央编译局. 马列主义研究资料：1986 年第 3-4 辑合刊. 北京：人民出版社，1986：321.

他们用人道主义、异化等思想来解释马克思主义理论。在阿尔都塞看来，这种将马克思主义人道主义化的做法严重贬损了马克思主义理论的科学性，无法真正发挥马克思主义理论的意识形态职能。正是在这种情况下，阿尔都塞提出了学习和研究马克思主义基本理论，捍卫马克思主义理论科学性的任务。这是他提出马克思主义是"理论上的反人道主义"命题的直接理论背景。同时，从当时西方马克思主义理论的发展看，卢卡奇、葛兰西、科尔施从培育无产阶级成熟的阶级意识这一目的出发，要求发挥马克思主义哲学的批判价值功能，重视文化意识形态斗争，因此反对第二国际对马克思主义理论的经济决定论、机械决定论式的解释，主张从实践、主体性、人道主义出发解释马克思主义哲学，形成了人本主义的西方马克思主义流派。他们成为阿尔都塞反思马克思主义理论的另一个理论背景。阿尔都塞在《读〈资本论〉》《列宁和哲学》等著作中分别讨论和批评了卢卡奇、葛兰西对马克思主义的理解，反对他们从人道主义、历史主义的角度理解马克思主义理论，最终形成西方马克思主义中的科学主义流派。阿尔都塞的这个命题在某种意义上可以被看作对西方马克思主义中的人本主义流派的一个理论反拨和理论转折；从阿尔都塞所处的大的哲学文化背景看，他正处于西方哲学文化从存在主义向结构主义、后结构主义转型的时期，结构主义思潮的特点就是片面强调共时态研究方法和结构对功能的决定作用，阿尔都塞的理论思考深受结构主义的影响，这使他必然反对用人、人道主义和异化思想来解释马克思主义理论。

第二，从阿尔都塞思想的理论主题和理论实质看，他就是要在马克思主义和非马克思主义思想体系、马克思主义和前马克思主义思想体系中划出一条严格的界限。在这一理论主题的支配下，他坚决反对把马克思主义人道主义化。在他看来，马克思以前的西方古典哲学，包括费尔巴哈的哲学，所论述的人道主义实际上以人为中心，尊重人、关心人，并从人的利益、愿望和要求出发去说明人和自然、人和社会、人和人之间的关系，因而是一种抽象的人的哲学。因此，他坚决反对将这种"人道主义"从理论上纳入马克思主义中。应该说，他注重马克思主义理论同以前的哲学人道主义的区别是正确的、合理的。马克思在《关于费尔巴哈的提纲》中曾经批评费尔巴哈"把宗教的本质归结于人的本质。但是，人的本质不是单个人所固有的抽象物，在其现实性上，它是一切社

第二章 马克思主义与人道主义的关系考辨

会关系的总和。费尔巴哈没有对这种现实的本质进行批判，因此他不得不：（1）撇开历史的进程，把宗教感情固定为独立的东西，并假定有一种抽象的——**孤立的**——人的个体；（2）因此，他只能把人的本质理解为'类'，理解为一种内在的、无声的、把许多个人纯粹自然地联系起来的普遍性"①。从马克思的这段论述，我们可以看出：阿尔都塞严格区分马克思主义理论同资产阶级抽象人道主义哲学是完全正确的，在当时的历史条件下，反对人道主义的马克思主义思潮无疑具有重大的理论意义和实践意义。特别需要指出的是，他的"理论上的反人道主义"的命题，并非是要否定马克思主义是一种人道主义学说，他在《列宁和哲学》一书中就明确地指出："共产党人为消灭阶级和实现共产主义社会而斗争，在共产主义社会里，所有的人终将成为自由的人和兄弟。然而，整个古典的马克思主义传统一直拒绝说马克思主义是人道主义，为什么呢？因为实际上，也就是按事实说，人道主义这个词被一种意识形态用来对抗，也就是打败另一个正确的词语，而且对抗无产阶级生命攸关的词语：阶级斗争。"② 也就是说，马克思主义理论就其本质来说，是以实现人的自由和价值为目的的，是一种人道主义理论。但"人道主义"这个词，却是资产阶级意识形态对抗无产阶级的理论工具，因此不能把马克思主义归结为一种人道主义理论，更不能把"抽象的人道主义"作为一种分析政治和历史的理论工具。因此，阿尔都塞既不否定人道主义曾经起过的以及对于现实的积极作用，更不反对人道主义作为一种意识形态和解决人际关系问题的重要价值。应该说，以上观点对于捍卫马克思主义理论的科学性、严密自主性，都是起到了积极的作用的。

我们也要看到阿尔都塞的"理论上的反人道主义"的局限和失误。从他对人道主义哲学的论述，我们可以看出：他是把人道主义哲学归到"意识形态的"领域加以论述的，如果说这一点无可非议的话，那么，他在他的理论中坚持把"意识形态"看作"非科学的"，这就势必会出现问题。因为如果意识形态是一种非科学的"虚假意识"，那么，人道主义就同样是非科学的。而实际上，阿尔都塞并不否定当时在社会主义国家中盛行的人道主义所具有的积极作用，而如果人道主义本身是错误

---

① 马克思恩格斯选集：第1卷．北京：人民出版社，1995：60．
② ［法］路易·阿尔都塞．列宁和哲学．杜章智，译．台北：远流出版事业股份有限公司，1990：28．

的、非科学的，那阿尔都塞又如何肯定其积极作用呢？这样做的结果势必会在马克思主义理论中，否定其中包含的人道主义因素，无法说清马克思主义的人道主义同一般人道主义的原则区别到底是什么。正如苏联学者康斯坦丁诺夫所指出的那样："对'马克思和人道主义'问题的解释中的错误之一，在很多情况下是出于，第一，对'人道主义'和'意识形态'这两个概念本身采取非历史的、非具体的态度；第二，某些同志是根据资产阶级人道主义的一些变种来判断'马克思主义人道主义'概念的内容、本质和范围的。"① 应该说，这一批评同样适用于阿尔都塞。事实上，虽然"马克思拒绝那种以资本主义与人性不相容为理由对资本主义进行批判，认为这种批判是非科学的和感情用事；而且他把对资本主义不道德性的认识仅仅看作是下述事实的主观反映，即：在社会内部逐渐形成过渡到新的社会制度的物质条件。然而，对抽象人道主义的这一批判并不妨碍马克思把他的理论叫作'真正人道主义'"②。

---

① [苏] Ф. В. 康斯坦丁诺夫. 马克思列宁主义哲学与现时代. 赵承先，蔡华五，林海，译. 上海：上海译文出版社，1986：466.
② [苏] T. N. 奥伊则尔曼. 马克思主义和人道主义的讨论//沈恒炎，燕宏远. 国外学者论人和人道主义：第二辑. 北京：社会科学文献出版社，1991：267.

第三章 阿尔都塞对"决定论的马克思主义理论"的批判

阿尔都塞从捍卫马克思主义理论的科学性这一目的出发,不仅反对把马克思主义理论人道主义化,而且反对对马克思主义理论的经济决定论、技术还原论的解释,他通过考察马克思和黑格尔的关系,驳斥了决定论式的马克思主义理论秉承的"颠倒说",旗帜鲜明地指出马克思绝非简单地颠倒了黑格尔哲学,而是对黑格尔哲学展开了彻底的改造,他由此提出了马克思主义理论的特质是秉承"多元决定"的矛盾观和历史观。阿尔都塞思想发展的后期,他从反思马克思主义理论的危机和当时无产阶级的政治危机出发,反对对马克思主义理论的目的论和决定论式的解释,立足于他所提出的"马克思主义危机论",力图建构"偶然相遇的唯物主义"理论来克服马克思主义的理论危机与政治危机。本章将系统考察阿尔都塞的上述思想。

一、马克思主义理论不是对黑格尔哲学"颠倒"的结果

如何理解马克思和黑格尔的关系,就意味着如何理解马克思主义理论的实质。对此列宁曾经指出:"不钻研和不理解黑格尔的全部逻辑学,就不能完全理解马克思的《资本论》,特别是它的第 1 章。因此,半世

纪以来，没有一个马克思主义者是理解马克思的!!"① 但是，长期以来，苏俄马克思主义理论家简单地把马克思哲学看作对黑格尔哲学颠倒的结果，并由此形成对马克思主义理论的决定论式解释模式。阿尔都塞认为决定论式的马克思主义理论解释只会导致把历史必然性等同于自然的必然性的经济决定论、技术还原论的结局，因此，他从反对这一理论解释模式出发，首先批评了在马克思和黑格尔思想关系上的"颠倒说"。

1. "颠倒说"：含义及其论据

在马克思主义哲学史研究中，对于马克思思想发展道路及其思想实质的问题，有一个流行的基本说法，即认为马克思是通过颠倒黑格尔哲学，抛弃他的思辨唯心主义哲学体系，吸收其中的辩证法因素，并在费尔巴哈哲学的影响下，走向历史唯物主义的，这种观点也就是通常所讲的"颠倒说"。这种"颠倒说"的重要理论依据就是马克思曾经在《资本论》第二版跋中这样写的："我的辩证方法，从根本上来说，不仅和黑格尔的辩证方法不同，而且和它截然相反。在黑格尔看来，思维过程，即他称为观念而甚至把它转化为独立主体的思维过程，是现实事物的创造主，而现实事物只是思维过程的外部表现。我的看法则相反，观念的东西不外是移入人的头脑并在人的头脑中改造过的物质的东西而已。……在他那里，辩证法是倒立着的。为了发现神秘外壳中的合理内核，必须把它倒过来。"② 而恩格斯在《路德维希·费尔巴哈和德国古典哲学的终结》一书中也认为，马克思是从黑格尔哲学出发，经过费尔巴哈的哲学，最后达到辩证唯物主义与历史唯物主义的。恩格斯在该书中，高度赞扬了黑格尔所阐述的辩证法的革命意义，指出黑格尔的辩证法永远结束了那种认为人的思维和行动的一切结果具有终极性质的看法，第一次把自然、历史和精神的世界描写为一个过程，从而"推翻了一切关于最终的绝对真理和与之相应的绝对的人类状态的观念。在它面前，不存在任何最终的东西、绝对的东西、神圣的东西；它指出所有一切事物的暂时性；在它面前，除了生成和灭亡的不断过程、无止境地由低级上升到高级的不断过程，什么都不存在。它本身就是这个过程在思

---

① [俄] 列宁. 哲学笔记. 中共中央编译局，译. 北京：人民出版社，1956：191.
② 马克思恩格斯选集：第2卷. 北京：人民出版社，1995：111-112.

第三章 阿尔都塞对"决定论的马克思主义理论"的批判

维着的头脑中的反映"①。恩格斯在该书中同时也强调,黑格尔哲学中的这种革命的辩证法却被他的唯心主义形而上学哲学体系所窒息,"这样一来,革命的方面就被过分茂密的保守的方面所窒息"②。这种哲学内容和哲学体系的矛盾,经由费尔巴哈,最后由马克思予以克服。恩格斯的上述观点被普列汉诺夫、列宁等进一步接受和发展。普列汉诺夫把马克思的唯物主义称为辩证唯物主义,强调这种辩证唯物主义是批判地改造黑格尔辩证法的结果。他在论述马克思和黑格尔的关系时指出:"谈论现代社会主义起源问题的人们,常常对我们说:马克思的哲学是黑格尔哲学的合乎逻辑的和必然的结果。这是正确的,但这是不完全的。很不完全的。马克思的承继黑格尔,正像丘比特的承继萨茨尔奴斯一样,是贬黜了后者的王位的。马克思的唯物主义哲学的出现,是人类思想史上绝无仅有的一次真正的革命,是最伟大的革命。"③可以看出,普列汉诺夫实际上把马克思与黑格尔的关系看作马克思吸取黑格尔辩证法,抛弃其唯心主义的结果。列宁对马克思与黑格尔的关系的看法与普列汉诺夫具有一致性。列宁在《哲学笔记》这部专门研究辩证法的著作中指出:"我总是竭力用唯物主义观点来读黑格尔的著作:黑格尔学说是倒置过来的唯物主义(恩格斯的说法)——就是说,我大抵抛弃神、绝对、纯粹观念等等。"④列宁在高度评价黑格尔辩证法的同时,又认为必须像马克思一样抛弃他的唯心主义体系,马克思正是在批判和抛弃黑格尔唯心主义,吸收其辩证法思想的基础上,创立辩证唯物主义哲学的。恩格斯、普列汉诺夫以及列宁的上述观点后来被苏联模式的马克思主义理论所继承并简化为以上所说的"颠倒说"。阿尔都塞对这种观点提出批评,认为如果这样看待马克思的思想创造,实际上是一种"经济还原论"的思想在作怪,其结果必然会使马克思主义降低成为"经济决定论"和"技术还原论"。由此,他通过对"颠倒说"的批判,提出了他对马克思唯物史观内涵的独特理解。

阿尔都塞认为,在马克思主义哲学史上,如何解决马克思和黑格尔的关系问题,实际上关系到如何理解马克思所创立的历史唯物主义科学

---

① 马克思恩格斯选集:第4卷. 北京:人民出版社,1995:217.
② 同①218.
③ 普列汉诺夫哲学著作选集:第2卷. 北京:生活·读书·新知三联书店,1961:507.
④ [俄]列宁. 哲学笔记. 中共中央编译局,译. 北京:人民出版社,1956:104.

和辩证唯物主义哲学的内涵问题。因此他强调:"马克思和黑格尔的关系是当前一个带决定性的理论问题和政治问题。说它是理论问题,因为它支配着现时代头号战略科学即历史科学的未来以及与这一科学联系着的哲学即辩证唯物主义的未来。说它是政治问题,因为它是从这些前提中产生出来的。它在过去和现在都是写在一定水平的阶级斗争之中的。"① 站在这样的高度,他认为流行的所谓"对黑格尔的颠倒"在概念上是含糊不清的,而且这个说法非常适合于费尔巴哈,因为他的确使思辨哲学"用脚着地"。但是对于马克思而言,"颠倒过来"一词只具有象征意义,甚至只是一种比喻,而不能从根本上解答问题。因为"不能想象黑格尔的意识形态②在黑格尔自己身上竟没有传染给辩证法的本质,同样地不能想象黑格尔的辩证法一旦被'剥去了外壳',就可以奇迹般地不再是黑格尔的辩证法而变成了马克思的辩证法"③。他进一步指出,"颠倒"并非是辩证法含义的颠倒,并不触及辩证法。正因为这样,阿尔都塞指出,马克思在《资本论》第二版跋中,故意把"剥去外壳"同"颠倒"两个词放在一起,其目的是暗示他有的意思还没有讲完。实际上,不能像恩格斯在《路德维希·费尔巴哈和德国古典哲学的终结》一书中所指出的那样,"神秘外壳根本不是思辨哲学、'世界观'或'体系',不是一种可被认为同方法相脱离的成分,而本身就是辩证法"④。也就是说,马克思所讲的"颠倒""剥去外壳"并不是指剥去其思辨哲学体系,实际上是要对"辩证法本身"进行改造。所谓"神秘外壳"并不是辩证法的一种相对外在的成分,如思辨哲学体系,而是一种与黑格尔辩证法同质的内在成分。因此,"为了解决辩证法,只剥去一层外壳(体系)是不够的,还必须把它从紧贴着它躯体的第二层外壳中解放出来;这第二层外壳,我大胆认为,就是同辩证法本身不可分割的一层皮,它在本质上就有黑格尔的性质。据此我们可以说,剥去外壳决不是没有痛苦的,这实际上是破除神秘形式的过程,也就是改造其内核

---

① [法] 路易·阿尔都塞. 列宁和哲学. 杜章智,译. 台北:远流出版事业股份有限公司,1990:108.
② 阿尔都塞这里所说的"意识形态"是指黑格尔唯心主义哲学体系,这种唯心主义哲学体系在阿尔都塞看来,是一种非科学的哲学,故他称之为"意识形态"。
③ [法] 路易·阿尔都塞. 保卫马克思. 顾良,译. 北京:商务印书馆,2006:79.
④ 同③79-80.

第三章 阿尔都塞对"决定论的马克思主义理论"的批判

的行动"①。可以说,把黑格尔辩证法颠倒过来,实际上就是从"辩证法本身"去研究辩证法的性质,即辩证法的特殊结构,是对辩证法结构的根本改造。通过以上论述,阿尔都塞得出结论:"如果马克思的辩证法'在本质上'同黑格尔的辩证法相对立,如果马克思的辩证法是合乎理性的而不是神秘的,这种根本不同应该在辩证法的实质中,即在他的规定性和特有结构中得到反映。明白地说,这就意味着,黑格尔辩证法的一些基本结构,如否定、否定之否定、对立面的同一、'扬弃'、质转换为量、矛盾等等,到了马克思那里就具有一种不同于原来在黑格尔那里的结构。这也意味着,结构的这些不同是能够被揭示、描述、规定和思考的。既然是能够的,那也就是必需的;我甚至认为,这对马克思主义是生死攸关的。"② 因此,不应该满足于重复马克思和黑格尔哲学的不同在于所谓体系和方法的不同、哲学的颠倒、"合理内核"发现等这样一些含糊的词句,而应该认真探寻马克思的辩证法与黑格尔的辩证法的根本区别之所在。阿尔都塞在肯定马克思和黑格尔的辩证法的根本区别在于"多元决定"同"一元决定"的矛盾观的同时,强调这种区别也是因为他们的辩证法在结构和社会历史观上存在着根本的区别。

2. "多元决定"与"一元决定"的矛盾观

阿尔都塞认为,"颠倒说"既不能科学地阐明马克思和黑格尔的关系,也使当时的人道主义的马克思主义思潮故意混淆马克思和黑格尔的本质区别,马克思常常被描述为一个黑格尔主义者;同时"颠倒说"也模糊了马克思和黑格尔思想的原则界限,无法说明马克思的辩证唯物主义和历史唯物主义的特质。由此,他首先揭示了马克思和黑格尔辩证法的原则区别,这种区别总的来说就是"多元决定"与"一元决定"。

为了说明马克思与黑格尔的辩证法是"多元决定"与"一元决定"的根本区别,阿尔都塞以列宁关于"最薄弱环节"的命题为例,对马克思和黑格尔的矛盾概念内涵的区别进行了深入的分析。列宁所谓的"最薄弱环节"的命题的含义就是指"一根链条的强弱取决于它的最薄弱环节。一般来说,谁要控制某个特定的形势,他就会注意不让任何一个弱点损害整个体系。相反,谁要击破这个体系,即使他的力量显然处于劣

---

① [法]路易·阿尔都塞. 保卫马克思. 顾良,译. 北京:商务印书馆,2006:80.
② 同①81.

势,他只要找出一个弱点,就足以使体系的全部力量岌岌可危"①。而当时的俄国正是帝国主义体系中最薄弱的环节。俄国革命之所以能够取得胜利,并不是因为它是当时资本主义经济最发达的国家,而是因为当时俄国一方面聚集了资本主义国家的各种矛盾,另一方面又是整个资本主义链条中最薄弱的环节。而第一次世界大战又使这些矛盾激化,再加上当时俄国有一个在觉悟上和组织上远远超过西方任何社会主义政党的共产党。因此,阿尔都塞从这一事例认为,俄国革命之所以取得胜利,并不单纯是由基本的起决定作用的经济矛盾造成的,而是由多种因素的作用造成的。一方面,是由于它积累了当时可能存在的最大数量的历史矛盾,这是革命的客观条件;另一方面,俄国有一个在组织和觉悟上超过西方任何社会主义政党的共产党,它是准备革命的主观条件。因此,阿尔都塞认为,马克思的辩证法把历史发展看成是由在不同领域起作用的"各种不同矛盾"所汇成的"矛盾统一体"所决定的,而这个"矛盾统一体"同整个社会有机体的结构是不可分割的,它最终决定整个社会形态的发展,同时它本身又受到属于不同社会结构和领域内的、组成它的"各种不同矛盾"的影响。"压缩到纯而又纯的矛盾完全是抽象的矛盾,真实的矛盾总是同具体的环境紧密地结合在一起,因而真实矛盾只有通过环境并在环境之中才是可被辨认的和可以捉摸得到的。"② 在马克思主义理论那里,生产力和生产关系的社会基本矛盾能够确定是否应当进行革命,但它本身并不能直接创造"革命形势",更无法促成革命爆发的形势和革命的胜利。要使社会基本矛盾真正成为革命爆发的原因,还需要一系列"环境"和"潮流"的积聚,并最终汇合成为促使革命爆发的矛盾统一体。也就是说,在马克思那里,"在各有关领域中活动的'不同矛盾'(这些不同矛盾也就是列宁谈到的'一系列'矛盾)虽然'汇合'成为一个真实的统一体,但并不作为一个简单矛盾的内在统一体的简单现象而'消失'。……'矛盾'在其内部受到各种不同矛盾的影响,它在同一项运动中既规定着社会形态的各方面和各领域,同时又被它们所规定"③。因此,可以说,马克思的"矛盾"概念在本质上是"多元决定"的。

---

① [法]路易·阿尔都塞. 保卫马克思. 顾良,译. 北京:商务印书馆,2006:82.
② 同①86.
③ 同①88—89.

第三章 阿尔都塞对"决定论的马克思主义理论"的批判

阿尔都塞认为,黑格尔那里的"矛盾"表面上看是多元决定的,但其实却不过是仅具有多元决定的外壳,其本质是"一元决定"的,这是由他的哲学观所决定的,并在他的《历史哲学》中有充分的体现。众所周知,黑格尔把整个世界的发展过程归结为"绝对精神"外化,又回归自我的过程。在《精神现象学》一书中,黑格尔具体论述了意识产生和发展的辩证法。在黑格尔哲学中,随着意识产生和意识发展,意识的内容越来越丰富和复杂,这种丰富和复杂虽具有"多元决定"的外表,但其本质却是"一元决定"的。这是因为在黑格尔哲学中,"意识"在不同发展阶段不过是"绝对精神"这一"一元本质"的体现,"绝对精神"是意识发展的本质。"意识的这些过去形态以及与这些形态相适应的潜在世界从不作为不同于现在的意识的真实决定因素去影响现在的意识:它们只是作为过去在现在中的回音(回忆、历史的幽灵),即作为预期或暗示,而同现在的意识发生关系的。这是因为过去无非是它所包括的未来的内在本质,意识的过去存在也是意识自身的存在,而不是在意识之外的一种真正决定因素。就像圆圈中套圆圈,意识只有一个圆心,这个圆心决定着意识。"① 这种"一元决定论"在黑格尔的历史哲学中也表现得非常突出。表面上看,在他的历史哲学中,任何社会似乎都是由政治、风俗、习惯、金融制度、贸易制度、经济制度、艺术、哲学、宗教等无数具体决定因素所构成的。但实际上,黑格尔又认为,这些因素又在它们所组成的总体性的统一的内在本质中得到反映,而这种反映也正是这些因素的真理性。也就是说,黑格尔辩证法之所以不具备多元决定的本质,其重要原因就在于构成历史世界中的所有因素都不过是"绝对精神"这一简单的内在本原的外化而已。因此,如果说马克思辩证法的"矛盾"本质是多元决定的;那么,黑格尔辩证法的"矛盾"则是简单的。阿尔都塞特别强调:他"并不坚持要用多元决定这个术语(它是从别的学科借用的),在找不到更恰当的术语的情况下,我只能用它来指出一个事实和提出一个问题;它还可以使我们看到,我们在这里所说的矛盾完全不是黑格尔的矛盾"②。这意味着马克思对黑格尔辩证法的颠倒不是简单地剥去其外壳,而是深刻地改造了黑格尔辩证法的内在结构。那么,马克思"多元决定"的内容和根据又是什么呢?阿尔都塞通

---

① [法]路易·阿尔都塞. 保卫马克思. 顾良,译. 北京:商务印书馆,2006:90.
② 同①89.

过分析马克思与黑格尔辩证法的不同结构和社会历史观加以说明。

3. 马克思与黑格尔的辩证法内在结构的根本区别

阿尔都塞认为，马克思辩证法的"矛盾"的多元决定的本质是由其辩证法的内在结构所决定的。这种内在结构首先就体现在它包含着不同于以前的内在矛盾。在他看来，马克思以前的哲学中存在着两种因果观：一种是线性因果观，它描绘一个因素对另一个因素的决定作用，是诸因素之间的一一对应的机械因果观。这种因果观源于笛卡儿，以这种因果观为基础的历史观只能是机械决定论的历史观。另一种是表现性因果观，这种因果观预先假设整体可以还原为一个内在的本原，而整体各部分无非是这一本原的外在体现。这种因果观由莱布尼茨首先表述，黑格尔将其进一步发展，以这种因果观为基础的历史观只能导致一种历史目的论的历史观。而在马克思那里却存在另一种类型的因果观，即结构性因果观，它一方面坚持全面性结构对局部性结构及其构成要素的决定作用，另一方面又坚持后者对前者的相对独立性和反作用。它同前两种因果观的区别主要表现在：第一，结构是出现在或内在于它的要素/效果之中的原因，而不是外在于它们的；第二，结构只存在于这些要素/效果和它们的关系的总体之中。虽然马克思并未从概念和文字上表述这种结构，但我们需要的是透过字面去探索、发现马克思思想的真谛。

阿尔都塞用毛泽东关于主要矛盾与次要矛盾、矛盾的主要方面与次要方面和矛盾发展的不平衡性的论述来论证马克思主义矛盾观的整体性、主导性结构和复杂性的特点。毛泽东在《矛盾论》一书中指出：在事物发展的复杂过程中，必定有一个起主导和支配作用的主要矛盾和矛盾的主要方面，从而使矛盾整体呈现为有主导结构的统一整体。阿尔都塞强调，只有坚持马克思主义的这种矛盾观，才能避免使马克思主义陷入机械唯物主义和历史目的论的错误中。也正因为存在着这种结构性的不同，马克思和黑格尔的矛盾观完全不同。马克思把矛盾看成具体的、内在的和有主导结构的复杂整体，而黑格尔则将矛盾看成抽象的、外在的和单一的简单整体。也就是说，马克思认为事物发展过程中存在着多种矛盾，矛盾自身在发展过程中存在着诸方面，同时还存在着一个起决定性作用的主导性矛盾和矛盾的主要方面；而在黑格尔那里，任何一个特殊矛盾都不是主导的方面，一切矛盾都是平等的，既没有主次之分，

第三章 阿尔都塞对"决定论的马克思主义理论"的批判

也没有差异和非差异之分。

阿尔都塞指出，当我们说一个矛盾支配着另一个其他的矛盾的时候，是说这个矛盾所处的复杂整体是一个有结构的统一体，在这个结构中的各个矛盾存在着明显的主从关系。因此可以说一个"矛盾统一体"并不是矛盾的随意组合，而是一个具有多环节主导性结构的统一体。在这个主导性结构统一体中，既存在着主导性矛盾支配其他矛盾的基本关系，也存在被支配矛盾的反作用。如果把这种复杂整体的有结构性的统一性和总体的简单统一性等同起来，那么，其必然结果要么是将马克思的辩证法同黑格尔的辩证法相混淆，要么使马克思的辩证法倒退到机械论的水平上。阿尔都塞还通过比较马克思和黑格尔的总体观，说明马克思辩证法的特质。

他指出，马克思和黑格尔的总体观虽然都用"总体"这个概念，但是他们在本质上却毫无共同之处。因为黑格尔的总体是简单统一体和简单本原的异化发展，而这种发展不过是"精神和观念"发展的一个阶段。在黑格尔的总体中，没有哪一个特定的矛盾是主导性的矛盾，因为组成总体的那些不同领域之间的"差异"都只是具有独立存在的外表，都不过是作为总体本质的"绝对精神"的外化或者体现。因而黑格尔的总体是没有复杂和主导结构的总体，是没有真正展开矛盾的总体。作为一个真正复杂的整体，必须存在真正的矛盾和差异，必须具有主导性的结构，也只有这样，才能避免"还原论"的错误。因此，总体中所谓主要矛盾是本质，次要矛盾是现象，决不是指"次要矛盾"是"主要矛盾"的单纯现象，也不能认为主要矛盾就可以先于或后于、或没有次要矛盾、或缺少某个次要矛盾而存在。实际上，主要矛盾和次要矛盾是相互联系，互不可缺的。就像在一个社会中，生产关系并不单纯是生产力的现象，而且也是生产力的条件；上层建筑并不单纯是社会结构的现象，而且也是社会结构的生存条件一样。阿尔都塞强调，这种矛盾的相互依存和在矛盾中占统治地位的主导结构并不冲突，恰恰相反，这种矛盾的相互依存是矛盾总体中主导性结构的一种表现。阿尔都塞以马克思在《〈政治经济学批判〉导言》中分析生产、消费和分配的同一性为例来证明这一点。马克思在该书中肯定生产、消费和分配的同一性之后指出："我们得到的结论并不是说，生产、分配、交换、消费是同一的东西，而是说，它们构成一个总体的各个环节，一个统一体内部的差别。生产既支配着与其他要素相对而言的生产自身，也支配着其他要素。……因此，一定的生产决定一定的消费、分配、交换和**这些不同要素相互间的一定关系**。当然，生产**就其单方面形式来说**也决定于其他要素。"①

阿尔都塞强调，要真正理解和把握"多元决定"的马克思主义辩证法，必须认识到矛盾的复杂性、条件性和不平衡性的特点。所谓矛盾的复杂性，是指任何事物在其发展过程中都面临着复杂的矛盾，事物发展的结果是主导性矛盾和非主导性矛盾相互作用的结果。这就要求我们揭示不同的矛盾在事物发展过程中的作用，弄清楚诸多矛盾在事物发展过程中"具有结构的'可变性'和总体的'不变性'的那种关系"②。也就是说，在事物发展过程中，主导性矛盾决定着事物发展的基本趋势，而非主导性矛盾则能够影响事物发展的具体方式，事物具体发展过程就是主导性矛盾和非主导性矛盾交互作用的结果。所谓矛盾的条件性，阿尔都塞用列宁所说的"具体问题具体分析"的论断来加以说明。阿尔都塞认为，马克思、恩格斯、列宁、斯大林和毛泽东等人都非常重视对事物发展过程中矛盾的条件性问题的探讨，他们都把"条件"看作构成历史发展过程整体的以不同方式存在的各种矛盾的现实存在，它反映的是事物发展过程中主导性矛盾与其他矛盾之间的关系，事物的发展离不开对矛盾的条件性的分析和把握。与马克思主义强调事物发展条件的重要性不同，黑格尔则把"条件"看作一种与事物发展无关的偶然现象。而"条件"的复杂性也就意味着事物发展的复杂性，是否承认"条件"的客观存在，这就决定了是秉承"多元决定"还是"一元决定"。因此，阿尔都塞强调，如果马克思主义强调的是"多元决定"的话，黑格尔则秉持"一元决定"。所谓矛盾的不平衡性，阿尔都塞再一次借用毛泽东关于所有矛盾都受不平衡法则制约的论述，强调不平衡性之所以存在，是"因为复杂整体主导结构的不变性本身是构成主导结构的各种矛盾的具体可变性的条件，也就是和各种矛盾的转移、压缩、交替……的条件。从另一方面讲，因为这种可变性就是不变性的存在。不平衡发展（也就是人们在复杂整体发展过程中可以观察到的这些转移和压缩的现

---

① 马克思恩格斯选集：第2卷. 北京：人民出版社，1995：17.
② [法] 路易·阿尔都塞. 保卫马克思. 顾良，译. 北京：商务印书馆，2006：208.

象）不在矛盾之外，它构成矛盾最深刻的内在本质"①。因此，阿尔都塞强调矛盾发展过程中的不平衡性是矛盾的本质。

通过以上论述，阿尔都塞认为马克思主义辩证法相对于黑格尔辩证法的本质不同就在于马克思主义强调事物发展的不平衡性和多元决定。真正的马克思主义把社会总体看作每个因素、每个矛盾的有机构成，它"从不把各因素的排列、每个因素的实质和地位一劳永逸地固定下来，不懂得过程的必然性恰恰在于各因素'根据情况'而交换位置。正是唯经济主义事先就一劳永逸地规定，归根到底起决定作用的矛盾必定是占主导地位的矛盾，矛盾的这一'方面'（生产力、经济、实践）必定要起主要作用，而另一'方面'（生产关系、政治、意识形态、理论）必定起次要作用，却不了解归根到底由经济所起决定作用在真实的历史中恰恰是通过经济、政治、理论等交替起第一作用而实现的。……主要是由于内部的和必然的原因，由于矛盾的交替、转移和压缩的结果"②。

阿尔都塞认为，马克思和黑格尔的辩证法的原则区别是由他们不同的社会观、历史观所决定的，他由此进一步论述了马克思和黑格尔社会观和历史观的不同，来反对对马克思主义理论技术决定论、经济决定论的理解，进而揭示马克思主义理论的特质。

4. 马克思的"多元决定"社会历史观

阿尔都塞指出，黑格尔的社会历史观从本质上讲是一种非科学的意识形态的社会历史观，因为它把"意识形态"作为历史发展的动力。在黑格尔看来，决定社会统一体的本原不在于构成社会统一体的任何一个领域，而在于"绝对精神"，构成社会统一体的任何一个领域都不过是"绝对精神"的外化。在他那里，整个社会历史的发展不过是"绝对精神"运动的辩证法，因此，马克思指出：黑格尔是用意识的辩证法（如民族的自我意识）来说明各民族的物质生活和具体历史。而人们之所以认为马克思的历史观是对黑格尔历史观的"颠倒"，其原因在于马克思也曾说过，和黑格尔相反，他是用人的物质生活来解释人的历史，即人的意识和意识形态无非是人的物质生活的现象。阿尔都塞还进一步指出人们之所以产生这种有关"颠倒"的误解的具体原因在于混淆了马克思

---

① ［法］路易·阿尔都塞. 保卫马克思. 顾良，译. 北京：商务印书馆，2006：209.
② 同①208.

和黑格尔之间不同的社会历史观。阿尔都塞指出,由于黑格尔的社会历史观继承的是18世纪政治理论和政治经济学的成果,他认为一切社会都是由需求的社会(市民社会)和政治的社会(国家,以及在国家中得到体现的一切,包括宗教、哲学、时代的自我意识等)构成的,或者说是由物质生活和精神生活两方面构成的。而黑格尔把物质生活仅看作"理性的狡计",物质生活受一条与它无关的规律的支配,这条规律既是物质生活特有的目标,也是它存在的条件。正是因为这样,人们似乎认为马克思保存了黑格尔的"需求的社会"(市民社会)和"政治的社会"、"经济和政治"、"经济和意识形态"这些术语,并且把在黑格尔那里作为现象的东西变为作为本质的东西,把作为本质的东西变为作为现象的东西,也即是使"理性的狡计"朝着相反的方向起作用。根据这种观点,在黑格尔那里,政治因素和意识形态因素是经济因素的本质,而在马克思那里,经济因素则是政治和意识形态因素的全部本质,其结果是把政治因素和意识形态因素看作经济因素的现象,而经济因素是政治和意识形态因素的"真理"。似乎人们只要用一个简单的本原(物质因素)代替另一个简单的本原(绝对精神),用物质生活和经济这个简单本原来说明历史发展的规律就够了。阿尔都塞认为,这实际上不过是走到了黑格尔的对立面,从而把马克思的历史辩证法降为"生产技术"的辩证法,这种做法被阿尔都塞斥之为"技术主义"或"经济主义"。阿尔都塞认为,实际上马克思既没有颠倒黑格尔的社会历史观,也没有保留黑格尔社会历史观的术语,并且使新的术语以及术语之间的关系具有完全不同于黑格尔的含义。阿尔都塞通过论述马克思对黑格尔社会历史观的改造过程,来阐明马克思社会历史观的内涵。

阿尔都塞指出,马克思的社会历史观改造了黑格尔社会历史观中原来的术语,这主要体现在:第一,在马克思的社会历史观那里,已经没有了"市民社会"的概念。尽管马克思也谈到"市民社会",但那是为了暗示过去的事,是为了指出马克思的发现是在什么场合下实现的,而不是为了袭用这个概念。因为黑格尔的"市民社会"的概念来源于18世纪的政治哲学和政治经济学,它被用来描述和确认与由个人的特殊意志和利益所确定的个人关系直接相关的世界,而18世纪的政治哲学和政治经济学把人看作一种抽象的人,如政治经济学把人看作"追求自私自利"的抽象人,哲学、政治哲学则把人看作具有"自由""平等"等

第三章 阿尔都塞对"决定论的马克思主义理论"的批判

抽象权利的人。而马克思的全部政治经济学观点都是建立在对这种"抽象人"的假设批判的基础上的。因此,不能设想马克思会把建立在他批判过的抽象人基础上的"市民社会"概念直接拿来使用。在马克思看来,只有通过对现实世界的"解剖",才能科学地揭示现实世界发展的辩证法。在这一"解剖"的基础上,马克思发现了"生产力""生产关系"的概念,并用生产力的发展程度、生产关系的状况等来确定某个特定社会形态的生产方式及其发展规律。而这些概念在黑格尔那里是找不到的。第二,"国家"的内涵在马克思那里获得了和黑格尔完全不同的含义。在马克思那里,国家不再被看作"观念的现实",他把国家作为统治阶级和剥削阶级的镇压工具而进行系统的思考。通过这种思考,马克思发现了和生产关系直接相连的"社会阶级"概念,他把这一概念同经济结构的基本概念相联系,使国家的本质发生了如下根本性的变化:国家从此不再凌驾于各种人类集团之上,而是为统治阶级服务,它的使命不再是在艺术、宗教和哲学中日益完善自己,而是把艺术、宗教和哲学用来为统治阶级的利益服务,甚至强迫它们根据统治阶级的观念和命题去建立体系。因此,国家不再像黑格尔那里是市民社会的"真理",而是一个社会中阶级行动和统治的工具。

阿尔都塞认为,马克思不仅改变了黑格尔社会历史观的术语,而且还使术语之间的关系发生了变化。阿尔都塞认为,马克思社会历史观的术语可以分为两类,一类是经济基础,包括生产力和生产关系,另一类是上层建筑,包括国家、意识形态形式、政治形式和各种法律形式。在黑格尔那里,国家是市民社会的"真理",而市民社会则依靠"理性的狡计"的作用只是在国家中实现其自身,因此,市民社会实际上被用来作为为统治阶级服务的一种诡计,完全为国家所决定。阿尔都塞认为,这种单纯的决定与被决定的关系在马克思那里却不存在。马克思不是把经济和政治因素的作用完全等同,虽然关于这二者关系的理论在马克思那里还有待进一步制定,但是马克思已经给我们提供了原则性的论述,这一原则性的论述就是:一方面,生产方式(经济因素)归根到底是决定性因素;另一方面,上层建筑及其特殊效能具有相对独立性。对于这一点,阿尔都塞用恩格斯晚年致布洛赫的书信作为例证。恩格斯指出:"根据唯物史观,历史过程中的决定性因素**归根到底**是现实生活的生产和再生产。无论马克思或我都从来没有肯定过比这更多的东西。如果有人在这里加以歪曲,说经济因素是**唯一**决定性的因素,那么他就是把这个命题变成毫无内容的、抽象的、荒诞无稽的空话。经济状况是基础,但是对历史斗争的进程发生影响并且在许多情况下主要是决定着这一斗争的**形式**的,还有上层建筑的各种因素:阶级斗争的政治形式及其成果——由胜利了的阶级在获胜以后确立的宪法等等,各种法的形式以及所有这些实际斗争在参加者头脑中的反映,政治的、法律的和哲学的理论,宗教的观点以及它们向教义体系的进一步发展。"① 通过以上的论述,阿尔都塞指出,只有用"多元决定"这个概念才能说明马克思社会历史观的特质。"多元决定"的历史观意味着"经济的辩证法从不以纯粹的状态起作用;在历史上,上层建筑等领域在起了自己的作用以后从不恭恭敬敬地自动引退,也从不作为单纯的历史现象而自动消失,以便让主宰一切的经济沿着辩证法的康庄大道前进。无论是在开始或在结尾,归根到底起决定作用的经济因素从来都不是单独起作用的。总之,'单纯的'、非多元决定的矛盾观念,正如恩格斯所批判的经济主义那样,是'毫无内容的、抽象的、荒诞无稽的空话'。"② 那么,在马克思那里,经济因素和上层建筑的关系到底是怎样的呢?阿尔都塞认为,只有坚持从马克思"多元决定"的社会历史观出发,才能科学地解决上述问题。

阿尔都塞指出,根据马克思"多元决定"的社会历史观,第一,社会经济结构的革命不能闪电般地一下改变现存的上层建筑(假如经济因素是唯一的决定因素,革命就会引起这样的改变),因为上层建筑(特别是意识形态)具有相当大的稳固性,因而能够在其直接生存环境之外保持自己的生存,甚至重新创造出或暂时"分泌"出替代的生存条件;第二,由革命所产生的新社会,通过其新的上层建筑形式或国内外的特殊环境,可促使旧的因素保持下去或死而复生,这种死而复生在没有"多元决定"的辩证社会历史观条件下是不可能的。因此,阿尔都塞强调,研究马克思主义的历史,必须注意研究的严密性、概念的严密性,特别是应该把马克思的思想同黑格尔的思想区别开来,因此,马克思也决不是仅仅通过"颠倒"来实现哲学革命的。因此,"必须进一步澄清马克思的思想,让黑格尔的影子回到茫茫的黑夜中去;或者,为了达到

---

① 马克思恩格斯选集:第 4 卷. 北京:人民出版社,1995:695—696.
② [法] 路易·阿尔都塞. 保卫马克思. 顾良,译. 北京:商务印书馆,2006:101.

同一目的，需要对黑格尔本人进行更多的马克思主义解释。只有付出了这个代价，我们才能摆脱'颠倒'的概念以及由此产生的种种含糊和混乱"①。

在《保卫马克思》一书中，阿尔都塞理论探索的目的主要是反对对马克思主义理论的经济决定论、技术还原论和历史目的论的解释。为此，他通过探寻马克思与黑格尔辩证法之间的区别，来说明马克思主义理论的特质。他的"多元决定论"在反对"决定论式"的马克思主义理论的同时，也强调了上层建筑因素的相对自主性，他的"多元决定论""相对自主性"的思想为后马克思主义所继承和发展，极大地影响了后马克思主义的理论建构。20世纪70年代以后，马克思主义的政治实践和理论形势发生了根本性的变化，阿尔都塞立足于时代条件的变化和反决定论、反历史目的论的价值取向，一方面认为马克思主义理论存在着危机，另一方面又力图实现马克思主义理论对政治实践的干预，提出了"偶然相遇的唯物主义"理论。

二、"偶然相遇的唯物主义"的提出与内涵

"偶然相遇的唯物主义"理论是阿尔都塞通过反思社会主义实践和时代对马克思主义理论的挑战，进一步完善了对马克思主义理论的理解，这一理论更加彻底地把他所理解的马克思主义理论同决定论式的马克思主义理论区分开来，同时又力图使他所理解的马克思主义理论与政治实践相结合。

1. 阿尔都塞对马克思主义政治危机和理论危机的反思

阿尔都塞认为马克思主义的危机开始于20世纪30年代，只是在30年代暂时被斯大林主义所强行解决了。而斯大林以自己的方式解决马克思主义危机所采取的强制行为反过来又会加剧危机。这场危机的总爆发是苏共二十大和国际共产主义运动中的"非斯大林化运动"。阿尔都塞指出这场危机在导致人们思想解放的同时，也导致了对马克思主义理

---

① [法]路易·阿尔都塞. 保卫马克思. 顾良，译. 北京：商务印书馆，2006：106-107.

解的危机，由此他提出了保卫马克思主义理论科学性的任务。而直接导致阿尔都塞提出"偶然相遇的唯物主义"的根源是1968年的西方青年学生运动、"欧洲共产主义"思潮的兴起和苏联模式的社会主义实践。

1968年发生的西方青年学生运动，即"五月风暴"，引发了马克思主义的政治危机。这场运动反映了法国社会从发达资本主义社会向消费社会转型的政治和经济矛盾，以及法国的大学把大学教育降低为职业培训，不适应社会转型的现状。在"五月风暴"中，青年学生把"马克思、毛泽东、马尔库塞"，即"三M"作为精神领袖，马尔库塞和萨特等西方马克思主义理论家走上街头支持学生运动。而法共一开始就把这场激进的学生运动定性为资产阶级性质的运动，并认为这场运动挑战了法共的意识形态和斗争策略，因而持一种否定的态度。而西方马克思主义理论家与共产党的关系是非常微妙的，对此，佩里·安德森在《西方马克思主义探讨》一书中指出：由于共产国际的"斯大林化运动"，西方马克思主义的理论著作受到了严格的限制，致使当时理论家与他们的党达成一个默契：只要不怎么触动他们的理论著作，他们就不对党的政治路线发表意见。正因为如此，阿尔都塞虽然在内心是同情学生运动的，但由于法共这种对学生运动性质的认定，使作为共产党员的阿尔都塞不得不保持沉默。但是法共这种对待学生运动的态度，严重影响了党的声誉，造成了法国共产党和马克思主义政治实践的严重危机。

20世纪70年代兴起的"欧洲共产主义"思潮，在阿尔都塞看来是另一场马克思主义的政治危机。"欧洲共产主义"思潮原本是西方共产党力图摆脱共产国际的教条主义，探索适合本国的社会主义革命道路而形成的。其主要主张是否定国际共产主义运动中存在的"一个中心"的主张，强调各国走向社会主义社会的道路是多样的，但在当代发达资本主义国家应当采取民主方式夺取无产阶级的领导权，建立民主社会主义社会。阿尔都塞在肯定"欧洲共产主义"思潮是一种有益探索的同时，也批评它放弃马克思主义关于无产阶级专政的理论，屈从于资本主义民主，最终必然形成马克思主义的政治危机。"无论在东方还是在西方，我们面临着在这些组织和国家之间存在的这一关系的严重问题：在东方我们是面临着这些组织和国家合并（公然合并）的问题；在西方我

第三章 阿尔都塞对"决定论的马克思主义理论"的批判

们是面临着合并危险的问题,因为资产阶级国家从来没有不想把工人阶级的阶级斗争组织纳入到它的运转轨道上去,而且往往取得成功。"①

阿尔都塞指出,苏联模式的社会主义实践的问题就在于把马克思主义理论变成了为政治服务的工具,最终形成了"以马克思的名义……给了……领袖的特权,观念的统治这种资产阶级意识形态就在国家—党—国家意识形态的畸形统一性中凯旋了,而群众恰恰只有在他们获得解放的名义下屈服"②。苏共二十大虽然对斯大林主义的错误进行了批判,但并没有真正从理论上对这些错误加以反思,而是只承认上述错误,没有从理论上说明它,在实践中改正它。"马克思主义不该通过谴责或悔恨的方式来摆脱其历史的悲剧,那种做法只能流于道德主义和理论上、政治上的自暴自弃。对马克思主义来说,至关重要的是承认这些悲剧、对它们负起责任、把它们提上议事日程并锻造从根本上理解它们所必需的理论工具。……最终要让它开始了解自己、了解那个事实上的和将要改变的自己。"③ 其结果是造成了苏联社会主义实践无法真正用马克思主义理论分析现实和指导实践。

阿尔都塞强调,马克思主义政治上的危机本质上也是马克思主义理论的危机,即马克思主义理论本身的局限性,这种局限性是因为马克思主义理论本身还存在着一系列困难、矛盾和理论空白。"经典著作并没有给我们提供一个统一而完美的整体,而是给我们提供了一系列著作,其中包含有困难、矛盾和空白。这没有什么可奇怪的。如果说它们给我们提供了一个关于资本主义社会阶级斗争的条件和形式,那么认为这个理论一诞生出来就具有'纯洁的'和完美的形式,那就荒唐可笑了。"④ 阿尔都塞进一步论述了他所谓的"马克思主义理论存在的困难、矛盾和理论空白"的体现。具体说:

第一,马克思主义的生产方式理论和历史辩证法存在着困难和局限。在阿尔都塞看来,第二国际以来,马克思主义的官方定义就是辩证

---

① [法]路易·阿尔都塞,等. 自我批评论文集:补卷. 林泣明,许俊达,译. 台北:远流出版事业股份有限公司,1991:240.
② [法]路易·阿尔都塞. 今日马克思主义//陈越. 哲学与政治:阿尔都塞读本. 长春:吉林人民出版社,2003:261.
③ 同②263-264.
④ 同①236.

唯物主义、历史唯物主义和科学社会主义，而上述定义是通过马克思对黑格尔哲学的颠倒、黑格尔辩证法重新用脚站起来这些所谓证据支撑的。在上述定义中，存在着"体现为确定生产方式'演进的几个时代'相交替并通向共产主义透明性的某种历史意义、历史哲学的观念。我们在马克思那里找到了继'必然王国'之后的'自由王国'这种唯心主义的表述——即个体的'自由发展'由以代替某种社会关系，使后者像国家和商品一样变成多余的这一共同体的神话"①。阿尔都塞把上述观点归结为一种预设某种终极目的的历史进步论，而由于马克思只集中研究了资本主义生产方式，但是却把这种对资本主义生产方式的认识看作适用于所有人类社会的，因而马克思的生产方式理论和历史辩证法必然带有很强的主观想象性，缺乏普遍有效的说服力，是一种有限性的理论。

　　第二，马克思的价值和剩余价值理论存在缺陷。在阿尔都塞看来，马克思的《资本论》一书也充斥着唯心主义，只不过这种唯心主义以更狡猾的方式体现在《资本论》的表达方式和说明方式上。"同样的唯心主义以远为狡猾的方式出没于《资本论》本身。我们已经学会从《资本论》——无论如何都会给人以深刻印象的——'表达方式'中辨认出那个虚构的统一性：因为需要从对价值的抽象出发，就是说，需要从可通约性领域所预设的同质性出发，而不是事先把资本主义剥削关系确定为这个表达过程的条件，所以上述统一性从一开始就被强加了进来。"②也就是说，《资本论》对资本主义社会的批判的表达方式和说明方式是以资本主义的最简单形式，即商品和价值为出发点的。阿尔都塞不仅认为商品和价值不是资本主义最简单的形式，而且强调这不过是马克思为了从中推出资本主义社会的剥削关系而虚构的一个理论的出发点。同样地，马克思在《资本论》中论述剩余价值所采用的从抽象到具体的研究方法也是有问题的，"当你阅读《资本论》第一卷第一篇的时候，你会发现一种针对剩余价值的理论阐述：这是一种算数上的描述，按照这种描述，剩余价值是可计算的，这是由劳动力生产出来的价值和劳动力本身的再生产所需商品的价值（工资）之间的（在价值上的）差额所确定

---

①　[法] 路易·阿尔都塞. 今日马克思主义//陈越. 哲学与政治：阿尔都塞读本. 长春：吉林人民出版社，2003：254.
②　同①254-255.

第三章 阿尔都塞对"决定论的马克思主义理论"的批判

出来的"①。这种方法是一种忽视具体条件的纯经济计算方法,遗漏了对剩余价值生产的具体条件的说明,而这些遗漏的问题需要采取历史的具体的描述方法来考察,这势必会对工人运动造成政治上和理论上的障碍。"这种把对剩余价值的算术阐述当作关于剥削的完整理论的误解,难道不是最后在马克思主义的工人运动史上构成政治上和理论上的障碍,妨碍人们正确地理解剥削的条件和形式,而且这种关于剥削(作为纯粹可以计算的数量)和劳动力(作为简单的商品)的狭隘观念,难道不是已经部分地导致了对阶级斗争的任务做出了经济斗争和政治斗争的古典分工,因而导致了每一种斗争形式的狭隘观念,这种狭隘观念过去开始妨碍而且今天还在妨碍着整个工人阶级和人民斗争形式的扩大。"②

第三,马克思著作中除了哲学之谜、辩证法之谜有待解答,更重要的是还存在着没有系统的国家理论和关于政党与工会的理论的缺陷,势必对当代工人运动造成严重的困扰。对此,阿尔都塞指出,"我们必须坦率地说:确实不存在任何'马克思主义的国家学说'。这并不是说马克思和列宁试图回避这个问题——这个问题正是他们政治思想的核心"③。但无论是马克思、列宁,还是后来的葛兰西,都只是要防止资产阶级关于国家的消极界定。对于国家怎样保证阶级统治、国家机器怎样发生作用这样的问题,马克思和列宁都没有加以分析。葛兰西虽然把国家规定为"强制+领导权",但这是如何探索一条工人阶级夺取国家政权道路的尝试,并不是对国家的界定。不仅如此,"在马克思主义的遗产中也找不到任何真正关于阶级斗争组织,尤其是关于政党和工会的理论"④。在阿尔都塞看来,马克思主义理论的上述缺陷、空白,对当代西方的工人运动造成严重的困扰,这既是马克思主义理论危机的后果,也是重建马克思主义理论的机会。"马克思主义在其历史上已经经历一长串的危机和转变。你只需要回想一下马克思主义在第二国际垮台以后援助'人民事业'的这一转变。现在,在目前这场危机中,我们正面临着类似的转变,它已在群众的斗争中扎下了自己的根基。这种转变

---

① [法]路易·阿尔都塞,等.自我批评论文集:补卷.林泣明,许俊达,译.台北:远流出版事业股份有限公司,1991:237.
② 同①238.
③ 同①239.
④ 同①240.

能够带来马克思主义的新生,赋予它的理论以新的力量,改变它的意识形态、它的组织和它的实践,为工人阶级和全体劳动人民开拓社会、政治和文化革命的真正未来。"①

正是基于对当时马克思主义政治危机和理论危机的指认和思考,阿尔都塞力图挖掘被西方哲学传统压抑的唯物主义"潜流",从反对决定论和目的论的唯物主义的价值立场出发,重建辩证唯物主义理论,最终提出了"偶然相遇的唯物主义"理论。

2. "虚无"概念是支配"偶然相遇的唯物主义"理论的隐性逻辑

阿尔都塞提出的"偶然相遇的唯物主义"理论的现实基础是他对马克思主义政治危机和理论危机的反思,他在研究论文《黑格尔哲学中的内容的概念》中阐发了"虚空"概念,可以看作他的"偶然相遇的唯物主义"理论的基础和隐性逻辑。

阿尔都塞认为,黑格尔把真理看作不断发展的历史过程,其开端是"虚空",并把这种"虚空"看作真理发展的原动力。"黑格尔在讨论康德的范畴的时候,曾评论说,在某种意义上,康德把这些范畴当作是空无是正确的,它们的这种空无性恰恰是它们需要演变出来的原因。"②阿尔都塞把黑格尔哲学的内容看成绝对理念不断丰富发展的过程。众所周知,黑格尔的真理论包括"存在论"、"本质论"和"概念论"三个阶段。"存在论"作为其真理论的开端,它是以完全虚无的"纯存在"开始的,实际上就等于"无"。但这里所说的"无"却也意味着"有点什么",而"有什么"却又无法说出来。这就意味着"无"转化成"有","有"与"无"之间构成了辩证统一的关系,它们之间的相互转换就形成了"变"的概念,"变"的概念由此产生了"质"、"量"和"度"的概念,"度"的概念是质和量的内在统一,"质"和"量"的矛盾运动又必然超出"度",质和量的矛盾运动形成了"质量互变规律"。黑格尔认为,"存在论"阶段是人们对事物表面现象的认识,要进入对事物本质的认识,就需要进入"本质论"阶段。黑格尔强调,要把握事物的本质

---

① [法]路易·阿尔都塞,等. 自我批评论文集:补卷. 林泣明,许俊达,译. 台北:远流出版事业股份有限公司,1991:242-243.
② [法]路易·阿尔都塞. 黑格尔的幽灵:政治哲学论文集[Ⅰ]. 唐正东,吴静,译. 南京:南京大学出版社,2005:80.

第三章 阿尔都塞对"决定论的马克思主义理论"的批判

就必须利用"反思",透过表面现象才能达到,而把握事物的本质,必须借助一定的概念,由此进入"概念论"阶段。在黑格尔那里,"存在论"和"本质论"阶段是绝对理念的客观阶段,而"概念论"则是人们对绝对理念的主观把握。由此,黑格尔提出"真理是主客观性与概念的统一""真理是具体的""真理是一个过程"等命题。①

阿尔都塞根据黑格尔的上述观点,指出真理具有历史维度,"在这一维度上,我们所知道的只是既定物是一种虚无,只有在反思的时刻,我们才能看到这种虚无的存在性的凸显;只有在这个时刻,在既定物中经历过来的那个原始性的空乏,才会把其自身的内容赋予其自身"②。可以看出,阿尔都塞实际上把"虚无"看作一个本体论的概念,并认为它随着时间的推移和人们的反思活动,必然发展成为具有内容的真理。

"虚无"的概念一直作为阿尔都塞思想中的隐性逻辑影响和支配着他的理论思考。不仅他所提出的诸多哲学命题,如哲学既没有对象也没有历史的命题,意识形态是人们对自身生存条件体验和想象的关系的命题,意识形态的功能在于主体建构的命题,历史是无主体的历史过程的命题,等等,都与"虚无"这一隐性逻辑密切相关;而且"虚无"这一隐性逻辑使他始终坚持反对目的论、历史决定论的价值立场,这在他批评当时青年马克思思想争论以及技术还原论、经济决定论的马克思主义理论解说中也具有鲜明的体现。更为关键的是,他利用这一隐性逻辑反思了唯物主义发展史,强调唯物主义发展历史中存在着一个强调"偶然性"的"潜流",成为他建构"偶然相遇的唯物主义"理论的重要理论支撑。

3. 阿尔都塞对唯物主义潜流的挖掘

在阿尔都塞那里,唯物主义、唯心主义有着特殊的含义。众所周知,恩格斯在《路德维希·费尔巴哈和德国古典哲学的终结》一书中,提出了哲学的基本问题,并根据哲学对这一问题的回答划分了唯物主

---

① 关于黑格尔的真理论的具体论证过程,参见杨祖陶. 德国古典哲学逻辑进程. 武汉:武汉大学出版社,2003.
② [法] 路易·阿尔都塞. 黑格尔的幽灵:政治哲学论文集[Ⅰ]. 唐正东,吴静,译. 南京:南京大学出版社,2005:76.

和唯心主义两大基本派别。"全部哲学，特别是近代哲学的重大的基本问题，是思维和存在的关系问题。"① 恩格斯还强调"哲学家依照他们如何回答这个问题而分成了两大阵营。凡是断定精神对自然界说来是本原的，从而归根到底承认某种创世说的人……组成唯心主义阵营。凡是认为自然界是本原的，则属于唯物主义的各种学派"②。这就是说，唯物主义就是坚持物质决定意识、存在决定思维的哲学流派，而唯心主义则持相反的观点。对此，阿尔都塞认为这种对哲学派别的划分是一种哲学本质论和历史目的论在作怪，并强调这种以实体论为基础的哲学观必须予以抛弃。这种哲学观实际上是把唯心主义和唯物主义哲学看作关于世界起源和意义的学说，认为"哲学因此作为关于整体——也就是说，关于全部事物——的科学而出现。哲学阐明了全部外在对象的真理，揭示了这些对象自己所不能明确表达的东西：它'说出'，它揭示，它们的本质。……哲学相信没有谁、没有什么可以代表它说话，相信如果它不存在，世界就会失去它的真理。因为要让世界存在的话，就必须让这样的真理说话。这真理就是逻各斯，或开端，或意义"③。这种哲学观意味着无论唯心主义哲学，还是唯物主义哲学都是以不同的形式表现出的本质论、必然性和目的论的哲学。因此，他甚至认为马克思、恩格斯和列宁的唯物主义"像理性主义传统内的其他唯物主义一样，是必然性和目的论的唯物主义，是一种被改造过的、伪装打扮的唯心主义"④。阿尔都塞之所以反对从近代理性主义哲学传统解释马克思的唯物主义哲学，是基于他指认这种解释必然导致一种历史决定论和历史目的论，而他认为与这种强调本质、开端、目的的理性主义哲学传统相反，还存在另外一种唯物主义的潜流。这一潜流与偏爱本质、开端、目的的哲学不同，它更加偏爱分散和紊乱，这一潜流开端于伊壁鸠鲁，经过斯宾诺莎、马基雅维利、卢梭等人继承，最终由马克思发展到最高峰，当代西方的尼采、海德格尔和德里达也属于这一理论谱系中的代表性人物。由此，阿尔都塞通过考察伊壁鸠鲁、斯宾诺莎、马基雅维利的思想特点，

---

① 马克思恩格斯文集：第4卷. 北京：人民出版社，2009：277.

② 同①278.

③ [法] 路易·阿尔都塞. 哲学的改造//陈越. 哲学与政治：阿尔都塞读本. 长春：吉林人民出版社，2003：224-225.

④ ALTHUSSER L. Philosophy of the Encounter: Later Writings, 1978—1987. GOSHGARIAN M., tran. London: Verso, 2006: 200.

第三章 阿尔都塞对"决定论的马克思主义理论"的批判

来建构"偶然相遇的唯物主义"的理论体系。

在阿尔都塞看来,他所说的这种重视偶然性和差异的唯物主义传统长期被遮蔽了。"这个传统通过一种相遇的哲学(或多或少也是通过一种原子哲学——原子,'坠落'的原子,这是对个体性最简单的比喻)找到了自己的唯物主义立足点,这一传统是对所有本质哲学的拒绝,也就是说,对理性的拒绝,进而有了其对开端和目的的拒绝——开端在那儿无非是理性或基质秩序中目的的先行发生(也就是说——无论是理性的、道德的,宗教的还是审美的——秩序的先行发生),这种拒绝是这样一种拒绝整体和所有秩序,为了有利于离散(用德里达的话说就是'撒播')和无序而拒绝整体和秩序的哲学旨趣。……这就意味着不再把开端思考为理性或目的而是思考为虚无。"① 他的任务就是要将这种被遮蔽的唯物主义传统从被压抑和被遮蔽的状态中解放出来。

伊壁鸠鲁是古希腊原子论哲学的代表人物,与德谟克利特强调原子运动的必然性观念不同,伊壁鸠鲁强调世界是原子在虚空中,由于发生偏斜运动相互碰撞而形成的,这种偏斜运动在海德格尔那里就是"被抛入"的含义。但是对于原子于何地、何时、以何种方式发生偏斜和碰撞,没有人能知道,偏斜和碰撞就是平行运行的原子偶然相遇而发生的。世界上"事实的完成仅是偶然性的结果,因为它依赖根源于偏斜的原子的偶然相遇"②。阿尔都塞由此认为世界起源于偶然性,也不存在理性主义哲学所说的那种必然性的规律,所谓规律不过是人们事后基于某种目的的演绎的结果而已,因此必须坚持下述观点,即"通过相遇成形,进而确立必然性的规律,即便在其最稳定状态也受到彻底不稳定性的困扰,正是这种彻底不稳定性解释了我们难以把握的某些东西。因为它不仅打破了我们对合乎'规范'的东西的感知,还让我们必须知道规律是可以变化的,规律的有效性不仅是暂时的,绝非永恒的"③。

阿尔都塞进一步把马基雅维利的理论看作"偶然相遇的唯物主义"理论发展的第二个阶段。阿尔都塞之所以把马基雅维利看作"偶然相遇的唯物主义"理论发展的第二个代表人物,是因为他认为马基雅维利是

---

① ALTHUSSER L. Philosophy of the Encounter: Later Writings, 1978—1987. GOSHGARIAN M., tran. London: Verso, 2006: 188.
② 同①169-170.
③ 同①195.

把"虚空"和"偶然"运用于政治实践的第一人。在阿尔都塞看来,马基雅维利当时面临的任务就是如何使分裂的意大利实现国家的统一,他正是依据意大利的现实探寻这一问题的答案。意大利的现实和形势是资产阶级的生产方式有所发展,但占统治地位的还是封建主义的生产方式,国家处于四分五裂的状态。马基雅维利深入思考了意大利的这个现实与形势,因此,阿尔都塞肯定马基雅维利是第一个思考"形势"的理论家。"马基雅维利是第一个谈论形势的理论家,或者说,他是第一位这样的思想家——他自觉地(尽管他没有思考形势的概念,尽管他没有把这个概念作为抽象的系统反思的对象),至少是一贯地(用一种持续不断的、极其深刻的方式)在形势中,也就是说,在作为偶然、独特情况的形势概念中进行着思考。"① 这种思考实际上就是民族国家和创建民族统一体制的难题的"相遇"。对于如何解决这个"相遇"的难题,马基雅维利拒绝了关于国家起源于自然状态的自然法政治哲学传统和理论,把政治实践置于这一理论虚空中进行思考。因此,对于马基雅维利而言,他是从一个纯理论空间转向了政治实践的空间,在政治实践的空间中,他思考的主题是"新君主"如何产生的问题。因此,他对"政治形势进行分析的空间,就它本身的语境而言,是由各种对立和混合着的力量构成的;它只有安排或包含了一个位置、一个空位,才会有意义;只有空的才能被填补,只有空的才能为个人或集体提供用武之地,才能让他们占领那里,以便重新结合和形成各种力量,完成历史所指定的政治任务——空,是为了将来"②。

阿尔都塞进一步指出,马基雅维利认为新君主的诞生是一个过程,实现从布衣到君主的奇遇,必须具备空无、机遇和能力三个条件。所谓"空无"就是指新君主的获得是由于"一种'政治虚空'……以期待摆脱传统,重建世界"③;所谓"机遇"就是指诸如幸运之类的偶然性;所谓"能力"就是指决定相遇的必然性因素。上述三个因素构成了"吻合"、"不吻合"和"延后吻合"三种组合形式。在"吻合"的形式中,

---

① [法]路易·阿尔都塞. 马基雅维利和我们//陈越. 哲学与政治:阿尔都塞读本. 长春:吉林人民出版社,2003:395.
② 同①398.
③ ALTHUSSER L. Philosophy of the Encounter: Later Writings, 1978—1987. GOSHGARIAN M., tran. London: Verso, 2006: 172.

第三章 阿尔都塞对"决定论的马克思主义理论"的批判

幸运和能力得到了有机的结合，因而是一种最有利的结合；在"不吻合"的形式中，个人不具有相应的能力，仅靠命运不能支撑得太久，这是一种否定形式的结合；在"延后吻合"的形式中，一开始是个人不具有相应的能力，幸运决定了一切，但随后个人能力增强，并再度获得幸运。通过对这三种组合形式的分析，阿尔都塞的结论是新君主要产生并获得成功，首先需要持久的幸运这种偶然性，但幸运这种偶然性要发挥作用，还必须与能力这种必然性结合，只有具备把握幸运的能力，"相遇"才会真正发生。马基雅维利之所以是"偶然相遇的唯物主义"理论发展的第二个代表人物，是因为他强调了"偶然性"在政治实践中的巨大作用。也就是说，马基雅维利理论思考的目的是产生新君主，并实现意大利民族国家的统一，这个目的能否实现取决于幸运与能力能否相遇、能力是否能够掌控幸运这些条件。当上述条件不具备的时候，"相遇"不会发生；当上述条件具备的时候，"相遇"在什么时候和在什么地方发生、以什么方式发生，这一切又都是偶然的。这就意味着在当时意大利的政治实践中，应当从意大利的现实条件出发，把握意大利各种分散的力量与促成新君主诞生的各种因素之间的偏斜运动，让它们相遇，从而实现政治实践的成功。因此，阿尔都塞反复强调马基雅维利面临的难题是，"一方面，我们有最明确说明的条件：从意大利形势的一般状况到幸运和能力相遇的形式，以及政治实践过程中种种迫切要求。另一方面，我们又完全看不到政治实践场所和主体的说明。……马基雅维利不仅政治地提出，而且政治地思考着他的难题，他把它看作一种现实中的矛盾。这种矛盾不能光靠思想而只能靠现实来消除。消除的唯一可能，就是原本只是在一般条件上得到规定的政治相遇突然出现了具体的形式，这种出现既是必然的，又在地点、时间和人物方面是无法预见并确定其原因的"①。换句话说，马基雅维利虽然从理论上思考了意大利民主国家如何实现统一的问题，但他的思考能否在政治实践中实现，这是他自身无法把握和预测的，他把他的理论思考交给偶然性的机缘与政治实践的相遇，最终实现对政治实践的指导功能。

阿尔都塞把斯宾诺莎看作"偶然相遇的唯物主义"理论发展史上第三个代表性人物。因为斯宾诺莎在《伦理学》一书中"近乎逐字逐句地

---

① [法] 路易·阿尔都塞. 马基雅维利和我们//陈越. 哲学与政治：阿尔都塞读本. 长春：吉林人民出版社，2003：474.

重说了在伊壁鸠鲁与卢克莱修那里的对一切宗教的批判，即便它是唯物主义的（这解释了为什么伊壁鸠鲁——他知道这一点——从来都不同于德谟克利特的'机械'唯物主义，这种唯物主义仅仅是占统治地位的永远内在于无序之秩序的唯心主义的一种复活，尽管是在可能的关于相遇的哲学内部的复活）"[1]。阿尔都塞强调，要真正把握马克思与黑格尔的关系和马克思的唯物主义的特质，就不能不在斯宾诺莎这里"兜圈子"，这本身并没有什么可耻的。因为"我们取道斯宾诺莎兜一圈子，目的是要改进我们对马克思哲学的理解。说得明确一点：因为马克思的唯物主义迫使我们思考取道黑格尔这一必要弯路的意义，为了要澄清我们对于马克思取道黑格尔兜一个圈子的理解，我们就要取道斯宾诺莎兜一个圈子"[2]。也就是说，这样"兜圈子"的目的是使我们更好地理解马克思的哲学。阿尔都塞认为，斯宾诺莎哲学的特殊性主要体现在：第一，斯宾诺莎同黑格尔一样认为世界既没有开端，也没有起源。黑格尔把世界看作"绝对精神"外化又回归自我的过程，而"对斯宾诺莎来说，开端是上帝，不过目的是要在上帝唯一无限的权力中否定最为存在物（大的主体）的上帝。因此像黑格尔一样，斯宾诺莎抛弃每一种起源、先验或不可知的世界的论点，甚至在本质绝对的内在性里伪装起来"[3]。但斯宾诺莎又与黑格尔关于一定目的的辩证法不同，黑格尔的辩证法"绝对精神"在反思中不断否定和扬弃自己，最终回归自我的过程，带有强烈的先验论和神秘性的色彩。而斯宾诺莎是以"上帝为开端的"，他拒绝与任何目的搅在一起，斯宾诺莎可以帮我们看出，主体/目的的概念构成了黑格尔辩证法"神秘化的一面"[4]，从而有助于我们思考马克思的唯物辩证法的实质。第二，斯宾诺莎在《伦理学》和《神学政治论》中揭示了意识形态具有三种性质，即"（1）它虚构的'现实'；（2）它内在的颠倒；（3）它的'核心'：关于主体的幻想。可以说，它是一种关于意识形态的抽象理论"[5]。也就是说，斯宾诺莎把意识形态看作一种幻

---

[1] ALTHUSSER L. Philosophy of the Encounter: Later Writings, 1978—1987. GOSHGARIAN M., tran. London: Verso, 2006: 192.

[2] [法] 路易·阿尔都塞. 自我批评论文集. 杜章智，沈起予，译. 台北：远流出版事业股份有限公司, 1990: 151-152.

[3] 同[2]153.

[4] 同[2]156.

[5] 同[2]153.

第三章 阿尔都塞对"决定论的马克思主义理论"的批判

想,并由此把"主体"范畴看作近代资产阶级的臆造而加以拒绝。第三,斯宾诺莎哲学中的"上帝"与他的知识论具有反西方哲学传统的特点。斯宾诺莎把永恒、唯一、无限和以自身为原因的实体看作神(上帝),又提出"神即自然"的命题,但这里他所说的上帝或神不像笛卡儿那样是外在于世界的超验的东西,而是强调神在世界中,世界也在神之中,神(上帝)并没有创造同它分离或独立于它的某种东西。"一切存在的东西,都在神之内,没有神就不能有任何东西存在,也不能有任何东西被认识。"① 阿尔都塞对此指出,斯宾诺莎实际上是将上帝看作一个绝对和无限的实体,其含义就是"因为它存在于绝对中,存在于联系的缺席中,其自身就是虚无"②。这一实体又以多种属性体现自己,而就人的认识能力而言,只能把握广延和思想两种属性,它们之间又是绝对独立、平行发展的,但它们涵盖了世界所有可能性与不可能性的范围,人之所以形成就是思想与广延的"相遇"。阿尔都塞认为,斯宾诺莎从存在论角度对世界可能性问题做了描述之后,又从知识论的角度对近代知识论哲学存在的合法性进行了质疑。因为在斯宾诺莎看来,广延和思想两种属性之间是绝对独立、平行发展的,这使得知识如何形成成了问题。阿尔都塞强调,正因为斯宾诺莎哲学强调"虚无"、反对主体论和目的论、反对近代哲学的传统,因而构成了"偶然相遇的唯物主义"理论发展的第三阶段。

阿尔都塞在肯定卢梭的社会起源论是通过虚空与相遇形成社会状态的同时,把理论分析的重点放到了马克思那里,指出要理解马克思的"偶然相遇的唯物主义",必须认真讨论马克思的"生产方式"概念,澄清人们对马克思的唯物主义哲学的误读。"相遇的唯物主义潜流对马克思而言是多么重要,因此为了给这一潜流,同时也为了给本质的(哲学)唯物主义对它的压抑提供具体的说明,我们不得不讨论一下生产方式。没人能否定这个概念的重要性,它不仅有利于思考每一种'社会形态',而且有利于对诸社会形态的历史进行分期,进而发现一种历史理论。"③ 阿尔都塞之所以要重点解读马克思的"生产方式"概念,是因

---

① 北京大学哲学系外国哲学史教研室. 西方哲学原著选读:上卷. 北京:商务印书馆,1981:419.
② ALTHUSSER L. Philosophy of the Encounter: Later Writings, 1978—1987. GOSHGARIAN M., tran. London: Verso, 2006:176.
③ 同②196.

为历史唯物主义是以"生产方式"概念为基础的关于人类社会发展的社会形态学说和历史理论。但长期以来在本质论和目的论的哲学唯物主义思维方式的支配下，历史唯物主义被解读为关于生产力和生产关系、经济基础和上层建筑矛盾运动所推动的人类社会发展一般规律的学说，把人类社会的历史看作由社会基本矛盾所决定必然性规律。阿尔都塞强调这种对生产方式的本质主义的解释，并不符合马克思的原意，他甚至把这种解释斥之为一种"假唯物主义"。由此，他提出建立在"偶然相遇的唯物主义"理论基础上的生产方式概念。在他看来，马克思所谓的生产方式，实际上就是各种特殊要素的偶然结合。这些要素是"货币的积累（通过有钱人），生产技术方式的积累（工具、机器和部分工人的生产经验），生产原材料的积累（自然）和生产者的积累（被剥夺所有生产工具的无产者）"[1]。而资本主义生产方式在马克思看来就是"'货币所有者'与被剥夺的只剩劳动力的无产阶级的'相遇'"[2]。这种碰巧发生的"相遇"构成了资本主义生产方式，使马克思有可能去研究价值规律、交换规律、周期性的危机规律、资本主义生产方式的危机与衰退规律、由阶级斗争规律所支配的社会主义的过渡规律等资本主义生产方式的发展规律。包括资本主义生产方式在内的所有的生产方式都是多种因素偶然相遇形成的，而这些因素又具有各自独立的历史，这就意味着这些历史之间并无有机的和目的论的关系，正是由于对历史唯物主义的决定论、本质论和目的论的解释，压抑了"偶然相遇的唯物主义"理论。阿尔都塞因此得出结论，只有恢复马克思"偶然相遇的唯物主义"基础上的"生产方式"概念，才能真正理解"社会形态"的含义，并建立起相应的历史理论。

4."偶然相遇的唯物主义"理论的内涵

要真正把握"偶然相遇的唯物主义"理论的内涵，就必须把握"偶然"、"相遇"和"唯物主义"三个关键词的真实含义，才能真正理解"偶然相遇的唯物主义"的理论和实践价值。

作为一个哲学范畴，"偶然"是与"必然"相对立的。"必然"是指

---

[1] ALTHUSSER L. Philosophy of the Encounter: Later Writings, 1978—1987. GOSHGARIAN M., tran. London: Verso, 2006: 198.

[2] 同[1]197.

事物发展过程中，由其本质所决定的确定不移、不可避免的发展趋势；"偶然"则是指只能由概率描述的无法预测的趋势。在哲学史上，伊壁鸠鲁是一个深入思考"偶然性"的哲学家。伊壁鸠鲁是古希腊原子论哲学家的代表人物，他修正了德谟克利特只承认原子运动的必然性，否定原子运动的偶然性的思想。在德谟克利特看来，世界是原子在虚空中运动发生碰撞产生旋涡运动而形成的，原子相互碰撞产生相互的结合或分离，最终形成宇宙万物。"原子在无限的虚空中运动，彼此分离。在形状、大小、位置和排列上各不相同，它们相互撞击，有的随便向别的地方移去，而其余的则根据它们形状、大小、位置和排列的合适状况彼此结合。聚在一起，生成了复合物。"[①] 德谟克利特指出，原子的运动遵循必然性，强调一切遵照必然性而产生。他为了肯定必然性的重要性，把偶然性看作人们为了掩盖自己轻率的一种主观观念。伊壁鸠鲁一方面继承了德谟克利特关于世界是原子在虚空中运动而形成的思想，另一方面又修正和发展了德谟克利特的原子论。这种修正主要体现在两个方面：一是强调原子除了具有形状和大小的区别之外，还有重量上的不同；二是提出了"原子的偏斜运动"。在他看来，正是有的原子在虚空中发生偏斜运动而发生碰撞，由此形成了世界。他的"原子偏斜运动"的学说实际上肯定了偶然性的存在，否定了以必然性为基础的宿命论。青年马克思从肯定自我意识和自由的目的出发，在他的博士学位论文《德谟克利特的自然哲学和伊壁鸠鲁的自然哲学的差别》中高度赞扬伊壁鸠鲁的原子"偏斜运动学说"，指出"**原子脱离直线而偏斜**却把伊壁鸠鲁同德谟克利特区别开来了"[②]，并肯定在伊壁鸠鲁那里，"**原子脱离直线而偏斜不是特殊的、偶然出现在伊壁鸠鲁物理学中的规定。相反，偏斜所表现的规律贯穿于整个伊壁鸠鲁哲学，因此，不言而喻，这一规律出现时的规定性，取决于它被应用的范围**"[③]。马克思在博士学位论文中进一步指出：由于德谟克利特把必然性看作现实性的反思形式，把偶然性看作人的主观观念，必然导致宿命论；而伊壁鸠鲁否定绝对的必然性，承认偶然性的存在和重要性，实际上否定了宿命论而肯定了人的自由的存在。阿尔都塞赞同马克思在博士学位论文中对伊壁鸠鲁"原子

---

① 苗力田. 古希腊哲学. 北京：中国人民大学出版社，1989：166.
② 马克思恩格斯全集：第1卷. 北京：人民出版社，2002：30.
③ 同②35.

偏斜说"的肯定,并以此为基础断定世界起源于偶然性,以此反对对马克思唯物主义的本质主义和目的论的理解。

要理解"偶然相遇的唯物主义"理论的内涵,还必须弄清楚阿尔都塞所说的"相遇"的含义。阿尔都塞对"相遇"的论述可以归纳为如下两点:其一,"相遇"是世界万物存在的根本原因。如果没有因原子偏斜运动而引起的"相遇",世界就不可能存在,世界"仅仅是因为纯粹偶然性的结果,因为它根源于偏斜的原子的偶然相遇"①。而要使世界能够持续存在下去,"相遇"不能是转瞬即逝的,而必须是连续不断的。"存在着由多个原因造成结果的不同系列,它们之间才有相遇。至少有两个存在的系列,但这两个存在的系列很快就会增值,其增值依赖于平行和普遍感染的结果"②。其二,所有"相遇"都是偶然的,偶然性是"相遇"的本质。没有什么能够保证"相遇"的发生,"相遇"也不具有任何目的性,"相遇"处于人无法预测的不确定状态。"所有的相遇都是偶然的,不仅是它的开端如此(甚至没有什么能保证相遇),而且就其影响也如此。换言之,每次相遇原本可能不会发生,尽管它发生了。但正是这种可能的非存在性,使偶然存在的意义得以彰显。所有相遇就其影响而言都是偶然的,因此,除非相遇实际发生,相遇中的各种元素无法预先勾勒其轮廓,并决定它的状态,其轮廓和状态只能在相遇中显现出来。"③阿尔都塞根据上述观点,反对对历史唯物主义的决定论、目的论解读,强调马克思的唯物主义在其本质上是"偶然相遇的唯物主义"理论。

要把握"偶然相遇的唯物主义"理论的内涵,最后还必须理解阿尔都塞所说的"唯物主义"的含义。如何捍卫历史唯物主义的科学性,一直是阿尔都塞的理论目的所在。但晚年阿尔都塞对唯物主义的看法明显有所改变,这种改变根源于他对传统哲学观的反思和对偶然性的重视。传统哲学观把哲学看作关于世界起源和意义的学说,唯心主义和唯物主义在世界起源和意义问题上是两种对立的学说,这种对立体现在它们对上述问题具有不同的答案。但是在晚年阿尔都塞看来,二者在这种对立的背后的哲学思维方式上却具有完全一致性,这也是他说马克思、恩格斯的唯物主义是"伪装的唯心主义"的根本原因。阿尔都塞强调如果这

---

① ALTHUSSER L. Philosophy of the Encounter: Later Writings, 1978—1987. GOSHGARIAN M., tran. London: Verso, 2006: 169-170.

②③ 同①193.

样理解唯物主义并将其运用于分析人类社会历史的话,必将导致一种目的论的社会历史观,而反目的论一直是阿尔都塞坚持的观点。这可以体现在:在《保卫马克思》一书中对当时的青年马克思思想争论中流行的目的论研究方法展开了坚决的批判,对马克思与黑格尔目的论思想进行了严格区分,并对历史唯物主义"多元决定"做出了解释;在《列宁和哲学》一书中明确提出历史是一个"无主体"的历史过程的命题,强调历史是由生产关系的结构所决定,与人的主观目的毫无关系;在《读〈资本论〉》一书中对建立在历史目的论基础上的历史主义进行了批判,并提出马克思主义是一种"反历史主义"的命题。而在晚年阿尔都塞又面临如何批驳波普对历史唯物主义的责难的问题。波普在他的名著《历史决定论的贫困》一书中,把对历史唯物主义的目的论解释称为"历史决定论",并认为这种"历史决定论"理论上的问题在于把社会科学只能预测社会发展的趋势错误地认定为历史有类似自然规律那样的历史规律。正是为了克服对历史唯物主义的目的论解释和回应波普的批评,阿尔都塞认为马克思的唯物主义是"偶然相遇的唯物主义"。他这里所说的"唯物主义"不是探讨世界起源和意义的"唯物主义",而是立足于历史发展多种可能性,在具体的历史语境中思考问题和解决问题的一种实践原则和现实主义的方法。

总的来看,阿尔都塞所阐发的"偶然相遇的唯物主义"主要强调的是反对探求世界开端、意义和目的的本质主义和目的论的传统哲学,把世界的起源归因为"偶然"的"相遇",强调世界的无限可能性,强调历史唯物主义理论的目标并不在于揭示某种必然性的规律,而是在无限可能的世界中提供一种思考问题和解决问题的方法论。

三、对"决定论式"的马克思主义理论的批判的理论得失

面对人道主义的马克思主义思潮的盛行和对马克思主义理论的教条主义、经济决定论解释,阿尔都塞提出"保卫马克思"的任务,其核心就是要在马克思主义理论与贬损马克思主义理论的一切思潮之间划出一条严格的界限。拿他的话说,就是要"反对那时刻威胁着马克思主义理

论，并且今天在深深浸透着它的资产阶级和小资产阶级世界观。这种世界观的一般形式是：经济主义（今天的'技术统治'）及其'精神补充'伦理唯心主义（今天的人道主义）"①。他对"决定论式"的马克思主义理论的批判贯穿他理论探索的始终。

1. 反对"决定论式"的马克思主义理论是阿尔都塞的理论价值指向

阿尔都塞的理论是以"保卫马克思"的姿态出场的，他提出"保卫马克思"的口号是由他所处的时代背景和理论背景所决定的。从其所处的时代背景看，在国际学术界，随着马克思《1844年经济学哲学手稿》的发表，法国社会民主党人朗兹胡特和迈耶尔为该书写序，称该书是"真正的马克思主义的启示录"，是"马克思的中心著作"；比利时社会民主党人亨·德曼在《新发现的马克思》一文中则进一步指出：《1844年经济学哲学手稿》"比马克思的其他任何著作都更清楚地揭示了在他的社会主义信念背后，隐藏在他一生的全部科学创作的价值背后的伦理的、人道主义的动机"②。他们的这种观点开启了所谓"两个马克思"的先例，并得到了西方资产阶级学者的喝彩，用《1844年经济学哲学手稿》中的"人道主义"和"异化"思想解释和统领整个马克思主义成为一种时髦，形成了一股"人道主义的马克思主义思潮"。这股思潮在苏共二十大后也逐渐在马克思主义阵营中流行。对于当时"人道主义的马克思主义思潮"在马克思主义阵营中流行的状况，阿尔都塞曾经指出："自三十年代以来，马克思的早期著作成了小资产阶级知识分子用以反对马克思主义的'工具'。这些早期著作，开始是一点一点地，以后又是大规模地被用来对马克思主义作一种新的解释。今天，许许多多的被苏共二十大从斯大林主义者的'教条主义'中'解放'出来的共产主义知识分子，正公开地发展这种新的解释，'马克思主义的人道主义'的论题和对马克思著作所作的'人道主义'解释正逐步地、不可抗拒地把自己的影响强加给当代的马克思哲学，甚至在苏联的和西方的共产党

---

① [法] 路易·阿尔都塞. 列宁和哲学. 杜章智，译. 台北：远流出版事业股份有限公司，1990：24.

② [比] 亨·德曼. 新发现的马克思//《1844年经济学哲学手稿》研究. 中共中央编译局，译. 长沙：湖南人民出版社，1983：348.

第三章 阿尔都塞对"决定论的马克思主义理论"的批判

内部也不例外。"① 而在阿尔都塞看来,"人道主义的马克思主义思潮"不仅没有正确理解马克思主义,而且是用资产阶级抽象的"人的哲学"解释马克思主义理论,起到了贬损马克思主义理论科学性的作用。从阿尔都塞所处的理论背景看,当时马克思主义阵营受教条主义和政治实用主义指导思想的支配,对马克思主义基本理论缺乏学习和研究,面对资产阶级在理论上对马克思主义的挑战,马克思主义阵营力图捍卫马克思主义理论的科学性,但由于长期的理论准备不足和仓促应战,臆造了一种以历史目的论为基础的"未来完成式"的哲学研究方法论,既无法真正说清楚马克思思想发展的真实历史,也无法说清楚"青年马克思"与"成年马克思"的思想关系。同时,在当时马克思主义阵营内部,对马克思主义理论的解释通常是以"颠倒说"为基础的马克思主义理论解说模式。这一解说模式的特点是认为马克思是通过对黑格尔辩证法的颠倒,通过费尔巴哈的唯物主义,创立历史唯物主义的。阿尔都塞强调这种解说模式没有看到马克思对黑格尔辩证法的根本改造,仅仅是把黑格尔的"精神"本原转换为"物质"本原,必然导致一种经济决定论和技术还原论的马克思主义理论,不仅是对马克思主义理论的曲解,而且也无法凸显马克思主义理论的特质。阿尔都塞正是在这样的时代背景和理论背景中提出了"保卫马克思"的理论任务。这一任务既要反对"人道主义的马克思主义思潮",又要反对对马克思主义理论经济决定论、技术还原论的解释。

阿尔都塞解决"保卫马克思"的任务是以反思哲学研究方法论为立足点,并通过具体探寻马克思思想发展史、马克思与黑格尔的关系完成的。在哲学研究方法论上,阿尔都塞反思了当时青年马克思思想研究中流行的"未来完成式"的研究方法,强调这种方法的缺陷主要在于其秉承的是一种目的论的价值立场,即认定马克思必定会走向马克思主义,并先天地提出一种"马克思主义"的观念,然后用这一观念去审视和评判马克思不同时期的思想;而且在于它热衷于把马克思不同时期的思想进行比较,区分"唯物主义"和"唯心主义"成分,无法确定马克思思想的总体性质。由此他提出了注重揭示理论"总问题"的研究方法,强调应当透过马克思著作的内容,发现支配马克思理论思考的思维框架,

---

① [法]路易·阿尔都塞. 致我的英语读者//中共中央编译局. 马列主义研究资料:1983年第5辑. 北京: 人民出版社,1983: 153-154.

进而确定马克思思想的总体性质。他把这一方法运用于马克思思想发展道路、马克思与资产阶级哲学,特别是与黑格尔哲学的关系问题的考察中,注重揭示马克思与他所处的社会环境、意识形态环境的关系,提出了"重新退回"说来解释马克思思想发展道路的问题;并认定资产阶级哲学的理论"总问题"属于非科学的人道主义的理论"总问题",而马克思的历史唯物主义理论总问题则是具有科学性质的"反人道主义"的理论"总问题",以此捍卫马克思主义理论的纯洁性和科学性。在《读〈资本论〉》一书中,他反对经验主义的"直接阅读法",提出了反经验主义的"征候阅读法",强调经验主义的"直接阅读法"必然导致把马克思主义理论归结为一种历史目的论的历史主义,为此他有针对性地提出了马克思主义是"反历史主义"的命题。在《列宁和哲学》一书中,阿尔都塞主要解决的是马克思主义哲学的意识形态功能的问题,他反对把马克思主义哲学归结为一种以探寻世界本质为目的的知识论哲学,提出哲学既没有对象,也没有历史,历史是"无主体的过程",意识形态是人们对自身生存条件的体验和想象等命题,强调马克思主义哲学的特殊性在于它提出了一种新的"哲学实践",强调哲学对于政治领域的干预和哲学与政治的内在联系。上述理论思考都与他反目的论的理论旨趣密切相关。在《相遇的哲学:晚期著作集(1978—1987)》一书中,阿尔都塞继续深化和发展了他的反决定论、反目的论的哲学价值取向,提出马克思的唯物主义是"偶然相遇的唯物主义"理论的新探索。他反对传统哲学观把哲学看作对世界的本质和意义探索的观点,反对基于这种哲学观把哲学划分为唯物主义和唯心主义两大阵营的做法,认为基于这种哲学观的唯物主义和唯心主义都是本质论和目的论的哲学。他强调世界起源于"偶然"的"相遇",不具有必然性的规律,并认为在唯物主义发展史上存在着一股伊壁鸠鲁、马基雅维利、斯宾诺莎、卢梭和马思等人的"偶然相遇的唯物主义"的"潜流"。只有立足于这种"偶然相遇的唯物主义"理论,才能克服历史决定论、历史目的论的错误,才能使马克思的唯物主义哲学立足于现实和实践原则,在历史的多种可能性中进行思考和处理现实问题。可以说,反决定论、反历史目的论是阿尔都塞理论的价值指向,这一价值指向既使他的理论探索提出了诸多具有启发性的思想,也使他的理论探索存在着多种缺陷。

2. 阿尔都塞对马克思主义理论探索的理论得失

阿尔都塞反决定论、反目的论的价值取向，使他格外重视探讨马克思主义理论与资产阶级哲学之间的区别，格外重视阐发马克思主义理论的特殊性，这既使他提出一系列富有启发性的理论命题，也使他的理论产生了诸多缺陷。具体说：

第一，他的反决定论、反目的论的价值立场，使他洞悉了当时青年马克思思想争论中哲学研究方法论的局限，进而提出了注重思想整体的性质、注重思想体演变、注重理论家与其所处的社会历史环境和意识形态环境的关系的理论"总问题"研究方法。运用这一方法，他创造性地提出了"重新退回"说的思想，即马克思是通过退回的德意志意识形态、退出被德意志意识形态所包裹的虚幻的现实这一双重退回，接触到他所处的真实社会环境，并对这一社会环境进行了理论思考，发现了阶级剥削和阶级斗争，从而实现从青年马克思理论"总问题"到成年马克思理论"总问题"的转换，创立历史唯物主义科学的。他对青年马克思思想的这种考察，突破了流行的"未来完成式"的历史目的论的研究方法，较为完整地还原了青年马克思思想发展的历程。但是他的理论"总问题"研究方法虽然克服了"未来完成式"哲学研究方法的历史目的论的缺陷，却又强调不同的理论"总问题"之间的不可通约性，从而把不同的理论"总问题"绝对对立起来，把它们之间的转换看作一种断裂的关系，这就决定了他不仅无法真正说清楚马克思到底是如何实现他的思想转换的，而且无法说清楚"青年马克思"的思想在整个马克思主义理论中的地位问题，无法解决"青年马克思"与"成年马克思"的思想关系问题。只是与"人道主义的马克思主义思潮"强调"青年马克思"的思想，贬损"成年马克思"的思想不同，阿尔都塞肯定的是"成年马克思"的思想，其理论逻辑使他事实上也把"青年马克思"和"成年马克思"的思想对立起来。

第二，阿尔都塞主张严格划分马克思主义理论与资产阶级哲学之间的区别，这实际上意味着其理论如同人本主义的西方马克思主义一样，都主张在与近代西方哲学的断裂点上来理解、阐发马克思主义理论的特质。正因为如此，他坚决反对把成熟时期的马克思主义理论等同于黑格尔哲学或者费尔巴哈哲学。由此，他批判苏联模式的马克思主义理论所说的"颠倒说",认为仅仅通过简单的"颠倒",如果哲学理论的内容,包括哲学理论的"总问题"不发生改变,就不可能实现哲学革命。因此,他认为,正因为青年马克思就其理论"总问题"来说,还是站在近代哲学的立场上,在德意志意识形态的包围中思考政治和历史,因此就不能用青年马克思的思想来解释成熟的马克思主义理论。只有当马克思和近代哲学决裂后,才能说他的思想真正进入成熟时期。按照阿尔都塞的论述,建立在"颠倒说"基础上的马克思主义理论必然是一种经济决定论、技术还原论的马克思主义理论,既存在着混淆马克思主义理论同资产阶级哲学的区别,不符合马克思主义理论的原意的问题,也无法真正发挥马克思主义理论的批判价值功能。由此阿尔都塞认为,马克思主义理论的理论"总问题"与近代资产阶级哲学的理论"总问题"之间存在着根本区别,这种区别就是"理论上的反人道主义"和"人道主义"的区别,这就意味着马克思的哲学提问方式、哲学理论内容与近代资产阶级哲学相比,发生了根本性的转换。这一转换在理论的出发点上体现为是从社会生产方式出发,还是从"抽象的人"出发,在内容上就体现为是坚持"多元决定"还是坚持"一元决定";而他在《读〈资本论〉》一书中,更是把"决定论式"的马克思主义理论归结为立足于"直接阅读法"基础上的历史主义,强调这种历史主义又必然导致一种历史目的论,旗帜鲜明地提出了马克思主义是立足于"征候阅读法"基础上的"反历史主义"的命题;他在《列宁和哲学》一书中断定历史是"无主体的过程",但与此同时,他的意识形态理论又相反地强调意识形态对主体的建构功能和资本主义生产关系再生产的功能;他在《相遇的哲学:晚期著作集(1978—1987)》一书中把立足于探寻世界开端和意义的哲学归结为需要加以否定的本质论和目的论哲学,提出马克思的唯物主义是"偶然相遇的唯物主义"的理论命题。上述理论命题无不与他力图划分马克思主义理论与资产阶级哲学的原则区别,反决定论和反目的论的价值取向密切相关。但应该看到,他在把历史唯物主义科学归结为价值取向上的"反人道主义"、"反历史主义"和理论内容上的"多元决定"论,捍卫了马克思主义的纯洁性和科学性的同时,其理论仍存在着诸多自相矛盾的地方。例如,他一方面否定"人"在马克思主义理论中的地位,以至于把"人"排除在生产关系之外,把生产关系归结为物与物的关系,把"人"仅仅看作生产关系的承担者,以至于把历史看作

第三章 阿尔都塞对"决定论的马克思主义理论"的批判

"无主体"、由社会结构决定的发展过程;另一方面又提出了强调人的主观因素的"多元决定"论和"意识形态理论"。他的"多元决定"论在强调经济因素是归根结底的决定因素的同时,肯定了上层建筑等主观因素在历史发展中的作用,甚至认为这些主观因素在一定时期可以起决定作用;他的意识形态理论则强调意识形态具有对主体的建构功能和进行资本主义生产关系再生产的功能。以上论述显然是自相矛盾的,是不能自圆其说的。他坚持反对立足于决定论和目的论解释马克思主义理论具有一定的合理性,但他在《相遇的哲学:晚期著作集(1978—1987)》一书中又强调世界起源于偶然性,只承认人类历史发展过程中的"可能性",以反对"历史目的论"的名义,否定人类历史发展过程中"规律"的必然性存在,这显然又走向了另一个极端。

第三,"偶然相遇的唯物主义"理论是阿尔都塞晚年反对历史决定论、历史目的论的最新思考,其目的是如何在当时马克思主义理论面临政治危机和理论危机的情况下,突破决定论的马克思主义理论的束缚,使马克思主义理论能更好地在存在着政治"空白"的情况下被运用于政治实践。强调哲学与政治的关联,以及马克思主义哲学是一种新的哲学实践是阿尔都塞一直坚持的观点。对此,他在《列宁和哲学》一书中考察了列宁关于哲学与科学的关系、哲学的党性原则之后,借用《关于费尔巴哈的提纲》第十一条关于"哲学家们只是用不同的方式**解释**世界,而问题在于**改变**世界"①的论述,强调与传统哲学主要提供关于世界本质的知识不同,马克思主义哲学是一种独特的哲学,这种独特性就体现在它总是要与政治实践相联系,体现为对政治的干预功能。"哲学不会被废除:哲学将仍然是哲学。但是如果知道哲学的实践是什么,知道哲学是什么,或者开始知道这些,那么哲学就能被这种知识慢慢地改变。我们比以往任何时候更不能说,马克思主义是一种新哲学:实践哲学。马克思主义理论的核心是科学:一种很独特的科学,但的确是一种科学。马克思主义对哲学的贡献中的新东西,是一种新的哲学实践。马克思主义不是一种(新的)实践哲学,而是一种(新的)哲学实践。这种新的哲学实践能够改造哲学。此外,它能够在某种程度上有助于改造世界。"②

---

① 马克思恩格斯文集:第1卷. 北京:人民出版社,2009:506.
② [法]路易·阿尔都塞. 列宁和哲学. 杜章智,译. 台北:远流出版事业股份有限公司,1990:71.

"偶然相遇的唯物主义"理论秉承上述哲学观,反对哲学本质论和历史目的论,强调不存在一开始就知道结局的"历史目的论"的历史必然性,强调历史的开放性和可能性,"偶然相遇的唯物主义"就是要利用资本主义社会统治出现"空白"和"虚无"的情况,为无产阶级的政治实践提供有效的指导。

阿尔都塞的上述理论思考应该说是他立足于他所处的政治环境和理论环境做出的新探索,对于克服建立在经济决定论、历史目的论基础上的政治消极主义具有积极的意义。但是,他的"偶然相遇的唯物主义"理论不仅与他早年所坚持的科学认识论与捍卫马克思主义理论的科学性的目的相矛盾,而且他错误地阐发了马克思肯定伊壁鸠鲁的原因及其对马克思唯物主义思想的影响。马克思之所以肯定伊壁鸠鲁的"原子偏斜说",不是要肯定伊壁鸠鲁的唯物主义,而是要通过肯定"原子偏斜说",肯定人的自我意识和自由的存在,这是马克思肯定伊壁鸠鲁超越德谟克利特的根本原因。而阿尔都塞不仅把伊壁鸠鲁的"偶然性"肯定为另一种类型的唯物主义,还错误地认定马克思是受伊壁鸠鲁的影响而走上唯物主义的发展道路的。马克思之所以摆脱唯心主义,走上唯物主义与他对意识形态的清理和对资本主义社会的政治经济学批判密切相关。他把马克思看作强调"偶然性"的唯物主义潜流发展过程中的代表人物和高峰,实际上可以看作他在反历史决定论、历史目的论的价值取向之下,受拉康等后现代主义者强调开放性、多元性、差异性等的理论观点影响的结果,不仅不符合马克思的原意,而且存在着逐渐背离马克思主义理论的倾向。

第四章　阿尔都塞对马克思主义哲学的阐发

阿尔都塞把马克思主义理论划分为"历史唯物主义科学"与"辩证唯物主义哲学"两个组成部分，认为前者已经以科学理论的形态存在，从其理论性质而言是"理论上的反人道主义"，从其内容而言，是"多元决定"的历史观；而后者则是以实践状态存在的，需要我们从理论上予以阐发。在他看来，历史唯物主义是科学的理论，主要承担的是认识职能；辩证唯物主义则以实践状态存在，主要承担的是意识形态职能。阿尔都塞以列宁关于"没有革命的理论，就不会有革命的运动"的论述为基础，强调从理论上阐发以实践状态存在的"辩证唯物主义哲学"内涵与特点的重要性。为了避免马克思主义的政治实用主义化，他立足于他的反经验主义的认识论，把马克思主义哲学的理论建构严格限制在思维领域中，并由此阐发了他的"理论实践"概念和理论生产方式，把马克思主义哲学称之为关于"理论实践的理论"。由于他这种对马克思主义哲学的理解被人们批评犯了"理论主义"的错误，割裂了马克思主义哲学与工人运动的内在联系，他在《列宁和哲学》一书中，通过阐发列宁的哲学思想，强调马克思主义哲学本质上是与政治联系在一起的，提出马克思主义哲学是"理论领域的阶级斗争"的新理解。准确理解阿尔都塞的马克思主义哲学观，对于我们科学评判阿尔都塞的理论得失具有重要的价值和意义。

一、阿尔都塞的反经验主义认识论与"理论实践"

1. 阿尔都塞的"反经验主义认识论"

由于阿尔都塞认为理论"总问题"是支配理论家理论思考和理论建构的思维方式,不能直接从文字中阅读出来,而应当运用"征候阅读法"挖掘深藏于理论文本中的理论"总问题",因此,他反对理论研究中的"直接阅读法",认为支配这种直接阅读法的理论"总问题"本质上是一种经验主义认识论。在他看来,经验主义认识论的理论"总问题"是"把被理解为现实对象的现实组成部分的认识纳入这一现实对象的现实结构"①,其基本逻辑是"从根本上把全部认识工作归结为**看**的简单关系的再认识;把认识对象的全部本质归结为**客观存在**的简单条件"②。阿尔都塞强调他所说的经验主义认识论既包括理性的经验主义,也包括感性的经验主义。他认为,经验主义认识论有两个特点:第一个特点是把认识看成在某一个对象和某一个主体之间进行的抽象理论过程,是一种主体与客体之间相互关系的理论。在认识过程中,认识主体和客体都是既定的,且其具体状况都是次要的。认识过程就是认识主体的抽象活动,认识就是把现实对象的本质抽象出来后主体对本质的占有,因此经验主义认识论把认识对象看作"现实",并且认为作为认识对象的"现实"是由两部分构成的,即纯粹的本质和非纯粹的本质,或者是本质的东西和非本质的东西。认识的职能因此就在于通过特殊的手段把对象中本质的东西和非本质的东西区分开来,这种特殊的手段就是抽象的活动,其全部过程就是剔除现实的一部分,提炼另一部分的净化过程,这意味着认识实际上已经存在于它所要认识的现实对象中,因此,"把被理解为现实对象的现实组成部分的认识纳入这一现实对象的现实结构,这就构成了经验认识论的特殊的总问题"③。根据以上论述,

---

① [法] 路易·阿尔都塞,艾蒂安·巴里巴尔. 读《资本论》. 李其庆,冯文光,译. 北京:中央编译出版社,2001:34.
② 同①9.
③ 同①34.

第四章　阿尔都塞对马克思主义哲学的阐发

阿尔都塞指出，经验主义认识论的内在结构实际上就是"现实的两个组成部分即非本质的部分和本质的部分在现实中的互相设定。非本质的部分包括对象的全部外在面即它的可以看得见的表面；而本质的部分包括现实对象的内在面即它的看不见的内核。因此看得见的东西和看不见的东西之间的关系就是外在面同内在面之间的关系，就是外壳同内核之间的关系。如果说本质不是可以直接看到的，那是因为它被掩盖起来，更具体地说，被非本质的外壳完全掩盖和包裹起来"①。可以看出，经验主义认识论认为作为本质的认识是存在于现实对象之中的，它把全部认识看作认识活动所针对的现实对象和认识活动之间的区别，认识不过是认识对象内部的不同组成部分之间的关系。第二个特点是经验主义认识论把认识对象和现实对象之间的差别归结为现实对象内部不同组成部分之间的差别，实际上是把认识对象与现实对象混同起来了。"当经验主义把本质看作认识对象时，它就是肯定了某种在同一时刻又加以否定的重要东西：它肯定认识对象和现实对象不是同一的东西，因为它把认识对象只看作现实对象的组成部分。它同时又否定了这种肯定，因为它把认识对象和现实对象这两个对象之间的差别归结为唯一对象即现实对象的不同组成部分之间的简单差别。"② 而在阿尔都塞看来，认识对象与现实对象存在着根本的区别，由此他根据马克思在《〈政治经济学批判〉导言》中关于"正确的科学方法是要从抽象出发，最后在思维中导致具体的出现"的论述，指出存在着"思维具体"和"实在具体"这两种具体。所谓思维具体，就是认识过程中通过抽象产生出的认识对象；所谓"实在具体"，则是存在和独立于人之外的客观对象，它是思维具体认识的对象。"思维具体就是对思维对象（实在具体）的认识，这只是对意识形态③才是个'困难'，因为意识形态把这种实在改造成所谓的'问题'（认识的问题），并且把由科学实践本身所产生的对象同对它的认识之间的非盖然的关系（作为对一个真实问题的非盖然解答）看作盖然的关系"④。因此，不应把"思维具体"与"实在具体"、"认识对象"与

---

① [法] 路易·阿尔都塞，艾蒂安·巴里巴尔. 读《资本论》. 李其庆，冯文光，译. 北京：中央编译出版社，2001：32.
② 同①35.
③ 阿尔都塞这里所说的"意识形态"是指非科学的认识。
④ [法] 路易·阿尔都塞. 保卫马克思. 顾良，译. 北京：商务印书馆，2006：179.

"现实对象"混为一团，而混淆这些概念正是经验主义认识论存在的缺陷和问题。

在阿尔都塞看来，经验主义认识论是整个近代哲学，尤其是黑格尔哲学的理论总问题。黑格尔把现实对象同认识对象、现实过程同认识过程混为一团，为了说明这一点，阿尔都塞指出马克思曾经对黑格尔混淆"思维具体"和"实在具体"提出过如下批评："黑格尔陷入幻觉，把实在理解为自我综合、自我深化和自我运动的思维的结果，其实，从抽象上升到具体的方法，只是思维用来掌握具体、把它当作一个精神上的具体再现出来的方式。但决不是具体本身的产生过程。"① 根据马克思的这一段话，阿尔都塞指出，马克思反对黑格尔把现实对象同认识对象混同的做法，强调现实对象始终独立于人的头脑之外，而认识对象则是思维的产物。因此马克思强调不能把认识对象和现实对象混为一团。在马克思那里，"认识对象则是思维的产物，思维在自身中把它作为思维具体、思维整体生产出来，也就是说，把它作为与现实对象、现实具体、现实整体绝对不同的思维对象生产出来。思维具体、思维整体恰恰生产了对现实对象、现实具体、现实整体的认识"②。可见，思维在自身中把认识对象作为不同于现实对象和现实具体的思维具体、思维整体生产出来。

马克思在《资本论》一书中不仅区分了认识对象和现实对象的不同，而且还区分了认识对象的生产过程和现实对象的生产过程的不同，指出现实对象的生产过程完全是在现实中进行的，是按照现实发生过程的历史顺序（历史发生过程各环节的顺序）完成的。相反，认识对象的生产过程却完全是在思维中进行的，是按照另一种顺序在头脑和思维中完成的。对于"逻辑顺序"与"历史顺序"的关系问题，拘泥于黑格尔经验主义认识论的理论总问题的论者，或者认为"逻辑顺序"在本质上是与"历史顺序"同一的，"逻辑顺序"就是"历史顺序"的本质；或者认为"历史顺序"不过是"逻辑顺序"的现实存在。阿尔都塞强调，如果立足于马克思主义区分"认识对象"和"现实对象"的理论总问题的立场的话，就必须抛弃"逻辑顺序"与"历史顺序"相一致的神话。

---

① 马克思恩格斯选集：第2卷. 北京：人民出版社，1995：18-19.
② [法] 路易·阿尔都塞，艾蒂安·巴里巴尔. 读《资本论》. 李其庆，冯文光，译. 北京：中央编译出版社，2001：37.

第四章 阿尔都塞对马克思主义哲学的阐发

阿尔都塞以马克思在《〈政治经济学批判〉导言》一书中揭示经济范畴的方法论时的论述为例说明他的上述观点。马克思在论述研究经济范畴的方法论时指出："把经济范畴按它们在历史上起决定作用的先后次序来排列是不行的，错误的。它们的次序倒是由它们在现代资产阶级社会中的相互关系决定的，这种关系同表现出来的它们的自然次序或者符合历史发展的次序恰好相反。"① 阿尔都塞由此指出马克思强调"逻辑顺序"和"历史顺序"的"同一性"是偶然的、巧合的，甚至认为它们之间的顺序存在着"相反"的关系。造成这一结果的根源在于"逻辑顺序"是在认识过程中思维的产物，且"逻辑顺序"是由思维整体的内在结构所决定的，与具体现实没有内在的联系。对于这一点，阿尔都塞在《读〈资本论〉》一书中认为，马克思对近代哲学和古典经济学的超越主要体现在提出了一种新的理论"总问题"，这种理论"总问题"的核心是"把现实与思维区分开来的原则。现实及其各个不同方面即现实的具体、现实的过程、现实的整体等等是一回事；现实的思维及其各个不同方面即思维的过程、思维的整体、思维的具体是另一回事"②。上述区分意味着"现实的思维和现实的概念以及思考、理解现实的一切思维活动都属于思维的范围，思维的要素。我们不应该把思维的范围和思维的要素同现实的范围和现实的要素混为一谈"③。这就意味着对现实的思维和这种现实之间存在着某种关系，但是这是一种一致或不一致的认识关系。阿尔都塞的上述观点必然产生一个问题，即什么是判定认识正确性的标准。按照经验主义认识论的观点，判断认识是否正确的标准在于认识是否符合现实，阿尔都塞把经验主义认识论的上述观点斥为"镜子式的反映论"，是一种立足于主客体划分、混淆认识对象和现实对象区别的意识形态理论。马克思在批评以黑格尔哲学为代表的近代经验主义认识论时指出："在意识看来（而哲学意识就是被这样规定的：在它看来，正在理解着的思维是现实的人，而被理解了的世界本身才是现实的世界），范畴的运动表现为现实的生产行为……只有在下面这个限度内才是正确的：具体总体作为思想总体、作为思想具体，事实上是思维的、理解的产物；……整体，当它在头脑中作为思想整体而出现时，是

---

① 马克思恩格斯选集：第 2 卷. 北京：人民出版社，1995：25.
②③ [法] 路易·阿尔都塞，艾蒂安·巴里巴尔. 读《资本论》. 李其庆，冯文光，译. 北京：中央编译出版社，2001：95.

思维着的头脑的产物,这个头脑用它所专有的方式掌握世界,而这种方式是不同于对于世界的艺术精神的,宗教精神的,实践精神的掌握的。"① 阿尔都塞由此指出,必须破除立足于主、客体划分和镜子式相互反映的经验主义认识论,把握理论认识和理论生产的特殊性,不能用立足于经验主义认识论立场的所谓的符合论、实践标准等作为判断理论认识正确与否的标准。换句话说,判断理论认识是否正确既不能看它是否符合现实,也不能看它能否取得实践的成功,应当在思维过程中把握理论认识是否正确的问题。阿尔都塞强调,这并不意味着马克思陷入了唯心主义错误之中。因为马克思这里所说的"思维"既不是指与物质世界相对立的超验主体或绝对意识的能力,也不是指个体主体的能力,而是指"历史地在自然现实和社会现实中产生和形成的思维器官所构成的体系。思维由现实条件的体系来规定,正是这些现实条件使思维……成为认识的特定的生产方式"②。可以看出,阿尔都塞这里所讲的"思维"实际上就是历史地形成的认识结构,这种认识结构决定了一定历史时期人们认识的生产方式。因此,认识绝非像经验主义认识论所认为的那样是一个主体抽象出客体的内在本质的过程,而应该把认识看作一个生产过程,这个生产过程就是历史地形成的人们的思维结构、认识结构加工认识原料的过程,阿尔都塞称之为"理论实践"。

2. "理论实践"概念的含义与特点

阿尔都塞是通过分析"实践"的内涵与形式提出"理论实践"的概念的,其目的是说明马克思的辩证法相对于黑格尔辩证法的特殊性,并阐发以实践状态存在的马克思主义哲学的内涵这一理论问题。

在他看来,所谓实践,就是指"任何一种通过一定的人力劳动,使用一定的'生产'资料,把一定的原料加工为产品的过程"③。其中起决定作用的是人在实践活动中的加工工程,他称之为狭义的"实践"。"实践"主要可分为社会实践、政治实践、意识形态实践和理论实践四

---

① 马克思恩格斯选集:第2卷.北京:人民出版社,1995:19.
② [法]路易·阿尔都塞,艾蒂安·巴里巴尔.读《资本论》.李其庆,冯文光,译.北京:中央编译出版社,2001:57.
③ [法]路易·阿尔都塞.保卫马克思.顾良,译.北京:商务印书馆,2006:157.

第四章　阿尔都塞对马克思主义哲学的阐发

种基本形式。所谓"社会实践",就是"现有的人在一定的生产关系范围内、通过有计划地使用一定的生产资料、把一定的实物(原料)加工成日常用品的那种实践"①;所谓"政治实践",就是政党根据一定的理论,把一定的社会关系作为原料进行加工和改变的活动;所谓"意识形态实践",就是对宗教、政治、伦理、法律和艺术进行加工的活动;所谓"理论实践",在阿尔都塞看来,虽然人们对它的存在不以为然,但是是否承认它的存在关系到如何看待马克思主义的认识理论、理论与实践的关系。阿尔都塞因此不仅肯定"理论实践"的存在,而且还具体论述了"理论实践"的含义。

阿尔都塞强调,理论实践是一种特殊的实践形式,它通过加工一定的原料产生特殊的产品,是认识的过程。因此,"任何理论工作都要有一定的原料和一些'生产资料'('理论'概念,以及概念的使用方法,即方法)。由理论工作加工的原料,如果属于一门新兴科学,可能具有浓厚的'意识形态'性质;如果属于业已建立或已经很发达的科学,就可能是已经经过理论加工的原料,是一些已经形成的科学概念"②。也就是说,"理论实践"是运用一定的方法,对已有理论认识进行加工,从而产生新的认识的过程。在理论实践中,理论工作的生产资料,即理论实践的概念和方法是理论实践的决定性因素。理论实践包括科学的和非科学的理论实践。"任何科学的理论实践总是同它史前时期的、意识形态的理论实践划清界限:这种区分的表现形式是理论上和历史上的'质的'中断,用巴什拉的话来说,就是'认识论的断裂'。"③也就是说,科学的理论实践和非科学的意识形态理论实践之间存在着"质的断裂",即"认识论的断裂"。阿尔都塞由此把理论划分为带引号的理论即"理论"和大写的理论即**理论**,带引号的"理论"系指特定的实践的理论,它是真实科学的特定理论体系,如万有引力定律、波动力学理论、历史唯物主义理论等;大写的理论则是指一般实践的理论,它是以各门科学的现有理论实践为出发点制定的,是与辩证唯物主义浑然一体的辩证法。阿尔都塞强调,既不能把上述两种不同类型的理论实践和理论混淆起来,也不能割裂二者的辩证关系。"理论对于实践的重要性具有双

---

① [法]路易·阿尔都塞. 保卫马克思. 顾良,译. 北京:商务印书馆,2006:158.
② 同①165.
③ 同①159.

重意义。'理论'① 对于它自己的实践的重要性是直接的。但'理论'一旦同它的实践发生了关系，只要这种关系一旦被人们所思考和阐述，它就会涉及到一般理论本身（辩证法）。而在一般理论中，我们可以看到一般理论实践的本质的理论表现，进而看到一般实践的本质的理论表现，再进一步又看到一般事物发展变化的本质的理论表现。"②

在阿尔都塞看来，科学的理论实践过程并不是把单纯直接的感觉和独特个体作为加工对象的，因为理论实践是在思维中进行的，科学的理论实践所加工的对象是现有的属于意识形态性质的概念，阿尔都塞称之为"一般甲"；由于任何实践必须需要相应的生产资料，对于理论实践而言，把"一般甲"加工为"一般丙"（认识）的生产资料，阿尔都塞称之为"一般乙"，理论实践就是通过"一般乙"对"一般甲"的工作，产生"一般丙"的过程。通过以上论述，阿尔都塞要求必须把握如下两点重要的结论：其一，在"一般甲"和"一般丙"之间并不存在本质的同一性，它们之间只存在着从非科学的意识形态的一般向科学的一般的转换，即"认识论的断裂"；其二，"一般甲"加工成"一般丙"这种从抽象转化到具体的理论实践过程完全是在认识过程、思维过程中进行的。因此，决不能把上述所谓从"一般甲"抽象转化成具体的"一般丙"中的"抽象"理解为科学理论本身，也不能把具体的"一般丙"理解为具体实在，因为"产生思维具体（认识）的过程完全在理论实践中展开：它虽然同实在具体有关，但这种实在具体'仍然是在头脑之外保持着它的独立性'（马克思语），永远不可能同另一种'具体'（认识）混淆起来"③。阿尔都塞这里提出两种"具体"，即思维的具体和实在的具体的区别，主要还是反对经验主义认识论把认识看作对实在本质进行抽象的观点。在他看来，黑格尔的错误不仅在于其哲学的思辨性质，而且还在于他"把思维与存在、思维过程与存在过程、思维'具体'与实在'具体'等同了起来。思辨的罪过就在于此：思辨通过抽象颠倒了事物的顺序，把抽象概念的自生过程当成了具体实在的自生过程"④。马克思对黑格尔哲学的超越，也因此不仅仅在于颠倒了黑格尔，更根本的

---

① 指带引号的理论.
② ［法］路易·阿尔都塞. 保卫马克思. 顾良，译. 北京：商务印书馆，2006：160.
③ 同②179.
④ 同②182.

第四章 阿尔都塞对马克思主义哲学的阐发

还在于他在《〈政治经济学批判〉导言》中所说的,一切科学的认识过程都是从抽象和一般开始的,而不是从实在具体开始的,那种企图从具体的个体中抽象出纯粹本质的经验主义认识论,在阿尔都塞看来不过是意识形态的神话。因此,阿尔都塞强调,马克思就是在抛弃了近代经验主义认识论的总问题后,才实现哲学的革命变革的。因此,阿尔都塞反复强调,在阅读马克思的著作时,不应该仅仅看马克思使用了什么概念,更不应该因为马克思使用了旧哲学和旧理论的概念,就忽视马克思的思想同以往哲学和理论的差别,关键是要看马克思从事理论思考的总问题是什么。因为即便马克思已经实现了理论总问题的转换,但是由于"科学和伟大哲学开始创立时的全部历史表明,新概念并不是全部整齐地排成一行通过检阅,有些概念会姗姗来迟,有些概念则要穿上借来的衣服通过检阅,它们只有在稍后才能穿上合体的衣服,因为历史还没有产生裁缝和布匹"①。这就是说,我们不应该因为马克思使用了黑格尔的概念,就把马克思主义理论混同于黑格尔哲学。同时,阿尔都塞所论述的反经验主义认识论原则,其主旨是为了反对用资产阶级哲学来解释马克思主义理论,进而将马克思主义人道主义化的企图,以此捍卫马克思主义理论的严密性和自主性。因此他认为要求区分两种认识对象和两种客体的做法的"针对性也不容忽视,阻止人们把马克思的科学当作蹩脚的教条,从而使马克思的理论批判工作和制定工作恢复神奇的活力;要使人们认识到和感觉到,马克思同占统治地位的资产阶级意识形态的大量似乎显而易见的传统观念进行彻底的决裂。既然我们也置身于占统治地位的意识形态之中,也就是说,要同其他的传统观念相决裂,这些传统观念有时也用马克思的词句装饰起来,但这些词句的含义却已被占统治地位的意识形态和工人运动中的偏向所歪曲"②。应该说,这一切都是值得同情和理解的。

但是阿尔都塞的反经验主义认识论存在的问题也是明显的。这主要体现在:首先,他把整个近代哲学认识论都当作经验主义认识论加以批判,这并不符合近代哲学发展的实际。近代哲学是从主体出发探讨认识

---

① [法]路易·阿尔都塞,艾蒂安·巴里巴尔. 读《资本论》. 李其庆,冯文光,译. 北京:中央编译出版社,2001:49.

② [法]路易·阿尔都塞. 亚眠的答辩//中共中央编译局. 马列主义研究资料:1986年第3-4辑合刊. 北京:人民出版社,1986:314.

论问题的，它主要可分为经验论哲学和唯理论哲学，它们分别从经验和理性的角度对认识对象、认识方法、认识范围等问题进行了探讨。经验论哲学和唯理论哲学在认识对象问题上，并不是像阿尔都塞所说的那样剥去作为现象的外壳，发现作为本质的内核，而是围绕认识对象是一般还是个别，作为认识对象的实体是物质还是精神、一元还是多元，作为认识对象的实体的本质是可知还是不可知这三大问题而展开，对于这些问题，经验论哲学和唯理论哲学都做了不同的回答，甚至在其各自流派的内部，其理论观点也存在着分歧。① 因此，阿尔都塞把经验主义认识论作为近代哲学的理论总问题难以概括近代哲学的全貌。其次，由于他反复强调理论实践、理论的生产过程是在思维和认识中产生的，这样认识对象就不应该是现实对象，而应该是思维对象，这也决定了理论认识是否正确的标准不在于实践，而是有其自身的标准。因此他不仅借用数学的逻辑证明来论证自己的观点，而且还强调指出："正像所有其他实践的标准一样，与理论有关的实践的标准问题也是有意义的。因为理论实践就是它自身的标准，它本身包含着确证它的产品质量合格的明确记录，也就是说，包含着科学实践的产品的科学性标准。在科学的现实实践中，情况也只能是这样：科学一旦获得真正确立和发展，它就不需要通过外部实践来证明它所生产的认识是否'正确'。"② 阿尔都塞的以上论述显然并不符合马克思主义哲学关于认识的对象、认识的本质和认识真理性的实践标准等问题的原意，而且对于到底什么是判断理论认识是否正确的标准以及理论与现实、理论与实践的关系，阿尔都塞也没有明确加以说明。最后，阿尔都塞认为科学的理论实践是存在于认识过程中的，因此马克思在创立历史唯物主义科学时，实际上也就相应地创立了一种哲学，实现了理论"总问题"的转换。但是，由于作为科学的理论"总问题"只能存在于认识和思维过程中，因此历史唯物主义科学和马克思主义哲学也就只能存在于认识活动中，和外部世界没有关联。但同时阿尔都塞又反复强调当时国际共产主义运动的成败，取决于能否科学地阐述马克思的双重发现。显然，这两种观点之间存在着自相矛盾的地

---

① 陈修斋. 欧洲哲学史上的经验主义和理性主义. 北京：人民出版社，1986：138-154.
② [法] 路易·阿尔都塞，艾蒂安·巴里巴尔. 读《资本论》. 李其庆，冯文光，译. 北京：中央编译出版社，2001：60.

方。如果认为马克思主义科学理论只能存在于认识过程中,那就必然会斩断马克思主义理论和实践的辩证关系,用他的批评者的话来说,就是犯了"理论主义"的错误;如果肯定了马克思主义理论的意识形态功能,就决定了它同实践的内在关联,那么他的反经验主义科学认识论就难以成立。而这种两难矛盾,正是阿尔都塞所力图解决但是最终又无法解决的。此外,他认为理论实践的结局是科学的理论总问题和意识形态总问题的决裂,它们之间存在着"认识论的断裂",但是它们二者如何转换,又恰恰是他难以说清楚的。因此,当他把他的阅读理论运用于马克思主义理论研究时,他也就必然无法说清楚马克思思想转换的过程。

3. 马克思主义哲学是关于"理论实践"的理论

阿尔都塞反复引用列宁"没有革命的理论,就不会有革命的运动"这一论断,强调阐发以实践状态存在的马克思主义哲学的内涵,发挥马克思主义哲学价值功能的重要性。为了避免对马克思主义哲学的政治实用主义化,阿尔都塞强调对马克思主义哲学内涵和功能的阐释应当被限定在思维和理论实践领域内,他由此根据他的科学认识论对马克思主义哲学的内涵和功能展开了分析和揭示。

如前所述,阿尔都塞认为,存在着社会实践、政治实践、意识形态实践和理论实践四种基本的实践形式。他指出,理论实践包括科学的和非科学的理论实践,这就意味着在理论实践过程中必然会受到各种唯心主义意识形态的影响,这就需要用科学的理论指导理论实践。而由于马克思主义哲学存在于马克思主义的理论实践和著作中,因此只有通过对马克思主义著作的阅读以及理论实践的分析,才能将它揭示出来。

那么,马克思是怎样通过"理论实践"阐述他的哲学的呢?在阿尔都塞看来,马克思主义的理论实践如同其他理论实践一样是真实存在的,并具有与其他理论实践一样的共性。这种共性简单地说就是以一定的生产资料(理论概念与概念的使用方法)产生认识的过程。这一过程把具有非科学的"意识形态"性质的认识加工成科学认识。阿尔都塞强调在理论实践中,理论实践的生产资料,即理论概念和方法起着决定性的作用:"理论工作的'生产资料',即'理论'概念和方法,是从事理论工作的前提条件，也是理论实践的'活跃'方面，及过程的决定性要素。"① 阿尔都塞同时强调，由于真正的理论实践是完全能够履行自己的理论职责的，因此虽然有些科学理论也具有自己的方法，但一般并不需要从理论上阐发自己的研究方法论，只有"理论实践的理论阶段，即当'理论'感到需要有自己实践的理论时，也就是一般所说的方法论阶段，总是事后出现的，以便帮助克服时间的困难或'理论'的困难，帮助解决一些由盲目的实践所解决不了的问题，或者去对付更加深刻的危机"②。马克思主义的理论实践也是如此。阿尔都塞指出，尽管马克思曾经表示要写一部阐发他的理论实践的理论著作，但是由于当时他面临的主要任务不是撰写他的理论研究方法论，因此，他把主要精力放在写作《资本论》等重要理论著作上，只留下了一篇尚未完成的关于他的理论实践的理论著作，即1859年的《〈政治经济学批判〉导言》，这就使得马克思的理论实践的理论，即马克思主义哲学方法论只是以实践状态存在，而在当时的国际共产主义运动中，理论方面决定性的任务就是要承认和弄懂马克思的历史科学和新哲学的真实含义和革命意义，因为"没有革命的理论，就不会有革命的运动"。另外，搞懂新哲学的内涵对于马克思主义理论本身意义重大，因为"在认识论、科学史、意识形态史、哲学史、艺术史等方面，马克思主义的理论实践大部分还有待开创。……有待于建立在正确的理论基础之上，从而使这些实践能够有真实的对象，而不是虚假的或意识形态的对象，能够真正成为理论实践，而不是技术实践。为此，他们需要有理论，即需要有唯物辩证法，来作为唯一能使他们在从事理论实践前初步确立其必要条件的方法"③。而由于纯粹的理论实践是不存在的，因此决不能停留于理论实践的自发性立场，任何科学在其发展过程中都会受到唯心主义和其他各种意识形态的威胁和玷污，科学必须同它们做不懈的斗争。因此，科学只有不断清除唯心主义，不断摆脱意识形态的缠绕才能存在，真正成为自由的科学。在这一斗争过程中，马克思主义哲学就能够说明科学的道路和目标，并作为世界上最好的方法论为科学指引方向，从而批判意识形态的各种假面，提出某种学科是否具有科学资格这个前提问题。由于马克思主义哲学的上述功能，阿尔都塞把马克思主义哲学定义为关于"理论实

---

①② ［法］路易·阿尔都塞. 保卫马克思. 顾良，译. 北京：商务印书馆，2006：165.
③ 同①161.

践的理论"。

那么，马克思又是如何通过理论实践实现哲学的革命变革的呢？阿尔都塞用一个公式来描述马克思的理论实践过程，即"马克思（《资本论》）是黑格尔（德国哲学）对英国政治经济学＋法国社会主义加工的产品，换句话说，是黑格尔辩证法对劳动价值论（R）＋阶级斗争（FS）加工的产品"①。阿尔都塞认为，在这个公式中，R＋FS＝马克思的理论实践的原料，即理论实践的对象；H（黑格尔哲学）＝理论生产的工具；黑格尔辩证法对（R＋FS）加工形成的产品就是《资本论》，当然这里所说的黑格尔辩证法是经过改造以后的黑格尔辩证法。经过这一理论实践的过程，马克思发现了一种非黑格尔式的历史观、社会结构观、辩证法观，最终形成了一种与黑格尔不同的新的历史科学和哲学，即历史唯物主义科学和辩证唯物主义哲学。

阿尔都塞提出马克思主义哲学是关于"理论实践的理论"以后，人们批评他的这一命题把马克思主义哲学限定在理论实践的领域，斩断了马克思主义哲学和工人运动之间的联系，犯有"理论主义"和"实证主义"的错误，对此他表示接受这种批评。他指出："如果说我的确强调了理论对革命实践的极端重要性，因而谴责了一切形式的经验主义的话，那么我并没有讨论在马克思主义传统中起了如此重要作用的'理论和实践统一'的问题。毫无疑问，我的确说过在'理论实践'内部的理论和实践的统一，但是我并没有谈在政治实践内部的理论和实践统一的问题。"② 同时他认为自己虽然指出了马克思创建了一门新的科学和一门新的哲学，但是"并没有说清楚使哲学与科学区别开来的不同点，而这种不同点却有很重要的意义。我并没有说明构成哲学本身的、不同于科学的东西是什么"③。为了克服以上的错误，他在《列宁和哲学》一书中进一步论述了他对马克思主义哲学的新理解以及马克思主义哲学的阶级性、党性和政治实践功能。

---

① ［法］路易·阿尔都塞. 列宁和哲学. 杜章智，译. 台北：远流出版事业股份有限公司，1990：113.
② ［法］路易·阿尔都塞. 致我的英语读者//中共中央编译局. 马列主义研究资料：1983年第5辑，北京：人民出版社，1983：157.
③ 同②158.

二、阿尔都塞对马克思主义哲学的新理解

阿尔都塞在《列宁和哲学》一书中,通过系统考察科学和哲学的关系、列宁关于哲学的党性原则以及列宁哲学的特点,提出了他对马克思主义哲学功能的新理解,并将其作为对他的"理论主义"错误的批评的回应。

1. 科学与哲学的关系

在科学与哲学的关系问题上,阿尔都塞明确指出,新哲学的产生总是科学发现的回响,新哲学是依靠科学的诱发而产生和发展的。因此,哲学总是落后于科学,历史上的每一次科学发现都引起了哲学的巨大变革。在马克思以前,已有数学和物理学两个大陆向科学认识打开了大门,它们分别导致了哲学的产生(泰勒斯)和哲学的改造(笛卡儿),依据以上看法,阿尔都塞提出了三个论点:第一,马克思创立了历史唯物主义科学,这就必然引发哲学上的改组,这种改组最早在《关于费尔巴哈的提纲》中有所体现。第二,由于哲学是依靠科学的诱发而产生和发展的,这就决定了马克思主义哲学必然落后于历史唯物主义科学。这一点已经在《关于费尔巴哈的提纲》和《反杜林论》之间的长达30年的荒废与空白时期得到了证明。在这个问题上,马克思主义发展史上的后来者依然踏步不前。第三,马克思主义哲学既然落后于历史唯物主义科学而存在,这就决定了我们应当以历史唯物主义科学为基础阐发马克思主义哲学。阿尔都塞强调应当遵循列宁的看法——在《资本论》中阐发马克思主义哲学,即马克思主义哲学的辩证法。"《资本论》必定包含某种用以完成或锻造新的哲学范畴的东西:它们肯定在《资本论》中以'实践状态'起着作用。看来可能是这样。必须解读《资本论》,把它们找出来。"[①] 那么为什么历史唯物主义科学大厦已经建立起来了,而辩证唯物主义哲学却仍处于实践状态?阿尔都塞认为,这除了哲学要依靠科学的诱发而产生和发展这一原因之外,还有诸多现实原因。具体说:

---

① [法] 路易·阿尔都塞. 列宁和哲学. 杜章智,译. 台北:远流出版事业股份有限公司,1990:49.

第四章　阿尔都塞对马克思主义哲学的阐发

马克思因忙于科学研究和政治领导，没有时间和精力写出他的辩证法；恩格斯则是因为在哲学上仓促迎战资产阶级的意识形态论战，没有写出马克思主义哲学的辩证法；列宁则是不得不以敌人的武器回击资产阶级哲学的意识形态斗争，他们都没有机会写出马克思主义哲学的辩证法。因此，正是由于马克思主义哲学对于历史科学诞生的滞后性的特点，再加上马克思、恩格斯、列宁三人忙于当时的政治活动和意识形态斗争，他们都没能从理论上阐明马克思主义哲学的内涵，这个任务就落在了后人的身上。而马克思主义理论的这种基本状况，再加上阶级斗争对理论的影响，就决定了马克思主义理论必然会在工人运动中产生各种理论偏差，如经济主义、渐进主义、唯意志论、人道主义、经验主义、教条主义等，这也决定了当时马克思主义哲学理论建设的重要性。阿尔都塞于是根据列宁在《唯物主义和经验批判主义》中对"科学和哲学"关系的有关论述，对马克思主义哲学的内涵进行了新探索。

列宁的《唯物主义和经验批判主义》主要批判马赫主义对物理学的革命做出了错误的哲学解释，进而对唯物主义哲学原则提出了挑战。马赫主义借用物理学的革命，宣扬唯物主义所说的"物质"消失，进而鼓吹唯心主义哲学世界观。由于当时的唯物主义哲学的主要成就是机械唯物主义，机械唯物主义的缺陷在于混淆了哲学的物质概念和自然科学的物质概念，因而不能真正回应马赫主义的挑战。当时的俄国以波格丹诺夫为代表的理论家宣传马赫主义，严重影响了俄国社会民主党的思想统一，对俄国革命产生了消极的影响。由此，列宁通过批判马赫主义，捍卫唯物主义的权威，以保证俄国社会民主党内的思想统一。阿尔都塞认为，列宁在《唯物主义和经验批判主义》一书中，对哲学和科学的不同做了三个重要的论述。具体说：第一，哲学不是科学，哲学与科学不同，哲学范畴与科学概念不同。为了说明上述论断，阿尔都塞借用列宁对哲学的物质范畴和科学的物质概念之间差别的论述来加以论证。他指出，列宁之所以区分哲学的物质范畴和科学的物质概念，主要是因为，物质的科学概念的内容会随着科学认识的发展、深化而发展，而物质的哲学范畴的意义则不发生变化，因为它不针对任何科学对象，而是肯定对象的任何科学认识的客观性。把哲学范畴作为科学概念应用于科学对象的唯物主义者们就是犯了"张冠李戴"的错误。因此，要"把哲学和科学、哲学的物质范畴和科学的物质概念加以区别，实际上就是采取一种反对一切形式的经验主义和实证主义的彻底哲学立场；反对甚至某些唯物主义者的经验主义和实证主义、反对自然主义、反对经验主义、反对历史主义"①。阿尔都塞这里所讲的哲学和科学的不同，其目的主要是强调不能把马克思主义哲学和历史唯物主义科学混同起来。第二，如果哲学不是科学，那么在哲学和科学之间就应该有一种特殊的联系，而这种联系就是由唯物主义的客观性所决定的。阿尔都塞认为，列宁在《唯物主义和经验批判主义》一书中主要从两个方面说明了上述论点。其一，关于科学知识的本性问题。阿尔都塞指出，列宁主要强调了科学实践的反经验主义和反实证主义的立场，关于这一点可以从列宁在政治实践中反对自发论得到证明。因此如果说列宁在政治实践中强调没有革命的理论，就没有革命的运动的话，那么同样地可以说没有科学的理论，就没有科学知识的生产。其二，正是列宁的反经验主义和反实证主义，使唯物主义哲学同科学实践紧密相连。因为一方面伟大的科学发现总是要引发哲学的重要改组，另一方面大多数自然科学家是自发的唯物主义者，因此，这就需要把马克思的唯物主义同这种自发的唯物主义联结起来。这既是为了捍卫科学的理论实践，也是因为唯物主义哲学同科学家们对科学对象存在和对它认识客观性的自发信念之间存在着密切的联系。阿尔都塞这里实际强调的是哲学对于科学的指导作用。第三，哲学无对象，因此哲学本质上没有历史，科学有对象，因此科学有历史。他借用列宁的全部哲学史归根结底是唯物主义和唯心主义之间的斗争这一论点，认为哲学史不过是两种世界观倾向的不断重复，似乎什么事情也没有发生过，因为"一部只不过是两种基本倾向之间的倾轧的一再重复的历史是什么呢？斗争的形式和论据可能变化，但是如果整部哲学史只是这些形式的历史，那么，只需要把它们还原为它们所代表的不变的倾向，就能使这些形式的变化成为一种没有输赢的游戏，说穿了，哲学没有任何历史，哲学是那样一个奇怪的理论场所，那里真正发生的是'无'，除了这种对'无'的重复以外什么也没有"②。之所以说哲学中什么也没有，那是因为它没有任何对象，因此哲学中也就什么都不能够发生。而科学由于有对象，就能够增添对对象的知识，因此科学有历

---

① [法] 路易·阿尔都塞. 列宁和哲学. 杜章智，译. 台北：远流出版事业股份有限公司，1990：56.
② 同①60.

史。那么，这种没有对象和历史的马克思主义哲学到底具有何种功能？阿尔都塞通过列宁关于哲学的党性原则的论述展开了进一步的分析。

2. 列宁对哲学党性原则的论述和列宁的"哲学实践"

众所周知，恩格斯在《路德维希·费尔巴哈和德国古典哲学的终结》一书中，通过考察近代哲学的发展历史，把哲学的基本问题归结为思维和存在的关系问题。"全部哲学，特别是近代哲学的重大的基本问题，是思维和存在的关系问题。"① 并根据哲学对这一问题的回答，把哲学划分为唯物主义和唯心主义两大阵营。列宁在《唯物主义和经验批判主义》一书中继承和深化了恩格斯关于哲学基本问题的论述，把恩格斯所说的哲学基本问题称为哲学的党派原则问题。在列宁看来，虽然绝大多数哲学家都公开否定自己哲学的党派性，但事实上一切哲学都具有其基本倾向，并由此带有党派性，这表明了哲学不但与科学密切相关，而且与政治密切联系。列宁甚至认为，哲学的倾向性表现的是政治斗争的继续。

阿尔都塞根据列宁上述关于哲学的党性原则的论述，强调哲学与政治的联系主要在于"哲学是政治在一定领域、面对一定现实、以一定方式的继续，哲学是理论领域，或者更确切地说，同科学一起代表政治；反过来，哲学在政治中，同从事阶级斗争的阶级代表科学性"②。在阿尔都塞看来，哲学领域中的阶级斗争既体现为哲学要依靠政治而生存，也体现为对唯物主义与唯心主义哲学世界观的争夺。阿尔都塞主要通过揭示西方资产阶级和学院派学者对列宁哲学否定的原因，阐发所谓哲学要依靠政治而生存的内涵。在西方资产阶级和学院派学者，特别是法国唯灵论哲学家看来，恩格斯和列宁所阐发的辩证唯物主义哲学是荒诞不经的、经不起真正考验的自然主义哲学，他们甚至把列宁的哲学看作一种权宜之计，他们的这种观点实际上是认为马克思、恩格斯和列宁这样的政治家不可能有哲学。这些法国的哲学家之所以有这种观点，主要是因为法国长期盛行保守的唯灵论哲学，同时也是因为列宁在《唯物主义和经验批判主义》一书中，提出了一种其他哲学家不想知道或不愿承认

---

① 马克思恩格斯选集：第4卷. 北京：人民出版社，1995：223.
② [法] 路易·阿尔都塞. 列宁和哲学. 杜章智，译. 台北：远流出版事业股份有限公司，1990：69.

的哲学。因此，阿尔都塞指出："真正的问题不在于马克思、恩格斯和列宁是不是真正的哲学家，他们的哲学论述是不是在形式上无可非难，他们是不是关于康德的'自在之物'说了蠢话，他们的唯物主义是不是批判以前的，等等。……真正的问题正好在于列宁提出了一种完全不同的哲学实践，而使这种传统的实践成了问题。"① 这种新的哲学实践正好击中了传统哲学最敏感的地方、最难以忍受的地方、最忌讳的地方。在这种哲学传统看来，哲学家的对象是整体，他们都是关于总体的专家，哲学就是要"关心与科学实践的难题、知识生产过程的难题、政治的和意识形态的难题、所有这些难题之间关系的难题本身不无关系的那些问题"②。阿尔都塞一方面肯定上述看法有一定的合理性，另一方面又认为这种哲学传统存在着与列宁哲学相对立的两方面，即"一方面，它不能忍受它可能有东西要向政治和政治家学习的观念。另一方面，它不能忍受哲学可能是一种理论即一种客观知识的对象的观念"③。而列宁作为一个无产阶级的政治家，这就决定了他所阐发的哲学必然与资产阶级和学院派学者所宣扬的哲学发生矛盾冲突，因为"哲学为了在它的理论中认识自己就必须承认：它只是政治的某种外衣、某种延续、某种思考"④。同时阿尔都塞又进一步论述哲学和科学的关系，来阐发哲学领域中的阶级斗争体现为对唯物主义和唯心主义哲学世界观争夺的观点。如前所述，阿尔都塞强调在理论实践过程中，哲学家必然要受到各种意识形态的缠绕和束缚，而真正的哲学是建立在科学的基础之上的，哲学上的阶级斗争就体现为世界观上的唯物主义和唯心主义之间在文化领导权上的斗争。"这个斗争的主要战场是科学知识：赞成它还是反对它。因此，第一号哲学战斗发生在科学和意识形态的边界上。在那里，任意驱使科学的唯心主义哲学，为反对服务于科学的各派唯物主义哲学而进行着斗争。哲学斗争是各种世界观之间的阶级斗争的一个方面。在过去，唯物主义一直是被唯心主义宰制着的。"⑤ 在过去，唯物主义一直被唯心主义统治着，然而马克思创立了历史科学后改变了理论领域的

---

① ［法］路易·阿尔都塞. 列宁和哲学. 杜章智，译. 台北：远流出版事业股份有限公司，1990：39-40.
② ［法］路易·阿尔都塞. 哲学和科学家的自发的哲学//陈越. 哲学与政治：阿尔都塞读本. 长春：吉林人民出版社，2003：16.
③④ 同①40.
⑤ 同①25-26.

第四章 阿尔都塞对马克思主义哲学的阐发

全部形势。一旦我们正确使用马克思的原则进行革命斗争，我们就能够认识各种世界观的本质，使哲学中的唯物主义能够统治唯心主义。因此，这既决定了哲学同科学之间的关系，同时也决定了哲学同政治之间的关系。阿尔都塞实际上借用列宁关于哲学党性原则的论述，强调哲学与政治的内在联系。他进一步通过论述列宁的哲学实践来表达他对马克思主义哲学实践功能的理解。

阿尔都塞强调列宁提出了一种新的"哲学实践"，但这种"哲学实践"到底在理论上应当如何表达，这确实是当时还未解决的问题。为什么这样说呢？这是因为：马克思虽然在《关于费尔巴哈的提纲》中宣布了与旧哲学的决裂，并在《德意志意识形态》中为新科学，即历史唯物主义科学的诞生奠定了基础。但是马克思主义理论的现状是，历史唯物主义科学虽然诞生了，马克思主义哲学却并没有立即伴随着历史唯物主义科学的诞生而产生，而只是隐性地存在于马克思主义的理论实践中。这就造成了人们对于马克思主义理论的如下若干争论。"马克思主义理论的核心是什么？是科学还是哲学？马克思主义在实质上是哲学，即'实践哲学'吗？但是那样的话，马克思提出的科学要求又是什么呢？相反，马克思主义在实质上是科学，即历史唯物主义、历史的科学吗？但是那样一来，它的哲学，即辩证唯物主义又是什么呢？"[1] 但阿尔都塞强调，列宁的"哲学实践"的本质体现了马克思主义哲学对理论领域的介入，显示了马克思主义哲学独特的实践功能。马克思主义哲学对理论的介入主要体现在两个方面，即"在理论领域中在被宣布为正确的思想和被宣布为错误的思想之间、在科学的东西和意识形态的东西之间'划清界限'。这种划线的效果是双重的：在它有助于一定实践（科学的实践）的意义上是积极的，而在它使这种实践防止某些意识形态概念（这里是唯心主义和教条主义）的危险的意义上是消极的"[2]。因此，马克思主义哲学的实践功能主要在于在正确和错误的思想、在政治实践中起一种"划界功能"。因此，阿尔都塞强调不应该像青年卢卡奇、葛兰西那样，把马克思主义哲学看作改变世界的实践哲学，而应该把马克思主义哲学看作一种有助于改造世界的哲学实践，马克思主义理论的核心

---

[1] ［法］路易·阿尔都塞. 列宁和哲学. 杜章智，译. 台北：远流出版事业股份有限公司，1990：41-42.

[2] 同[1]65-66.

应该是科学而不是哲学。"我们比任何时候更不能说,马克思主义是一种新的哲学:实践哲学。马克思主义理论的核心是科学:一种很独特的科学,但的确是一种科学。马克思主义对哲学的贡献中的新东西,是一种新的哲学实践。马克思主义不是一种(新的)实践哲学,而是一种(新的)哲学实践。这种新的哲学实践能够改造哲学。此外,它能够在某种程度上有助于改造世界。只是有助于而已,因为创造历史的不是理论家、科学家或哲学家,也不是'人',而是'群众',即在一个单一的阶级斗争中密切联系在一起的阶级"①。

可以看出,阿尔都塞对马克思主义哲学的规定经历了"关于理论实践的理论"到"理论领域的阶级斗争"的变化过程,其根本目的在于回应人们对他的"理论主义"错误的批评,实现马克思主义哲学与政治实践之间的内在联系。

3. 如何看待阿尔都塞对马克思主义哲学内涵与功能的规定

从阿尔都塞对马克思主义哲学及其功能的界定,我们可以看出他的思想经历了一个变化过程。在《保卫马克思》一书中,由于他比较强调解决的是如何捍卫马克思主义理论的科学性问题,比较忽视马克思主义理论的意识形态功能,因此他把马克思主义哲学定义为"理论实践的理论",强调马克思主义哲学对科学的理论实践的一般方法论指导。他的这个观点提出后,招致各方面的批评,主要是说他使马克思主义哲学变成了一种同无产阶级的生活和斗争没有任何关系的理论,是一种"理论主义"的错误。因此,他在《列宁和哲学》一书中,开始关注解决马克思主义理论的科学性和政治意识形态功能的关系问题,并把马克思主义哲学定义为"理论领域的阶级斗争"。应该说,阿尔都塞把哲学定义为"理论领域的阶级斗争",是为了解决他在《保卫马克思》中所犯的"理论主义"的错误。他的思路实际上是一方面把唯物史观看作无产阶级革命的理论基础,另一方面又认为马克思的辩证唯物主义哲学是政治的工具,这样就坚持了马克思主义理论的科学性和革命性的统一。但是应该看到,由于阿尔都塞把意识形态看作非科学的"虚假意识",这样他也就必然否定作为意识形态基础和核心的哲学所包含的客观内容——人和

---

① [法]路易·阿尔都塞. 列宁和哲学. 杜章智,译. 台北:远流出版事业股份有限公司,1990:71.

第四章 阿尔都塞对马克思主义哲学的阐发

世界、人和人的关系问题，它主要表现为一种世界观。这种否定实际上是把资产阶级意识形态的虚假性上升为包括无产阶级意识形态在内的所有意识形态都是虚假的错误结论，这就决定了他所谓发挥马克思主义理论的意识形态功能的要求和愿望必然落空。这是因为阿尔都塞既要求哲学世界观发挥其阶级性和战斗性，又否认哲学的对象和历史；既承认科学变革是哲学革命的前提，又否认哲学本身的科学性，把世界观等同于他所说的"意识形态"。这样的必然结局是丢失他所谓的世界观的实践作用的客观内容。而通过他对马克思主义哲学的规定以及对于马克思主义哲学和历史唯物主义科学之间关系的论述，我们也可以看出他实际上强调的是不能把马克思主义哲学归结为历史唯物主义科学。历史唯物主义科学的诞生为马克思主义哲学的产生和发展奠定了基础，但由于马克思主义哲学代表的是党性和政治，因此它保证了理论家的无产阶级理论立场，历史唯物主义科学则是无产阶级理论家分析历史和政治的科学理论基础。

总的来看，阿尔都塞对马克思主义哲学的规定，应该说充满了臆断和矛盾。从哲学研究方法论的角度看，这种臆断和矛盾主要体现在两个方面：其一，他从他的反经验主义认识论立场出发，强调认识并非是一种剥去外壳、获得本质的过程，强调认识对象和实在对象的区别，进而把理论实践看成是在认识过程、思维过程中完成的。但他在《保卫马克思》《列宁和哲学》等著作中对马克思主义的理论实践、对具体科学实践和无产阶级革命实践关联的论述却不断突破他的这一原则。其二，他的理论"总问题"本来是指思想家进行理论创造的理论思维范式、理论生产方式，而他所论述的马克思主义哲学实际上也就是马克思从事理论思考的"总问题"。联系阿尔都塞的相关论述，他实际上把马克思主义哲学的理论"总问题"归结为强调哲学与科学、哲学与政治的有机联系。前者体现为对唯物主义世界观的坚持，后者体现为马克思主义哲学对工人运动的指导。如果说他在《保卫马克思》一书中还是坚持从理论生产方式的角度来论述马克思主义哲学的话，那么在《列宁和哲学》一书中，将马克思主义哲学规定为一种政治立场或理论立场，这又和他所说的理论总问题的原意相差甚远，以至于马克思主义哲学的内涵到底是什么，只有阿尔都塞本人才能解释和理解。从他的具体理论观点看，**他把马克思主义理论划分为辩证唯物主义哲学和历史唯物主义科学，二者**

具有完全不同的性质、功能和内涵，并强调历史唯物主义科学与辩证唯物主义哲学之间的区别。此外他认为马克思区分了认识对象和实在对象，并否定检验认识真理性的实践标准，这些显然并不是阿尔都塞依据"征候阅读法"从马克思的著作中阅读出来的，更多的是他在自己所创立的阅读理论和科学认识论这种理论生产方式支配之下，自己生产出来的。

三、马克思主义哲学（辩证法）与黑格尔哲学的根本区别

阿尔都塞之所以重视以实践状态存在的马克思主义哲学，除了要突出马克思主义哲学的实践功能之外，还有一个重要目的就是要说清楚马克思主义辩证法与黑格尔辩证法之间的区别。阿尔都塞这里所说的"辩证法"主要指的是理论"总问题"。他把弄清这个问题看作"当前一个带决定性的理论问题和政治问题。说它是理论问题，因为它支配着现时代头号战略科学即历史科学的未来以及与这一科学联系着的哲学即辩证唯物主义的未来。说它是政治问题，因为它是从这些前提中产生出来的。它在过去和现在都是在一定水平的阶级斗争之中的"①。如前所述，关于马克思和黑格尔的关系，阿尔都塞拒绝那种以费尔巴哈唯物主义哲学为中介的"颠倒说"，指出这实际上是一种诡辩术，强调马克思抛弃了支配近代哲学思维的"人道主义"的理论"总问题"，并通过对黑格尔辩证法的结构进行根本改造，特别是摈弃了黑格尔"一元决定"的矛盾观、社会观和历史观，形成了"多元决定"的矛盾观、社会观和历史观，最终创立历史唯物主义科学的，他由此提出了"马克思主义是理论上的反人道主义"的理论命题。而在《读〈资本论〉》一书中，他从反对近代哲学经验主义认识论出发，又提出了"马克思主义是一种反经验主义"的理论命题。在此基础上，他进一步提出了马克思主义是一种"反历史主义""无主体论"的理论命题，以彰显马克思主义理论的特质。

---

① ［法］路易·阿尔都塞. 列宁和哲学. 杜章智，译. 台北：远流出版事业股份有限公司，1990：108.

第四章 阿尔都塞对马克思主义哲学的阐发

1. 马克思主义是一种理论上的"反历史主义"

阿尔都塞不仅认为马克思主义是理论上的反人道主义，而且还提出马克思主义是一种理论上的反历史主义的命题。"人道主义和历史主义都是建立在同一意识形态总问题之上的；从理论的角度来说，马克思主义由于是在唯一的认识论的断裂的基础上建立起来的，所以同时既是反人道主义又是反历史主义的。严格地讲，我应该说马克思主义是非人道主义和非历史主义。我有意识地使用反人道主义和反历史主义是为了强调断裂的全部意义。"① 阿尔都塞首先肯定以卢卡奇和葛兰西为代表的理论家对马克思主义所做出的人道主义、历史主义解释在反对机械论、经济主义斗争中的积极意义，但是阿尔都塞强调这种解释却威胁着马克思主义理论的科学性。

在阿尔都塞看来，当时人们之所以热衷于将马克思主义解释为一种历史主义，主要有两方面的原因：第一，马克思在《哲学的贫困》和《资本论》中，批判了古典经济学对资本主义经济范畴的非历史的、永恒的、固定不变的和抽象的概念，强调"只有赋予这些范畴以历史的性质才能说明和理解它们的相对性和暂时性。……古典经济学家把资本主义生产的条件变成了一切生产的永恒的条件，他们没有看到这些范畴是由历史决定的，因而是历史的和暂时的"②。人们通过马克思对古典经济学的上述批判，把马克思主义解释为一种历史主义。但是阿尔都塞认为，这实际上是一种误读。因为马克思的上述批判并不是他最终的真正的批判，而且这个批判是肤浅和含糊不清的，它也表明"马克思在理论上对自身的判断尚未完成，因而不仅在力图否定他、诋毁他的反对者那里，而且首先在他的拥护者那里引起了极其严重的误解"③。这种误解的问题在于：既然古典经济学的经济范畴和概念具有非历史性的特点，那么，马克思只要赋予这些经济范畴和概念以历史性，就完成了理论的变革。在阿尔都塞看来，这种误解涉及马克思与黑格尔的关系，因为黑格尔的辩证法具有历史性特点，这就是说马克思对古典经济学的改造本

---

① ［法］路易·阿尔都塞，艾蒂安·巴里巴尔. 读《资本论》. 李其庆，冯文光，译. 北京：中央编译出版社，2001：134-135.
② 同①100.
③ 同①101.

质上就是把古典经济学黑格尔化。要搞清楚上述问题，就必须弄清楚马克思和黑格尔的历史概念的含义与本质之间的区别。第二，马克思还没有明确地思考他的思想同自己的先驱者的区别，以至于借用他的先驱黑格尔的概念来表达他的思想，也是造成人们误读马克思思想的原因。

为了说明马克思主义是一种反历史主义，阿尔都塞在具体分析黑格尔的历史概念的基础上，提出了马克思的历史时代概念。他指出，黑格尔把历史规定为"定在"的概念，历史的本质就是在这个概念中反映着自身。在黑格尔那里，历史只不过是体现"绝对理念"发展的一个环节，而其历史整体的内在本质是在时间连续性中的反映。这就是说，历史的本质在其开端和结束具有同一性，所不同的只是历史的本质从潜在状态过渡、发展到自在自为阶段。因此，阿尔都塞认为，黑格尔的历史概念具有"时代的同质的连续性"和"同时代性"两个基本特征。所谓"时代的同质的连续性"是指所谓"历史"不过是"绝对理念"辩证发展的连续性的反映，这样"绝对理念"有多少发展环节，历史的连续性就可以由此被精确地切割成多少历史时期；所谓"同时代性"则是指历史时代的本质与社会整体结构的本质具有直接同一的特点。换句话说，由于黑格尔把绝对理念看作历史的本原，这样一切历史时代的本质不过就是绝对理念的体现，它们都只不过是切割了同一历史本质而已，阿尔都塞称之为"本质的切割"。在这种"本质的切割"的历史观看来，"历史存在的结构就是这样一个结构，整体的一切环节始终共同存在于同一时代，存在于同一现实存在之中，因而是在同一现实存在中的同时代的东西。这就是说，黑格尔的社会整体的历史存在结构可以像我所说的那样进行'本质的切割'，也就是进行这样一种精神加工，通过这种加工可以在任何一个历史时代环节上进行垂直的切割，即现实存在的切割，从而使这种切割所揭示的整体的一切环节处于一种直接显示出它们的内在本质的直接关系中"①。因此，阿尔都塞认为，黑格尔的历史主义的基本结构就是"同时代性，这种同时代性提供了在本质切割中进行阅读的可能性"②，其本质是一种建立在经验主义理论"总问题"基础上的历史观。

---

① ［法］路易·阿尔都塞，艾蒂安·巴里巴尔. 读《资本论》. 李其庆，冯文光，译. 北京：中央编译出版社，2001：103-104.
② 同①157-158.

第四章 阿尔都塞对马克思主义哲学的阐发

阿尔都塞强调，要真正理解马克思历史观的特质，就必须探讨马克思与黑格尔在社会整体观和社会结构观上的根本区别。"只有认真研究社会整体的结构，才能在其中发现历史概念的秘密，在这种历史概念中，社会整体的'生成得到了思考'；一旦认识了社会整体的结构，我们就能理解在历史时代概念中自身反映出来的历史概念同这个时代概念之间的表面上'毫无疑问'的关系。"[①] 马克思的历史观之所以不能被理解为建立在经验主义理论"总问题"基础上的历史观，是因为马克思不仅仅只是颠倒了黑格尔的历史观，更重要的是改造了黑格尔历史观的社会结构理论，从而形成了不同于黑格尔的整体观。在黑格尔那里，社会结构整体是由"绝对理念"所决定的，"绝对理念"是社会结构整体和不同组成部分的本质。而在马克思那里，社会结构是一个分层次、具有主导结构和有机联系的复杂整体，在这个多层次的复杂整体中，一方面每个层次中都具有起支配作用的结构，阿尔都塞把这种起支配作用的结构称为"经济结构"；另一方面，由不同层次的结构组成的社会整体结构中，既具有起主导作用和支配作用的结构，同时那些处于被支配地位的结构又反作用于起主导和支配作用的结构。可以说，马克思与黑格尔的社会整体观和社会结构观存在着本质区别，马克思的社会整体观和社会结构观包含了"生成"的概念。阿尔都塞由此强调，不能在黑格尔的同时代范畴中思考马克思的社会历史观。因为在黑格尔那里，社会结构中不同层次的存在的本质是同一的，无法真正思考社会结构中不同层次的发展规律和本质，无法真正把握历史的不同层次运动规律的特殊性和相对自主性。而根据马克思的历史观，社会结构中不同层次具有自身的特殊规律和相对独立性的特点，而这种相对独立性和自主性又服从于社会结构整体的发展规律。因此，"不能在同一历史时代中思考整体的不同的层次的发展过程。这些不同'层次'的历史存在不属于同一类型。相反，我们必须赋予每一个层次以相对自主的，因而在它对其他层次的'时代'的依存性本身中相对独立的特有的时代。我们应该而且可以说：每一种生产方式都有自己固有的、以生产力的发展为特殊标志的时代和历史，都有自己固有的特殊的生产关系的时代和历史；都有自己固有的政治的上层建筑的历史……都有自己固有的哲学的时代和历

---

① [法] 路易·阿尔都塞，艾蒂安·巴里巴尔. 读《资本论》. 李其庆，冯文光，译. 北京：中央编译出版社，2001：107.

史……都有一个自己固有的美学生产的时代和历史……都有一个自己固有的科学形态的时代和历史等等。这些特有的历史都有自己的节拍。只有确定了每一个历史的特殊的历史时间性的概念以及它的节拍划分（连续发展、革命、断裂等等），这种历史才能够被认识"①。

在论述马克思社会整体观和社会结构观相对于黑格尔的特质的同时，阿尔都塞提出了他关于马克思的历史时代概念。在阿尔都塞看来，严格意义上的历史时代概念只能建立在"属于一定生产方式的社会形态所构成的社会整体的起主导作用并具有不同联系的复杂结构的基础之上，历史时代概念的内容只能被确定为或者作为整体或者在各个'层次'上被考察的这一社会整体的结构"②。根据他对马克思历史时代概念的理解，阿尔都塞强调马克思的历史时代概念的对象不是经验主义历史观所说的具体的历史事实，而是以生产方式为基础的社会结构中不同层次之间的关系和社会整体本身。在经验主义的历史观看来，"历史可以不要严格意义上的理论，不要历史对象的理论，从而不要历史的理论对象的规定。在历史看来，可以作为理论，可以代替理论的，正是它的方法论，即制约着它的有效的实践即以材料的批判和史实的建立为中心的实践的规则"③。也就是说，以黑格尔为代表的经验主义历史观是把具体的历史事实作为其研究对象的，实际上是把"具体实在"看作理论实践的对象，是一种经验主义的认识论和意识形态在起作用。而马克思则破除了对历史的经验主义的解释模式，这就意味着如果把马克思主义的历史概念理解为所谓的"现实对象"，那就把马克思主义的历史概念理解成一个非科学的意识形态概念，因此，"否定马克思明确指出的认识对象和现实对象之间，认识中的概念的'形式发展'同具体历史中的现实范畴的发展之间的根本差别，会导致认识的经验意识形态，会导致《资本论》本身的逻辑和历史的等同化"④。阿尔都塞由此强调马克思《资本论》中的经济理论、历史理论之间的关系存在着想象的关系和真实的关系两种关系。所谓想象的关系，主要是立足于经验主义认识论的

---

① [法]路易·阿尔都塞，艾蒂安·巴里巴尔. 读《资本论》. 李其庆，冯文光，译. 北京：中央编译出版社，2001：110-111.
② 同①121.
③ 同①122.
④ 同①30.

立场，把《资本论》中的经济理论与具体历史的关系想象为正向或反向的对应关系，而这种关系在《资本论》中并不存在；所谓真实的关系，主要是指立足于理论认识对象和现实对象的区分，强调《资本论》中经济理论同历史理论之间存在着密切的关系。阿尔都塞强调上述他所说的"想象"与"真实"的双重关系，主要是为了反对立足于经验主义认识论的立场来阅读《资本论》，强调《资本论》中的历史理论是对经济理论进行理论加工和理论改造的结果，而不是对具体历史认识的结果。阿尔都塞由此进一步批评了把马克思主义归结为一种历史主义的解读。

2. 对"马克思主义理论是一种历史主义"解读的批判

为了捍卫他所说的"马克思主义是一种反历史主义"的命题，阿尔都塞批评了以卢卡奇、葛兰西等为代表的理论家对马克思主义的人道主义和历史主义的解读。在他看来，之所以形成对马克思主义的人道主义和历史主义的解读，与当时的具体历史背景和马克思的有关论述密切相关。

从当时所处的具体历史背景看，第二国际把马克思主义理论解释为经济决定论、技术还原论，把历史唯物主义所揭示的历史必然性解释为数学意义上的必然性，混淆了历史规律与自然规律的区别，从而导致当时国际共产主义运动不注重对工人阶级政治觉悟的培养，造成了工人阶级意识主观精神的缺失和危机。正是在这种情况下，卢森堡和梅林对这种决定论式的马克思主义理论提出了批评，这一批评被卢卡奇、科尔施和葛兰西所继承和发展，并逐步形成了革命的人道主义和历史主义的解释模式。

在阿尔都塞看来，马克思的确形成了与他的思想先驱完全不同的思想，但马克思却没有从理论的角度思考如何从概念上表达已经形成的新思想，而不得不借用他以前的思想家，特别是黑格尔的概念来表达他的新思想。"在没有更好的概念的情况下，他只能用部分是借来的概念，特别是黑格尔的概念来思考这个问题。这就产生了在被借用的概念原来的语义领域与它们被应用的概念对象的领域之间有一种间隔的后果。"[①]只有抛弃"直接阅读法"，运用"征候阅读法"阅读马克思的原著，才

---

① [法] 路易·阿尔都塞，艾蒂安·巴里巴尔. 读《资本论》. 李其庆，冯文光，译. 北京：中央编译出版社，2001：136.

能真正了解马克思的原意。而马克思的后继者之所以对马克思主义形成了历史主义的解读,是因为他们在马克思的著作中的确找到自己的依据,因而后继者坚信他们对马克思主义理论的历史主义解读符合马克思的原意。阿尔都塞把那些对马克思主义理论的历史主义的解读的依据主要分为两类:第一类是马克思对产生全部历史科学对象的条件的说明。因为马克思在《资本论》中指出:"全部社会科学和历史科学的对象是已经生成的对象,是结果,而且也表明,对这个对象的认识活动也是由这个既与的现实存在,即既与的现实要素所规定的。"① 也就是说,关于历史科学的任何科学都必然会涉及既与的历史对象、现实存在,即已经成为历史的结果的对象。马克思的后继者们正是根据马克思的以上论述把所谓"既与的现实"理解为"历史的现实存在"、黑格尔式的"同时代"的范畴。第二类关涉到如何理解马克思"人都不能超越他所处的时代条件"以及人们只能认识到他的时代所能认识的东西这两句话上。人们正是根据经验主义的"直接阅读法"把这句话作为马克思主义是历史主义的证据的。而在马克思主义是历史主义的论断中,意大利马克思主义传统,特别是葛兰西关于马克思主义是"绝对历史主义"的命题最具代表性。阿尔都塞由此通过分析、批评葛兰西关于马克思主义是"绝对历史主义"的命题,来阐发他的马克思主义是"反历史主义"的理论主张。

葛兰西是意大利共产党的创始人和意大利马克思主义哲学传统的继承者与发展者。他在《狱中札记》一书中虽然反对克罗齐的唯心主义历史观,但继承克罗齐强调主观因素在历史发展中的作用的思想,反对对历史唯物主义的机械论、经济决定论式的解释,坚持从哲学、政治和历史三者同一的思想出发,把历史唯物主义解释为"绝对的历史主义"。葛兰西的"绝对历史主义"的解释具有如下的特点:一是强调哲学与哲学史、文化与文化史的内在联系。在他看来,任何哲学虽然都是理论家的理论创造,但都离不开对以往哲学和文化的批判,因此,哲学总是充满着历史的内容。二是历史唯物主义的提问方式是历史主义的。这种历史主义的提问方式使历史唯物主义理论对对象的考察总是立足于人类实践和人类历史发展的过程,而不是脱离人类实践和人类历史,抽象地考

---

① [法]路易·阿尔都塞,艾蒂安·巴里巴尔.读《资本论》.李其庆,冯文光,译.北京:中央编译出版社,2001:138.

第四章　阿尔都塞对马克思主义哲学的阐发

察它所研究的对象。三是绝对历史主义意味着历史唯物主义决不是一种纯粹的理论思辨，它必然要落实到人的现实生活世界，展现为政治批判、文化意识形态批判，意味着历史唯物主义理论的任务不是要发现某种脱离人的实践的形而上学规律，而是要通过实践改变人的心态，最终形成无产阶级的集体意志，夺取文化意识形态的领导权。基于以上对历史唯物主义的理解，葛兰西反复强调："拿一个极普通的词［历史唯物主义］来说，重音应该放在头一个词——'历史'上，而不是具有形而上学根源的第二个词，这一直被人们所遗忘。实践哲学①是一种绝对的'历史主义'，是绝对的现实主义和世俗思想，是绝对的历史人道主义。"② 葛兰西把马克思主义哲学解释为一种"绝对历史主义"和"绝对人道主义"，其根本目的在于反对当时对马克思主义哲学的机械决定论、经济决定论的理解，指出这些理解的问题不仅在于混淆了"历史规律"与"自然规律"的特殊性，而且没有真正发挥马克思主义哲学的批判价值功能，无法赢得无产阶级的文化意识形态的领导权。阿尔都塞在肯定葛兰西上述命题的积极意义的同时，也批评葛兰西的上述命题是对历史唯物主义理论的曲解。

阿尔都塞肯定葛兰西关于"绝对"的人道主义和历史主义的命题具有批判和论战的性质，主要是批判对马克思主义的一切形而上学的解释，并力图建立以"实践"为基础的马克思主义理论，这一命题虽然具有强调马克思主义理论在现实历史中的实践作用的积极意义，但是也必然存在着下列问题。第一，葛兰西是在受克罗齐理论的影响之下，把马克思主义理论理解为"绝对的历史主义"，其结果是把宗教、意识形态、哲学和马克思主义理论等同起来，没有意识到马克思主义理论同宗教或意识形态之间的断裂，贬损了马克思主义理论的科学性。"葛兰西并没有真正思考旧的宗教或意识形态即便是'有组织'的意识形态同马克思主义之间的'断裂'，这种'断裂'由于葛兰西沉溺于'实践哲学'渗入现实历史的要求和实践条件而消失了。"③ 第二，以葛兰西为代表的理论家对马克思主义理论的历史主义的解释虽然表达了对第二国际马克

---

① 指历史唯物主义。
② 中共中央编译局. 葛兰西文选 (1916—1935). 北京：人民出版社，1992：538.
③ ［法］路易·阿尔都塞，艾蒂安·巴里巴尔. 读《资本论》. 李其庆，冯文光，译. 北京：中央编译出版社，2001：148.

思主义理论的批评和抗议,力图建立马克思主义理论与实践之间的联系。但他们的这种批评和抗议以及力图建立马克思主义理论与实践之间的内在联系的做法并不符合马克思的原意。在阿尔都塞看来,关于理论与实践的关系,马克思主要是从两个方面展开思考的,即一方面通过对意识形态的作用的论述和对意识形态的改造,创立历史唯物主义科学;另一方面创立作为马克思理论"总问题"的辩证唯物主义哲学。历史唯物主义科学承担理论认识的功能,辩证唯物主义哲学则承担理论的实践功能,最终实现理论与实践的内在统一。葛兰西对马克思主义理论的历史主义解读的问题在于只注重了历史唯物主义科学,或者忽视了辩证唯物主义哲学的存在,或者把历史唯物主义科学与辩证唯物主义哲学混为一团。因此,"葛兰西往往倾向于用同一个术语把历史科学理论(历史唯物主义)同马克思主义哲学(辩证唯物主义)统一起来,并把这种统一思考为一种'世界观'或一种总之能够同旧的宗教相比较的'意识形态'"①。阿尔都塞强调,葛兰西的这种对历史唯物主义的历史主义解读的必然后果是,为了马克思的历史理论,而不得不否定马克思主义哲学的存在。第三,阿尔都塞把对葛兰西对马克思主义理论的历史主义解读的批判上升为对从卢森堡、卢卡奇到萨特等所有的历史主义解读的批判,强调这种对马克思主义理论的历史主义解读最终必然会导致人道主义马克思主义理论的出现,只不过与资产阶级的人道主义哲学不同,这是一种"左派"的人道主义理论。这种"左派"人道主义立足于对马克思主义理论的唯心主义和唯意志论解释,把无产阶级看作人的本质的承担者,无产阶级因此承担着把人从异化的生存状态中解放出来的历史使命。阿尔都塞批评上述解读完全不符合马克思创立历史科学时的理论"总问题",他由此系统探讨了马克思的理论"总问题"及其内涵。

3. 阿尔都塞对马克思的理论"总问题"的探寻

阿尔都塞认为,马克思是同资产阶级古典经济学决裂,而创立历史科学的,并由此实现了哲学革命和形成了一种新的哲学理论"总问题"。阿尔都塞正是通过分析马克思与古典经济学的关系,论述马克思是如何通过实现理论的变革,建立新的哲学理论"总问题"的。

---

① [法]路易·阿尔都塞,艾蒂安·巴里巴尔. 读《资本论》. 李其庆,冯文光,译. 北京:中央编译出版社,2001:149.

第四章 阿尔都塞对马克思主义哲学的阐发

阿尔都塞强调只有弄懂马克思自己的论著，认识马克思与其思想先驱的思想的区别，特别是与古典经济学和黑格尔思想的区别，才能真正找到马克思的理论"总问题"。在马克思与古典经济学的思想区别问题上，阿尔都塞主要从二者的研究对象和所使用的术语两方面展开论述。从二者的研究对象上的区别看，古典经济学主要立足于无批判的价值立场，仅仅从数量方面研究既定的经济事实。阿尔都塞指出，古典经济学实际上是把"既定的经济事实"称为"具有同质领域的属性"，并可以对既定的经济事实展开相互比较和精确计算的。而马克思则要求透过既定的经济事实，把握经济事实背后的社会关系，因此，与古典经济学把既定的经济事实看作包含生产、分配、收入和消费在内的具有同质领域不同，马克思"不是在同质的平面空间的无限性中，而是在区域结构所规定的、并且是总的结构的组成部分的特定领域中来说明经济现象的。因此，他把经济现象看作是一个复杂和深刻的空间，而这个空间又是另一个复杂而深刻的空间的组成部分"①。也就是说，如果古典经济学是把经济现象置于机械因果决定关系的平面空间中来探讨经济现象之间关系的话，马克思则是把经济现象看作具有复杂关系的总体，并用生产方式概念说明这些经济现象之间的关系的。从二者使用的术语看，马克思赋予了古典经济学所使用的概念新的内涵，这体现在价值、剩余价值等概念上。古典经济学颠倒生产和分配的关系，看不到分配不仅取决于生产，而且也取决于一定的生产关系，因此他们虽然也提出了"价值"和"剩余价值"的概念，把"价值"看作人的劳动，并在利润和地租意义上谈论剩余价值，但是他们完全脱离一定的生产关系和生产方式谈论"价值"和"剩余价值"的概念，最多只是在抽象的人的需要的前提下谈论生产和分配，因此古典经济学是建立在抽象的人本学基础上的。"政治经济学固有的理论结构就把既定现象的同质空间与那种把它的空间的各种现象的经济性质建立在人即有需要的主体（经纪人的既定存在）基础上的意识形态人本学直接联系在一起了"②。而马克思不仅克服了古典经济学抽象的人本学观念，而且提出了"生产方式"这一决定性的概念，由此他提出了与资本主义生产方式相联系的"价值"和"剩

---

① [法]路易·阿尔都塞，艾蒂安·巴里巴尔. 读《资本论》. 李其庆，冯文光，译. 北京：中央编译出版社，2001：212.

② 同①148.

余价值"概念,强调应当联系生产方式来探讨需要、生产、分配、消费之间的关系:一方面指出人的需要不是抽象的,而是由具体的社会生产所决定的;另一方面强调一定生产关系下的生产决定分配,而不是相反。

基于以上认识,阿尔都塞系统论述了马克思的新发现和理论"总问题"。这一理论"总问题"就是把经济现象看作复杂和深刻的空间与系统,要说明这种复杂性,就必须用生产方式的(总)结构概念来说明经济现象。"因为总结构决定(区域)结构,而这个区域结构作为经济学的对象构成并决定着处于整体结构的特定位置的这一特定区域的现象。从严格意义上的经济学角度来看,构成和决定经济学对象结构的是下述结构,即生产力和生产关系的统一。"① 阿尔都塞强调要思考马克思所发现的理论"总问题"的实质,就必须思考清楚如下问题,即"通过何种概念人们可以思考新的决定类型,也就是刚才论证的由区域结构决定这一区域的现象?更一般地说,用何种概念和何种概念体系人们可以思考结构的各个要素,这些要素之间的结构关系以及这些关系的一切后果由这一结构的作用决定?进一步说,用何种概念和通过何种概念体系人们可以思考从属的结构由支配的结构决定?或者说,如何说明结构的因果性概念"②。对于上述问题,阿尔都塞主要从如下方面做出了回答。

第一,应当坚持马克思所创立的经济结构和生产方式概念,以破除经济主义认识论,从而把握经济现象的本质。阿尔都塞指出,以经济主义认识论为基础的古典经济学把经济学理论看作对经济现象的直接认识,而事实上经济现象的性质不具备直接把握的特点,这就决定了古典经济学的非科学的意识形态性质,也决定了古典经济学不可能建立科学的历史理论。马克思建立了经济结构和生产方式概念,不仅区分了认识对象和实在对象的不同,而且阐明了经济现象是由多种相互联系的结构组成的复杂的系统,在这个复杂的系统中,经济结构具有最终的决定作用,文化意识形态结构具有相对独立性和反作用,从而既能把握经济现象的本质,又为建立科学的历史理论奠定了前提和基础。

第二,由于经济现象的领域不具有无限平面的同质性,这就意味着

---

① [法]路易·阿尔都塞,艾蒂安·巴里巴尔. 读《资本论》. 李其庆,冯文光,译. 北京:中央编译出版社,2001:212.
② 同①216.

第四章 阿尔都塞对马克思主义哲学的阐发

不能像古典经济学那样采用计量研究的方法展开研究，计量研究的方法是一种经验主义和形式主义的研究方法，只适合于具体研究对象，而不适用于理论研究的对象，这是马克思与古典经济学研究方法的根本区别。

第三，由于经济现象是具有复杂结构的整体空间，这种复杂性的特点决定了不能把近代线性因果方法当作研究经济现象的方法。阿尔都塞把近代线性因果方法划分为以笛卡儿为代表的机械决定的因果观和以莱布尼茨为代表的表现性因果观。前者把复杂系统中的现象看作机械决定的，是一种机械决定论；后者则认为复杂系统的各部分是由其内在本原所决定的，是一种历史目的论。上述两种因果观被运用于解释经济现象，只会得出机械决定论、还原论和历史目的论的解释，这也是当时经济决定论和技术还原论的马克思主义理论解释形成的内在理论基础。阿尔都塞强调，马克思的理论"总问题"坚持有机整体基础上的主导性矛盾的决定作用和非主导性矛盾的反作用，因而能够科学地把握经济现象和历史的本质。

基于以上论述，阿尔都塞强调，"我们必须把经济现象看做由（区域）结构决定的，而区域结构本身又是由生产方式的（总）结构决定的。这个要求向马克思提出的问题，不仅仅是科学问题，即属于（一定）科学（政治经济学、历史）的理论实践问题，而且是理论问题或哲学问题……必然影响到现有的科学性和（理论）理性的形式，这些形式在一定的时刻决定着总理论本身，也就是决定着哲学对象"①。他进一步以马克思在《〈政治经济学批判〉导言》和《资本论》等著作中的有关论述为例，具体阐述了他对马克思所发现的理论"总问题"的内涵的理解。

马克思在《〈政治经济学批判〉导言》中曾经指出："在一切社会形式中都有一种一定的生产决定其他一切生产的地位和影响，因而它的关系也决定其他一切关系的地位和影响。这是一种普照的光，它掩盖了一切其他色彩，改变着它们的特点。这是一种特殊的以太，它决定着它里面显露出来的一切存在的比重。"② 马克思这里实际上是强调一个社会

---

① ［法］路易·阿尔都塞，艾蒂安·巴里巴尔. 读《资本论》. 李其庆，冯文光，译. 北京：中央编译出版社，2001：215.

② 马克思恩格斯选集：第 2 卷. 北京：人民出版社，1995：24.

中占统治地位的生产关系决定着生产方式的性质,他的这一思想在《资本论》及其手稿中得到了进一步的发展和深化。这体现在马克思反复强调可以按生产关系和生产方式的性质来划分不同的经济时期。他指出:"不论生产的社会的形式如何,劳动者和生产资料始终是生产的因素。但是,二者在彼此分离的情况下只在可能性上是生产因素。凡要进行生产,它们就必须结合起来。实行这种结合的特殊方式和方法,使社会结构区分为各个不同的经济时期。"①阿尔都塞强调马克思的以上论述肯定从属的生产结构由起支配作用的生产结构决定,在《保卫马克思》一书中他用的是"多元决定",而在《读〈资本论〉》一书中他在肯定这一概念的同时,又指出这一概念是马克思借用精神分析学的结果。阿尔都塞的意思是任何一个社会都是由多种社会结构组成的,其中有一个起主导和支配作用的结构,它归根结底决定了其他社会结构的性质,而从属的社会结构既具有自身的相对独立性,又反作用于起主导和支配作用的社会结构。这就使整个社会不再是经济主义认识论理解的具有同质性的平面空间,而应当是具有复杂结构的异质空间。在这个复杂结构的异质空间中,各种社会结构彼此相互作用、相互影响,其中,经济结构起主导性和支配性的作用,而构成社会整体的各部分、各层次又具有自身的相对独立性。

4. 历史是"无主体的过程"

阿尔都塞在提出马克思主义是理论上的反人道主义、反历史主义的命题时,强调马克思是同近代哲学经验主义认识论的理论"总问题"断裂而实现理论的变革的。他在《保卫马克思》一书中阐述了青年马克思的思想道路问题,特别反对了那种认为马克思是以费尔巴哈哲学为中介,并通过对黑格尔哲学的颠倒而实现理论变革的观点。他指出以上观点实际上把费尔巴哈哲学看作马克思实现理论变革的"助产婆",而"颠倒说"是没有改变黑格尔的理论"总问题"的,只会导致把历史唯物主义理解为一种经济决定论和技术还原论。而在他看来,马克思不仅颠倒了黑格尔哲学,更重要的是改造了黑格尔辩证法的内在结构,形成了不同的矛盾观、社会观和历史观。在他阐发历史唯物主义的内涵与特

---

① 马克思恩格斯文集:第6卷. 北京:人民出版社,2009:44.

第四章 阿尔都塞对马克思主义哲学的阐发

质时,如何处理马克思同近代哲学,特别是与黑格尔哲学的关系,始终是他理论的重点。因此,他反复强调如何认识和处理马克思与黑格尔的关系,关系到如何理解马克思的历史唯物主义的本质。他因此借用列宁的论述来论证他关于马克思与黑格尔关系问题的重要性的观点。"不钻研和不理解黑格尔的全部逻辑学,就不能完全理解马克思的《资本论》,特别是它的第 1 章。因此,半世纪以来,没有一个马克思主义者是理解马克思的!!"[①] 阿尔都塞强调马克思对黑格尔思想的改造和决裂,但这又引发一个问题,即如何解释马克思一再声称自己是黑格尔的学生,并在《资本论》的有关章节中"卖弄起"黑格尔的方法呢?他在《列宁和哲学》和《读〈资本论〉》两部著作中对上述问题展开了进一步的探讨,并提出了马克思对黑格尔思想的继承主要体现在他们都认为"历史是无主体的过程"。

黑格尔把整个世界的运动看作"绝对精神"外化和回归自我的运动过程,这一运动过程遵循着否定之否定的辩证法。也就是说,在黑格尔那里,历史是"绝对精神"遵循自我回归这一目的的辩证运动过程。阿尔都塞由此认为,在黑格尔那里,"历史是没有主体的过程,在历史中起作用的辩证法不是任何主体的作用,无论这主体是绝对的(神)还是仅仅是人类的,历史的起源是已经被推到了历史以前的,因此历史既没有哲学上的起源,也没有哲学上的主体"[②]。"历史"在黑格尔那里是以逻辑为开端,经历自然界并以精神结束的异化过程中的最后一个环节。对于如何理解马克思所说"卖弄起"黑格尔的表达方式的含义,阿尔都塞强调不能把马克思和黑格尔的关系看作批判继承的"颠倒说",他们之间的关系应该是一种"断裂"关系,因为马克思在辩证法的结构、历史观的总体性等方面都不同于黑格尔。马克思所谓"卖弄起"黑格尔的表达方式只能说明马克思从黑格尔那里得到了某些教益,这些教益主要集中于三点:其一,马克思从黑格尔那里接过了"辩证法的观念"。阿尔都塞通过马克思在《资本论》第二版跋中关于辩证法的论述,认为马克思所说的辩证法的突出特点是批判的和革命的,它意味着一切既有的秩序、社会、制度、设施和概念的相对性。其二,马克思和黑格尔都是

---

① [俄] 列宁. 哲学笔记. 中共中央编译局,译. 北京:人民出版社,1956:191.
② [法] 路易·阿尔都塞. 列宁和哲学. 杜章智,译. 台北:远流出版事业股份有限公司,1990:146.

"理论上的反人道主义"。黑格尔对从笛卡儿到康德的资产阶级古典哲学的主体性和人道主义前提,采取了批判的立场。黑格尔批判了近代哲学中和理性主体、经验主体有关的认识论和社会历史哲学,拒绝和主体有关的意识形态哲学。这对青年马克思摆脱"人道主义的"理论总问题起了很大的影响。其三,关键就在于他们都主张历史是一种"无主体的过程"。在黑格尔那里,历史是遵循否定之否定规律的一个有目的的发展过程,但是历史的这种发展并不是以人为主体的,而是绝对精神异化的发展过程。因此在黑格尔那里,"历史是作为没有主体的异化过程或没有主体的辩证过程被思考的。……这个无主体的过程的范畴(当然必须使之从黑格尔目的论的支配下挣脱出来),无疑是把马克思和黑格尔联系起来的最大的理论债务"①。马克思就是接受了黑格尔的"历史无主体"的观念,去掉了黑格尔的历史目的论思想,把它改造成一个科学概念,并运用于《资本论》中,从而得出历史的主体不是人,而是生产关系的结论。

阿尔都塞之所以坚持"历史是无主体的过程"的思想,其根本目的是反对从主体出发解释历史发展的理论人道主义"总问题"。在他看来,如果说人道主义理论"总问题"是用抽象的人、人性、人的本质等这些概念去解释政治和历史的话,马克思则创立了一套新的理论"总问题"代替了人道主义理论"总问题",其核心是拒绝任何人道主义的理论要求,并"制定出建立在崭新概念基础上的历史理论和政治理论,这些概念是:社会形态、生产力、生产关系、上层建筑、意识形态、经济起最后决定作用以及其他特殊的决定因素等"②。在阿尔都塞看来,人在历史发展进程中的作用,取决于生产关系的总体结构,人只是生产关系职能的承担者和执行者,并非真正意义上的主体。因为"生产关系的结构决定生产当事人所占有的地位和所负担的职能,而生产当事人只有在他们是这些职能的'承担者'的范围内才是这些地位的占有者。因此,真正的'主体'(即构成过程的主体)并不是这些地位的占有者和职能的执行者。同一切表面现象相反,真正的主体不是天真的人类学的'既定

---

① [法]路易·阿尔都塞.列宁和哲学.杜章智,译.台北:远流出版事业股份有限公司,1990:127-128.
② [法]路易·阿尔都塞.保卫马克思.顾良,译.北京:商务印书馆,2006:222-223.

存在'的'事实',不是'具体的个体'、'现实的人',而是这些地位和职能的规定和分配。所以说,真正的'主体'是这些规定者和分配者:生产关系(以及政治的和意识形态的社会关系)"①。可以看出,阿尔都塞实际上把人类社会历史划分为不同的社会结构,如经济结构、政治结构、文化结构等,其中经济结构具有归根结底的决定作用,其他社会结构具有自身的特殊效能和对经济结构的反作用。他坚持社会结构决定论,既与他反对人道主义的理论"总问题"这一理论目的密切相关,也与他受西方实证主义研究方法的影响,特别是结构主义研究方法的影响密切相关。

四、阿尔都塞对马克思主义哲学理解的特点与理论得失

在阿尔都塞看来,马克思主义理论遭受着多种理论威胁和挑战。对此他在《列宁和哲学》一书中有过明确的描述,并认为有必要对这些威胁和挑战做出回应。因此,"向那时刻威胁着马克思主义理论、并且今天在深深浸透着它的资产阶级和小资产阶级世界观展开斗争。这种世界观的一般形式是:经济主义(今天的'技术统治')以及'精神补充':伦理唯心主义(今天的'人道主义')。经济主义和伦理唯心主义自从资产阶级产生以来就在资产阶级世界观中一直构成基本的对立面。这个世界观在当前的哲学形式是:新实证主义及其'精神补充':存在主义和现象学的主观主义。人文科学所特有的变种是:称作'结构主义'的意识形态"②。基于以上认识,阿尔都塞的理论主题主要是反对把马克思主义理论人道主义化、实证主义化和政治实用主义化,捍卫马克思主义理论的科学性。具体展开为两方面的内容:一是划清马克思主义理论同资产阶级哲学的原则区别,这就需要阐发历史唯物主义科学的内涵与特质;二是要反对马克思主义理论的政治实用主义化,就必须解决如何理

---

① [法]路易·阿尔都塞,艾蒂安·巴里巴尔. 读《资本论》. 李其庆,冯文光,译. 北京:中央编译出版社,2001:209.

② [法]路易·阿尔都塞. 列宁和哲学. 杜章智,译. 台北:远流出版事业股份有限公司,1990:24.

解马克思主义哲学的意识形态职能的问题。他的《保卫马克思》、《读〈资本论〉》和《列宁和哲学》都是围绕上述问题展开讨论的。具体说，在《保卫马克思》一书中，阿尔都塞理论的主要任务是反对对马克思主义理论的人道主义解读，阐发历史唯物主义科学的内涵与特质；在《读〈资本论〉》一书中，阿尔都塞主要是揭示马克思主义哲学的理论"总问题"；在《列宁和哲学》一书中，除了要解决上述问题，他着重论述的是马克思主义理论的政治意识形态功能。而他解决上述理论问题的理论得失，是由他所持的哲学研究方法所决定的，哲学研究方法论的得失直接决定了他理论探索的得失。

1. 阿尔都塞哲学研究方法论的特点

如前所述，阿尔都塞坚持理论"总问题"研究方法、"征候阅读法"和"意识形态对立论"研究方法。理论"总问题"研究方法强调共时态的研究，忽视和否定历时态的研究，强调研究对象内在结构的性质决定研究对象的性质。而理论"总问题"又隐藏于思想体的深处，不是一目了然的。阿尔都塞由此要求透过理论家著作的文字，运用"征候阅读法"探讨理论家的理论"总问题"。而在阿尔都塞看来，不同的理论"总问题"之间具有不可通约性，存在着质的断裂，这就意味着如何看待和处理不同的理论"总问题"之间的转换必然是一个难题，这也是阿尔都塞无法真正说清楚"青年马克思"和"成年马克思"思想的关系问题的根本原因。阿尔都塞把"科学"与"意识形态"看作具有不同性质的两个理论"总问题"，并把它们绝对对立起来。阿尔都塞上述哲学研究方法论之间存在着内在的联系。具体说：

第一，在阿尔都塞那里，理论"总问题"是支配理论家理论思考的思维方式和思维框架，它不可能从理论家的表面文字中阅读出来，需要深入理论文本的背后予以挖掘，由此他反对"直接阅读法"，主张通过运用"征候阅读法"，把理论文本的文字当作理论"总问题"的征候，通过这些所谓的征候来发现理论家的理论"总问题"。他由此把"直接阅读法"称为经验主义认识论，认为经验主义认识论是整个近代哲学的理论"总问题"。经验主义认识论的理论"总问题"的缺陷在于混淆了认识对象与实在对象、思维具体与实在具体之间的区别，运用这种经验主义认识论来研究马克思主义理论，必然无法区分马克思主义理论同资产阶级哲学的原则区别。

第二，阿尔都塞根据理论"总问题"的不同，把"科学"与"意识形态"绝对对立起来。由于理论"总问题"之间具有不可通约性，这就意味着很难说清楚"意识形态"是如何转换成"科学"的，也使阿尔都塞的理论呈现出某种非理性的武断性和神秘性。

第三，理论"总问题"研究方法、"征候阅读法"、"科学"与"意识形态"对立论三者之间存在着相辅相成的关系。具体说：其一，理论"总问题"和"征候阅读法"之间存在着密切的联系。一方面，阿尔都塞认为理论"总问题"深藏于理论文本的深处，需要用"征候阅读法"挖掘出来，另一方面阿尔都塞又强调"征候阅读法"的运用必须以理论"总问题"为前提，这既显示了二者密切的联系，也体现了阿尔都塞思想内部的矛盾。既然理论"总问题"需要借助"征候阅读法"，而"征候阅读法"又必须以把握理论"总问题"为基础和前提，这种"解释上的循环"显然是令人难以理解和难以成立的。其二，理论"总问题"与"科学"和"意识形态"对立论二者之间存在着紧密的联系。阿尔都塞不仅坚持理论"总问题"研究方法，而且把不同的理论"总问题"之间的关系理解为断裂的关系，而他又断定"科学"是以提供认识为主要任务的理论"总问题"，"意识形态"则是表达一定阶级和利益的"前科学时期"，他对于不同理论"总问题"之间关系的看法势必使他把"科学"与"意识形态"绝对对立起来，这是他理论运思的必然结果。其三，在阿尔都塞所主张的上述三种方法中，理论"总问题"研究方法处于主导和支配地位，"征候阅读法"是以找寻理论"总问题"为目的的研究方法，"科学"与"意识形态"对立论是理论"总问题"研究方法的具体运用。阿尔都塞对马克思主义理论的解读的理论得失本质上是由他所主张的哲学研究方法的得失所决定的。

2. 阿尔都塞的哲学研究方法论的得失及其对他理论建构的影响

阿尔都塞的理论"总问题"研究方法反对对思想家和理论体进行支离破碎的研究，注重把握思想家的思维方式、思维框架和思想体的内在结构，相对于他所批评的过去马哲史研究"未来完成式"的研究方法具有一定的合理性，这是我们应当充分肯定的。但是，他把不同的理论"总问题"看作不可通约的，不同的理论"总问题"之间的转换是一种

"断裂"的关系，实际上把二者机械地对立起来；把这种理论"总问题"研究方法运用于马克思和资产阶级哲学的关系、"青年马克思"和"成年马克思"思想关系的研究中，在正确地划清马克思与资产阶级哲学原则区别的同时，必然导致两个结局：一是无法真正说清楚马克思与近代哲学，特别是同德国古典哲学的关系；二是无法说清楚"青年马克思"和"成年马克思"的思想关系，以及"青年马克思"在马克思思想发展史上的地位。对于第一个问题，阿尔都塞反复强调，近代哲学的理论"总问题"是人道主义、经验主义，而马克思的理论"总问题"是理论反人道主义、反经验主义，因此，在马克思与黑格尔的关系问题上，他反对借助于费尔巴哈唯物主义思想的"助产婆"和"颠倒说"，强调马克思同黑格尔的思想断裂。但是另一方面，在《读〈资本论〉》等著作中，他强调马克思的反经验主义认识论得益于斯宾诺莎。在论及马克思的反经验主义认识论时，阿尔都塞指出，"斯宾诺莎反对应该称之为笛卡儿唯心主义的潜在教条经验主义的东西，他提醒我们说，认识对象或本质，就其本身来说，是与现实对象绝对不同的。用他的著名的话来说，就是不能混淆以下两种对象：作为认识对象的整体的理念和作为现实对象的整体"①。而在论及马克思与黑格尔的关系时，他一方面明确肯定马克思与黑格尔的决裂，但另一方面又说马克思得益于黑格尔的辩证法观念，特别是"无主体的历史过程的思想"。阿尔都塞这些论断就与他的理论"总问题"之间绝对断裂说相矛盾。对于第二个问题，从捍卫马克思主义理论的严密性和科学性这一目的出发，他反对用"青年马克思"的人道主义、异化思想来解释马克思主义，明确肯定马克思是与"青年马克思"思想断裂，而创立历史唯物主义科学的。由于在"青年马克思"和"成年马克思"的关系问题上，阿尔都塞坚持"断裂说"，他既说不清楚"断裂"是如何发生的，也没法说清楚"青年马克思"到底属不属于马克思主义，只是和那些肯定"青年马克思"的人一样，走到了肯定"成年马克思"的另一个极端。而他的"断裂说"本身在他的论述过程中也存在矛盾。因为他明确肯定"断裂期"发生于1845年，而1845—1857年为马克思思想的成长期，1857—1883年为马克思思想的成熟期。而且在《读〈资本论〉》一书中，他甚至提出马克思在创立他

---

① [法]路易·阿尔都塞，艾蒂安·巴里巴尔. 读《资本论》. 李其庆，冯文光，译. 北京：中央编译出版社，2001：36.

第四章　阿尔都塞对马克思主义哲学的阐发

的新的理论总问题之后，由于找不到合适的概念来表达，不得不借用资产阶级哲学和古典经济学的概念来表达，这实际上已经肯定了马克思与前人的思想联系，也说明他所谓理论"总问题"的断裂和突然出现的神秘性和不可操作性。

阿尔都塞提出了"理论实践"的概念，坚持理论生产是在思维领域中展开的，并坚持反经验主义认识论的立场，来论述马克思是如何生产他的理论"总问题"的。由于他把理论生产严格限定在思维领域，这势必会导致他无法说清楚马克思主义理论同实践的关系，他所说的发挥马克思理论"总问题"对于当时工人运动的指导作用，或者必然落空，或者必然突破他对理论生产领域的限定，无法真正正确处理理论与实践之间的辩证关系。

阿尔都塞要求放弃"直接阅读法"，要求透过理论文本的文字，把握理论家理论思考的理论"总问题"和理论思维方式，这对于避免对理论文本支离破碎的理解具有积极的意义。但是，他的"征候阅读法"具有浓厚的神秘性和不可操作性的特点，而且与理论"总问题"方法之间存在一个解释循环的问题，其必然后果是使他对马克思主义理论的解释具有一定的随意性，因此往往不是真正在阐述马克思著作的内涵与意义，而是在利用马克思的著作宣扬阿尔都塞本人的观点。

根据他的理论"总问题"研究方法，他把"科学"与"意识形态"对立起来，由此区分哲学与科学的不同。他看到科学与意识形态的不同、科学与哲学的不同，这是完全正确的，因为科学主要是一种事实判断，意识形态是一种价值判断。在科学与哲学的关系问题上，他一方面强调二者的内在联系，另一方面又要求看到科学与哲学的不同。他强调科学与哲学的不同在于科学有对象和历史，哲学无对象和历史，其根本目的在于一方面强调历史唯物主义科学的出现必然会导致一种新哲学的出现，另一方面又要求区分历史唯物主义科学与辩证唯物主义哲学的不同。他的上述观点是存在问题的。具体说：第一，区分科学与意识形态的不同是完全有必要的，但由此把意识形态看作一种"虚假意识"则是存在问题的。这是因为尽管意识形态是一种价值评价，但意识形态或多或少地要以科学认识为基础，并包含着科学认识。他的失误在于：他把资产阶级意识形态的"虚假性"上升为所有意识形态的"虚假性"，这显然混淆了马克思主义意识形态与资产阶级意识形态的原则区别，也就无法理解他所说的以马克思主义理论为基础的意识形态在工人运动的实践中发挥作用，他所强调的马克思主义理论对于当代工人运动的指导作用必然落空。第二，在科学与哲学的关系问题上，科学诚然与哲学具有明显的区别，但因为这种区别而认为哲学既没有对象也没有历史是难以成立的。哲学的对象本质上就是人与人、人与自然之间的关系；如同科学有自己的历史，哲学同样也有自己的历史。而哲学是意识形态的基础和核心，否定哲学研究对象的存在，也必然会导致意识形态是一种"虚假意识"的结论。

可以看出，阿尔都塞虽然对马克思主义理论研究提出了诸多值得我们认真思考的问题，但由于他在哲学研究方法论上的缺陷，直接导致了他在理论上的矛盾、失误以及神秘性、武断性的特征，而他的这种理论上的矛盾、失误还具体体现在他对马克思主义哲学的解释上。

3. 阿尔都塞对马克思主义哲学理解的特点与缺陷

阿尔都塞强调阐发以实践状态存在的马克思主义哲学的内涵对于当时工人运动的重要性。为了避免马克思主义哲学的政治实用主义化，他立足于反经验主义认识论，强调这种阐发必须被严格限定在思维领域，并由此通过阐发"理论实践"的概念，论述理论生产过程，提出马克思主义哲学是"关于理论实践的理论"，强调马克思主义哲学对于人文科学的一般方法论指导。他这一观点的提出招来广泛的批评，批评的核心是他忽视了马克思主义哲学对工人运动的指导作用，存在着"理论主义"的倾向和错误。面对上述批评，他在《列宁和哲学》等著作中对上述观点提出了修正，强调马克思主义哲学与政治的内在关联，把马克思主义哲学的本质归结为一种不同于单纯提供科学知识的"哲学实践"，并认为马克思主义哲学体现了"理论领域的阶级斗争"，即在理论领域中对世界观进行争夺。从他上述思想轨迹中，我们可以发现，他始终力图在马克思主义理论科学性的基础上，发挥马克思主义理论的意识形态职能，避免对马克思主义哲学的政治实用主义化。限于他的哲学研究方法论的缺陷以及这一问题的复杂性，阿尔都塞并没有很好地解决这一问题，并且他对马克思主义哲学的解读呈现出下列特征和缺陷。具体说：

第一，阿尔都塞反复要求区分历史唯物主义科学与辩证唯物主义哲学的不同，并批评葛兰西的"绝对历史主义"的问题不仅在于采用了近

第四章 阿尔都塞对马克思主义哲学的阐发

代经验主义的理论总问题，而且还在于用历史唯物主义科学代替了辩证唯物主义哲学。从阿尔都塞自己的论述看，他比较清楚地论述了历史唯物主义科学的特征与内涵，但是他不仅对于历史唯物主义科学与辩证唯物主义哲学的区别没有明确的论述，而且对于辩证唯物主义哲学的内涵的论述也较为模糊。根据阿尔都塞的论述，"辩证唯物主义哲学"是马克思的哲学理论总问题，或者是马克思不同于黑格尔的辩证法。阿尔都塞把历史唯物主义科学看作一种理论上的"反人道主义"，是以生产方式为基础和决定因素的"多元决定论"，承担的是认识功能；而他把"辩证唯物主义哲学"则看作一种以"反经验主义认识论"、"反历史主义"和"无主体论"为主要特征和内容的辩证法，承担的是无产阶级争夺世界观的政治功能。阿尔都塞一方面强调历史唯物主义科学引发了辩证唯物主义哲学，另一方面又强调历史唯物主义科学与辩证唯物主义哲学具有根本的区别，并认为在马克思主义理论中，历史唯物主义科学具有更为重要的地位。

上述看法必然引发一系列难以回答的理论问题。具体说：其一，历史唯物主义科学与辩证唯物主义哲学之间是否具有联系。从阿尔都塞的理论运思看，他在《列宁和哲学》《读〈资本论〉》等著作中，实际上认为马克思正是运用辩证唯物主义哲学这一理论总问题，加工古典经济学和法国社会主义理论，最终形成历史唯物主义科学的。他曾经明确指出马克思主义理论就是马克思运用他的理论总问题对英国古典经济学和法国社会主义进行理论加工的结果。但阿尔都塞不仅没有明确论述历史唯物主义科学与辩证唯物主义哲学的联系点在何处这个问题，甚至割裂二者的内在联系来保证马克思主义理论科学性与意识形态职能的关系。他认为历史唯物主义科学只承担科学认识的功能，与意识形态无关；辩证唯物主义哲学的生产过程主要被限定在思维领域，只承担理论领域的意识形态职能，与科学认识无关。他以为这样就实现了他所说的马克思主义理论科学性与意识形态功能的统一，却不知道他的这种统一却正是以割裂二者的内在统一为基础和前提的。其二，他在《列宁和哲学》一书中，强调历史唯物主义是一种以理论形态存在的科学，马克思主义哲学是一种尚待从理论上阐发的以"实践状态"存在的哲学，它们之间既存在着本质的区别，又存在着内在的联系。它们之间的区别主要在于历史唯物主义科学提供科学认识，马克思主义哲学则存在于思维领域，与科学认识无关，仅仅行使着无产阶级争夺哲学世界观的意识形态功能；从二者的联系看，一方面马克思主义哲学依靠历史唯物主义科学的诱发而产生，另一方面它们都共同捍卫唯物主义哲学世界观，为科学的发展提供正确的方向和道路。他的以上论述并没有完成他要挖掘马克思主义哲学理论"总问题"的任务。他反复强调不能混淆历史唯物主义科学与辩证唯物主义哲学的区别，但他在论述事实时并没有做到这一点。他在《保卫马克思》一书中主要论述的是历史唯物主义科学的特征与内涵，指出其特征是理论上的"反人道主义"，其内容则是以生产方式为核心的"多元决定论"；在《读〈资本论〉》一书中，他主要论述的是马克思主义哲学的理论"总问题"，他把马克思主义哲学理论"总问题"的特征描述为理论上的"反经验主义"，而其内容依然被归结为"生产方式起支配作用"，这与他所说的历史唯物主义科学并无本质的区别。因此，他并没有说清楚历史唯物主义科学与辩证唯物主义哲学在理论内容上的区别究竟体现在哪里。其三，阿尔都塞反复要求挖掘和整理出马克思理论思考的理论"总问题"，这种理论"总问题"的特征在他看来就是"反经验主义""反历史主义"，其内涵就是以生产方式为核心的社会结构理论。阿尔都塞之所以秉承上述观点，一个重要的原因在于他提出了"理论实践"的概念。他提出"理论实践"的概念的根本目的是为了说明马克思的理论生产方式和理论生产过程，他把"理论实践"严格限定在思维领域中，并以此为基础提出了"实在对象"和"思维对象"两种对象理论，认为"理论实践"的对象不与真正的"实在对象"产生联系，而与"思维对象"产生联系。这里他所说的"思维对象"实际上就是某种理论认识。换句话说，他眼中的马克思主义理论生产过程不是马克思立足于现实思考的结果，而是对以往的经济理论、历史理论思考的结果。正是在这一基础上，他把那些认为理论是对现实反映的观点称为"经验主义"的观点，并强调马克思理论"总问题"的核心就是与这种"经验主义认识论"告别。他的这种看法与他关于"哲学与科学的区分"的观点相结合，必然无法真正说清楚"辩证唯物主义哲学"的内涵，也无法理解马克思主义理论与实践之间的内在联系。这是因为：既然他的"理论实践"被限定在思维领域，而"辩证唯物主义哲学"是"理论实践"的结果，这就决定了"辩证唯物主义哲学"也只能被限定在思维领域，无法真正与现实发生联系，否则就陷入他所说的"经验主义"的错

第四章 阿尔都塞对马克思主义哲学的阐发

误中,这实际上必然斩断马克思主义理论与实践的真正联系,也使他所说的发挥"辩证唯物主义哲学"对工人运动的指导作用的愿望必然落空;而他在论述关于"哲学与科学的区分"时指出,科学有对象、有历史,而哲学无对象、无历史,这就决定了"辩证唯物主义哲学"也没有对象,也没有历史,这也是他无法真正说清楚"辩证唯物主义哲学"内涵的根本原因,其结果是"辩证唯物主义哲学"被他看作关于"理论实践的理论"和"理论领域的阶级斗争",其功能是在理论领域中争夺世界观。

第二,他反对对马克思主义的历史主义解释,既是他的哲学研究方法论的必然结果,也是建立在误读葛兰西等人的历史主义内涵的基础上的。从他所秉承的哲学研究方法论看,他的理论"总问题"研究方法的基本特点是注重共时态的研究,忽视和否定历时态研究,这是他反复强调社会结构在历史发展过程中的决定作用的深层根源。他在论述马克思的历史观时,反对把"人"的因素看作历史发展的决定性因素,认为"人"不过是生产关系职能的承担者和执行者,历史是"无主体的发展过程",社会生产方式,特别是以生产关系为主要内容的社会结构才是历史发展的决定性因素。既然人类社会历史是由社会结构所决定的,这就意味着历史的发展与变革不过是社会结构的发展与变革,不能立足于历史主义的立场来解释人类社会历史的发展。

从他对葛兰西历史主义的误读看,首先,阿尔都塞要求用理论"总问题"的方式阅读和研究葛兰西的理论。"我反对在任何情况下利用任何口实对葛兰西做直接的、字面上的解释;我只是在他的话起着'有机'概念的明确作用,从而真正成为他的最深刻的哲学总问题的组成部分的情况下理解他的话,而不是在它们仅仅起一种语言的作用,时而是论战的作用,时而是'实践'说明(说明一个问题,一个现存对象或者说明一个为了正确地提出和解决问题而需要明确的方向)的作用的情况下来理解他的话。例如,仅仅根据他对克罗齐的著名评论这一论战性叙述就宣布他是'绝对的''人道主义者'和'历史主义者',这种指责是极不公正的。"[①] 阿尔都塞这段话实际上是反对从字面含义直接阅读葛兰西,也反对只研究葛兰西哲学中的具体问题,而是要求从认识论的视

---

① [法]路易·阿尔都塞,艾蒂安·巴里巴尔. 读《资本论》. 李其庆,冯文光,译. 北京:中央编译出版社,2001:144.

角和理论"总问题"的角度研究葛兰西。其次，阿尔都塞把葛兰西的"绝对历史主义"斥之为革命的人道主义和历史主义，并把卢森堡、卢卡奇、萨特等人也归到这一理论谱系中展开批判，混淆了这一理论谱系中不同理论家之间的理论差异。应该说葛兰西与卢森堡、卢卡奇、萨特等人具有共同点，即都坚持历史主义原则，但他们之间又存在着本质的区别。具体说：卢森堡虽然注重无产阶级的自发性在革命中的作用，但她更加重视对经济必然性的论述；而卢卡奇、葛兰西虽然赞扬卢森堡的自发性思想，但更加重视的是文化意识形态批判，并对卢森堡注重经济必然性的思想提出过批评。葛兰西在批评卢森堡的《群众罢工、党和工会》一书时指出："罗莎的这本书试图从理论上总结1905年的历史经验，不过做得有点仓促，甚至有点肤浅。她在事实上忽略了'志愿'和组织的因素，这些因素在事件进程中流传之广、作用之大远远超出了罗莎本人——由于某种'经济主义'和自发论的偏见——所作的估计。"①因此，如果说卢森堡主要论述的是经济必然性规律的话，那么卢卡奇与葛兰西注重研究的则是文化意识形态等上层建筑相对独立于经济基础的发展规律。阿尔都塞显然只看到了他们坚持历史主义原则的共性，而忽视了他们之间的差别。最后，阿尔都塞错误地把他们之间的理论"总问题"混为一团。卢森堡、卢卡奇、葛兰西等人虽然都坚持历史主义原则，但历史主义原则只是他们的哲学价值取向，而不是他们的哲学理论"总问题"。从哲学理论"总问题"看，卢森堡的理论"总问题"主要是探讨资本主义发展规律的经济必然性，而卢卡奇、葛兰西的理论"总问题"则主要是探讨文化意识形态等上层建筑因素发展的规律，并力图在经济必然性和文化意识形态上层建筑之间实现一种平衡，实现历史主义和人道主义的有机结合。阿尔都塞看不到他们在哲学理论"总问题"上的差别，错误地将他们当作革命的人道主义理论"总问题"进行批判，当然无法说清楚葛兰西的"绝对历史主义"的实质，这就意味着阿尔都塞对葛兰西的两点主要批判无法成立。即一是没有把意识形态与科学区分开来，以至于把宗教也纳入马克思主义的世界观中；二是直接把哲学、政治和历史等同起来，没有从认识论的角度研究它们之间的区别，无法正确地处理理论和实践的辩证关系。

---

① 中共中央编译局. 葛兰西文选（1916—1935）. 北京：人民出版社，1992：416.

第四章 阿尔都塞对马克思主义哲学的阐发

从葛兰西的"绝对历史主义"命题的本义看，葛兰西实际上既坚持了历史唯物主义经济基础决定上层建筑的原理，又坚持肯定历史发展进程中人的主观因素的作用，实现了经济必然性与人的主观能动性二者在历史发展中作用的内在统一。在他看来，实践哲学在当时"受到了双重修正，也就是说，它已经被纳入双重哲学的结合之中。一方面，它的某些要素已或明或暗地为许多唯心主义思潮所吸收（指出克罗齐、金蒂雷、索列尔与伯格森一致的实用主义就足够了）。另一方面，所谓正统派一心想要找到一种哲学，能够按照他们极其狭隘的观点看来是全面而不是'简单地'解释历史，因此，他们自命为正统的，就是把实践哲学与传统唯物主义基本等同起来"①。正因为如此，他始终批判克罗齐哲学的宗教形而上学和主观唯心主义，同时又批评对历史唯物主义的自然科学唯物主义、机械决定论解释。为了避免对实践哲学的唯心主义和传统唯物主义的解释，并说明实践哲学的本性，他把实践哲学称为一种"独创性的"哲学，这种"独创性"不仅"表现在对先前哲学的超越上，而且首先表现在它开辟了一条崭新的道路，使理解哲学的整个方式从头至尾焕然一新"②。而葛兰西在强调人这一主观因素在历史发展进程中的作用的同时，始终强调经济基础的决定作用。这既体现在他如何看待人的本质问题上，也体现在他强调应当如何处理经济基础和上层建筑的关系问题上。具体说：其一，对于什么是人这个问题，葛兰西强调："'人的本性'是'社会关系的综合'这一答案是最满意的，因为他包含着生成的观念：人在形成，他不断地随着社会关系的改变而改变着，他之所以改变是因为他否定'一般的人'"③。他反对把人规定为某种先天的感性或理性本质，而把人放在具体的社会历史中予以考察。其二，葛兰西把如何处理经济基础和上层建筑的辩证关系看作实践哲学提出的最关键问题，如何回答这一问题直接关系到如何处理社会与自然界的关系。对此他强调解决上述问题应遵循马克思在《〈政治经济学批判〉序言》中的两个命题。具体说：一是，人类始终只提出自己能够解决的任务……任务本身，只有解决它的物质条件已经存在或者至少是在形成过程中的时候，才会产生。二是，无论哪一个社会形态，在他们所能容纳

---

① 中共中央编译局. 葛兰西文选（1916—1935）. 北京：人民出版社，1992：538.
② 同①537.
③ [意]安东尼奥·葛兰西. 狱中札记. 葆煦，译. 北京：人民出版社，1983：39.

145

的全部生产力发挥出来以前，是决不会灭亡的；而新的更高的生产关系，在他存在的物质条件在旧社会的胎胞里成熟以前，是决不会出现的。葛兰西认为，"只有在此基础上，才能消灭一切机械论和迷信式的'奇迹'的种种痕迹，也只有在此基础上，才能提出积极政治集团的构成问题，归根到底，也就是伟大人物的历史作用问题"①。其三，葛兰西论述如何处理经济基础和上层建筑的关系时指出，"（1）确定意识形态同基础的区别，并肯定不是意识形态改变基础，而正相反；（2）肯定（预定改变基础的可能性的）一定的政治决定，是'意识形态的'，换句话说，是不足以改变基础的。肯定这种决定没有好处，愚蠢等等"②。可以看出，葛兰西认为经济基础决定上层建筑而不是相反，因此，"基础与上层建筑构成'历史的联合'。换句话说，复杂的、矛盾的、不一样的上层建筑的综合是社会关系总和的反映"③。从以上论述我们可以得出结论：葛兰西的实践哲学所主张的"绝对历史主义"坚持了历史主义与人道主义的内在统一。

第三，阿尔都塞在他的哲学研究方法论的支配下，误读了马克思的历史主义，进而提出了马克思主义是一种"反历史主义"的命题。"历史主义"是18世纪德国浪漫派批判法国启蒙哲学而兴起的一种哲学与文化思潮，其理论先驱是意大利哲学家维科，德国哲学家赫尔德是理论的创立者，其核心论点是强调历史发展的有机联系和连续性，并认为各民族、各时代的历史和文化都是人类实践的产物，都具有其内在价值，是人类历史发展不可缺少的环节。历史主义反对科学主义者把抽象的理性原则强加给历史的做法，认为应当到各民族、各时代的历史文化中去找寻历史发展的统一性和规律。历史主义哲学坚持历史主义原则和个性原则，强调对历史发展的总体理解离不开对各民族、各时代历史和文化多样性的考察，认为每一民族的历史都有一个产生、发展和灭亡的过程，并为其他民族的发展奠定基础。所谓个性原则，就是主张每一民族、每一时代的历史和文化都具有其个性和价值，不能用某种普遍的原则来衡量其价值；所谓历史原则，就是强调只要运用哲学原则，考察各民族、各时代历史和文化的发展，就能揭示人类历史的总体规律。

---

① 中共中央编译局. 葛兰西文选（1916—1935）. 北京：人民出版社，1992：506.
② ［意］安东尼奥·葛兰西. 狱中札记. 葆煦，译. 北京：人民出版社，1983：64.
③ 同②51.

第四章 阿尔都塞对马克思主义哲学的阐发

马克思、恩格斯批判地继承了西方历史主义文化传统，特别是黑格尔的历史主义原则，并具有自己的特质。恩格斯曾经指出：黑格尔哲学的真实意义和革命性质，正是在于"它彻底否定了关于人的思维和行动的一切结果具有最终性质的看法。哲学所应当认识的真理，在黑格尔看来，不再是一堆现成的、一经发现就只要熟读死记的教条了；现在，真理是在认识过程本身中，在科学的长期的历史发展中，而科学从认识的较低阶段向越来越高的阶段上升，但是永远不能通过所谓绝对真理的发现而达到这样一点，在这一点上它再也不能前进一步，除了袖手一旁惊愕地望着这个已经获得的绝对真理，就再也无事可做了。……这种辩证哲学推翻了一切关于最终的绝对真理和与之相应的绝对的人类状态的观念。在它面前，不存在任何最终的东西、绝对的东西、神圣的东西；它指出所有一切事物的暂时性；在它面前，除了生成和灭亡的不断过程、无止境地由低级上升到高级的不断过程，什么都不存在"①。马克思也高度赞扬黑格尔哲学的历史主义原则，马克思在《1857—1858年经济学手稿》中批评资产阶级经济学家们"把资本看做永恒的和**自然的**（而不是历史的）生产形式"②的观点，同时指出他的方法是强调"历史考察必然开始之点，或者说，表明仅仅作为生产过程的历史形式的资产阶级经济，超越自身而追溯到早先的历史生产方式之点。……如果说一方面资产阶级前的阶段表现为**仅仅是历史的**，即已经被扬弃的前提，那么，现在的生产条件就表现为**正在扬弃自身**，从而正在为新社会制度创造**历史前提**的生产条件"③。可见，马克思、恩格斯都是非常重视历史原则的。只不过马克思、恩格斯的历史原则与黑格尔的历史主义原则存在着本质的区别，阿尔都塞的失误正在于混淆了这两种不同的原则。阿尔都塞把黑格尔的历史主义原则理解为把历史看作纵向维度上的同质的连续过程和横向维度上的各要素的同质性的内在统一。阿尔都塞上述对黑格尔历史主义的解读正确地揭示了黑格尔历史主义的以"绝对精神"为本原的唯心主义本质，这种唯心主义的本质决定了黑格尔所谓的历史发展都不过是"绝对精神"这一本质的体现。应该说，阿尔都塞的上述批评有他独特之处。但他由此错误地否定了黑格尔历史主义原则的积极

---

① 马克思恩格斯文集：第4卷. 北京：人民出版社，2009：269-270.
② 马克思恩格斯文集：第8卷. 北京：人民出版社，2009：109.
③ 同②109-110.

方面，并把马克思主义的历史主义与黑格尔的历史主义等同起来，最终为了表明马克思主义超越黑格尔哲学并与之决裂，提出了马克思主义是一种"反历史主义"的命题。事实上，黑格尔的历史主义原则具有合理和积极的地方，对此，马克思、恩格斯反复强调黑格尔哲学的巨大功绩在于其深厚的"历史感"，即突破了近代哲学形而上学的思维方式和观念，把自然界、人类社会和思维看作一个从低级阶段不断向高级阶段发展的过程。与此同时，他们都批判黑格尔历史主义原则的唯心主义性质和由此导致的不彻底性，并改造了黑格尔的历史主义原则。具体说：首先，马克思、恩格斯批判和抛弃了黑格尔历史主义原则的唯心主义思辨性，确立了以唯物主义为基础的历史主义原则。黑格尔的历史主义原则是以"绝对理念"为基础的，是"绝对理念"自我异化、自我回归的发展过程，他所谓的"历史发展"都不过是"绝对理念"自我回归的一个阶段；而马克思、恩格斯的历史原则建立在生产力与生产关系、经济基础与上层建筑矛盾运动的基础上，它们之间的矛盾运动过程体现为人类历史发展的过程。其次，马克思、恩格斯摒弃了黑格尔关于社会结构的"本质切割"的历史时代观。黑格尔把历史理解为在"绝对理念"这一同一本质基础上的历史时代观，这就意味着不同历史时代之间没有本质的区别，都只是"绝对理念"发展的一个阶段，其本质是否定了历史的发展；而马克思、恩格斯则把生产力与生产关系、经济基础与上层建筑的矛盾运动看作历史发展的内在动力，并根据社会生产方式的不同划分不同的社会形态，历史发展就体现为高一级的社会形态代替低一级社会形态的过程，高一级社会形态是对低一级社会形态的"扬弃"，二者具有不同的性质，从而真正体现了历史发展的不同时代。最后，与黑格尔把历史发展看作"绝对精神"的外化、回归自我的封闭发展观不同，马克思、恩格斯把历史看作不同层次的结构有机联系起来的整体，历史发展过程由此呈现为不同层次之间相互作用、相互影响的不断发展的过程，只有把握社会整体的性质和发展趋势，才能真正把握住不同层次、不同结构的性质及其相互关系。

历史主义在揭示人类历史时总是强调个体的和历史的经验的重要性，这就决定了历史主义有可能陷入经验主义和唯心主义的失误中，而阿尔都塞的马克思主义理论的根本目的是捍卫马克思主义理论的科学性与纯洁性，避免马克思主义理论遭受经验主义和唯心主义的影响，这是

第四章 阿尔都塞对马克思主义哲学的阐发

他反对对马克思主义理论的历史主义解释的深层根源,也是值得肯定的。詹明信在《晚期资本主义的文化逻辑》一书中对此指出:"阿尔都塞批判'人文主义',并把早期——人类学的或'存在主义的'——马克思同后期的《资本论》的结构主义和共时性模式的马克思有系统地分离开来,这样做是强有力和及时的;我们可以在现在的语境中重写阿尔都塞的'人文主义'主题,把它看作是对我们的警告,任何关于'人类本性'的人类学和宣言,都毫无例外地属于意识形态领域。"① 但我们也应该指出的是:阿尔都塞关于马克思主义是一种"反历史主义"的命题,一方面建立在混淆马克思、恩格斯与黑格尔的历史主义区别的基础上,另一方面也与他的哲学研究方法论的内在缺陷密切相关。原本历史研究中既需要共时态的结构主义研究法,也需要历时态的历史主义研究法,二者是辩证统一的关系。马克思、恩格斯对人类历史的研究鲜明地体现了这种辩证统一。马克思、恩格斯根据历史主义的研究方法,把人类社会划分为原始社会、奴隶社会、封建社会、资本主义社会和共产主义社会等不同发展阶段,同时,他们又根据结构主义研究方法,强调无论哪种社会形态,都存在着生产力与生产关系、经济基础与上层建筑的生产模式,他们正是把结构分析方法与历史分析方法有机结合,而超越近代哲学和经济学,科学地揭示了人类社会发展的内在规律的。而阿尔都塞的哲学研究方法强调共时态的结构分析方法,排斥和否定历时态的历史研究方法,并把历史研究方法作为一种非科学的经验研究方法加以批判,这就决定了他即便立足于捍卫马克思主义理论的科学性,也必然得出马克思主义是一种"反历史主义"的结论。

---

① [美]詹明信. 晚期资本主义的文化逻辑. 陈清侨,等译. 北京:生活·读书·新知三联书店,1997:165.

第五章 阿尔都塞的意识形态理论

阿尔都塞从理论"总问题"研究方法出发，把"科学"与"意识形态"看作两种对立的理论"总问题"，并把这一原则运用于他的马克思主义理论研究中，指认马克思思想存在着一个从非科学的意识形态时期向科学时期转变的"认识论的断裂"，正是通过这种断裂，马克思创立了历史唯物主义科学，并直接导致了辩证唯物主义哲学的诞生。在这一过程中，阿尔都塞对意识形态的内涵、特点、功能等问题展开了详细的考察，形成了他的系统的意识形态理论。

一、意识形态的内涵与特点

1. 意识形态的内涵

阿尔都塞对意识形态内涵的论述是与他对科学的理解紧密联系的。在他看来，科学的功能就是提供科学知识，而意识形态则表达一定阶级的阶级利益，与科学认识无关。为了阐明"科学"与"意识形态"的区别，阿尔都塞对"科学"的特征做了如下的三点描述。具体说：

第一，科学是对意识形态的否定和抛弃。在论及马克思与黑格尔的思想关系时，阿尔都塞强调流行的"颠倒说"并不能真正把握二者关系的实质。他把黑格尔的理论"总问题"归结为非科学的意识形态，强调马克思正是对黑格尔的意识形态性质的理论"总问题"进行否定和抛弃，而创立历史唯物主义科学的。在他看来，"科学（科学是对现实的认识）就其含义而言是同意识形态的决裂，科学建立在另一个基地之上，科学是以新问题为出发点而形成，科学就现实提出的问题不同于意识形态的问题，或者也可以说，科学以不同于意识形态的方式确定自己的对象。因此，在黑格尔的含义上，科学无论如何都不能被认为是意识形态的真理。如果人们想在这个问题上找到马克思的哲学祖先，那么应该找的是斯宾诺莎，而不是黑格尔。斯宾诺莎在第一类和第二类知识之间建立了一种关系，这种关系的直接含义恰恰是彻底的不连续性（假定把神的总体性取消掉）。尽管第二类知识使人能够懂得第一类知识，但前者不是后者的真理"①。也就是说，就理论"总问题"而言，"科学"绝不是对"意识形态"的简单颠倒，而是根本的否定与抛弃，它们是两种完全不同的理论"总问题"。

第二，科学是在同意识形态不懈的斗争中生存和发展起来的。科学在其产生和发展过程中，必然要受到意识形态的包裹和缠绕，只有同意识形态进行不懈的斗争，科学才能生存和发展。青年马克思正是同包裹和缠绕他的德意志意识形态展开斗争并与之决裂，而创立历史唯物主义科学的。因此，"任何科学在其历史过程中不可能由于上帝的恩典而永远不受唯心主义的威胁和玷污，即不受包括它的各种意识形态的威胁和玷污。我们还知道，纯科学只是在不断清除唯心主义的条件下才能存在，科学只是在不断摆脱那些窥视、袭击和缠绕它的意识形态的条件下，才能成为在历史的必然中的自由科学"②。阿尔都塞以上论述实际上包含了两重含义：一是如果说科学提供科学认识与真理的话，意识形态则相反；二是科学要生存与发展，必须与非科学的意识形态做不懈的斗争。

第三，科学与意识形态不仅是两种不同的理论"总问题"，而且科学认识过程就是不断排除和否定意识形态的过程。由于阿尔都塞把"意识形态"的理论"总问题"归结为经验主义理论"总问题"，其特点是把认识过程看作主、客体之间的相互作用，即认识主体剥离认识客体的非本质部分，揭示本质部分的过程，把认识看作认识主体对客观实在的认识；而"科学"的理论"总问题"则是反经验主义的理论"总问题"，

---

① [法]路易·阿尔都塞. 保卫马克思. 顾良，译. 北京：商务印书馆，2006：66.
② 同①162.

这种反经验主义的理论"总问题"反对把认识看作认识主体对认识客体的抽象，反对把认识看作对客观实在的认识，而是把认识对象规定为具有意识形态性质的理论认识，把认识过程看作不断剔除理论认识中的意识形态因素的过程，认识也不再是客观的实在对象，而是遵循从抽象到具体的认识路线，通过对具有意识形态性质的理论进行加工，形成科学知识的过程。从这个意义上说，科学与意识形态是两种完全不同的认识。

通过对科学与意识形态区别的论述，阿尔都塞把"科学"看作真正的认识和真理，把"意识形态"则看作与科学认识无关的"虚假意识"和表象体系。"意识形态是具有独特逻辑和独特结构的表象（形象、神话、观念或概念）体系，它在特定的社会中历史地存在，并作为历史而起作用"①。正因为意识形态代表特定阶级的愿望和利益，因此其实践和社会的职能压倒了理论和认识的职能。阿尔都塞这里实际上强调了意识形态不具有认识的职能，与科学提供客观的认识不同，意识形态是一种具有阶级属性的"虚假意识"。基于以上对意识形态内涵的理解，他进一步论述了意识形态的特点。

2. 意识形态的特点

阿尔都塞把意识形态看作与科学对立的一种虚假意识，并系统论述了意识形态的五个特点。具体说：

第一，意识形态具有普遍性。阿尔都塞根据马克思、恩格斯关于社会结构可以被划分为经济、政治和意识形态三个领域的论述，指出在任何一个社会中都必然具有意识形态结构。因为意识形态是任何一个社会总体的内在组成部分，即便到了共产主义社会，意识形态或者存在的形式会发生变化，或者以"新科学的世界观""共产主义人道主义"形态存在，但依然需要与共产主义生产方式相适应。只有那些非科学的意识形态性质的世界观，才会设想意识形态会消失，才能想象无意识形态的社会。因此，"意识形态既不是胡言乱语，也不是历史的寄生累赘。它是社会的历史生活的一种基本结构。何况，只有承认意识形态的存在和必要性，才能去影响意识形态，并把它改造成为用以审慎地影响历史发

---

① [法]路易·阿尔都塞. 保卫马克思. 顾良，译. 北京：商务印书馆，2006：227-228.

第五章 阿尔都塞的意识形态理论

展的一个工具"①。

第二,意识形态没有历史。阿尔都塞根据马克思、恩格斯在《德意志意识形态》中批判德国古典哲学的唯心主义和坚持唯物主义的出发点的有关论述得出"意识形态没有历史"的结论。马克思、恩格斯在论述他们的哲学出发点与德国古典哲学的出发点的不同时指出:"德国哲学从天国降到人间;和它完全相反,这里我们是从人间升到天国。……我们的出发点是从事实际活动的人,而且从他们的现实生活过程中还可以描绘出这一生活过程在意识形态上的反射和反响的发展。甚至人们头脑中的模糊幻象也是他们的可以通过经验来确认的、与物质前提相联系的物质生活过程的必然升华物。因此,道德、宗教、形而上学和其他意识形态,以及与它们相适应的意识形式便不再保留独立性的外观了。它们没有历史,没有发展,而发展着自己的物质生产和物质交往的人们,在改变自己的这个现实的同时也改变着自己的思维和思维的产物。"② 阿尔都塞把马克思、恩格斯的上述论述进一步发挥。他指出:"其实,从马克思那段关于真实历史(即上面正文中谈到的'发现')的论述中所得出的结论,是对意识形态历史本身的一种否定。一旦唯心主义的真理固有论被驳倒,意识形态史显然就不能成为自己的认识原则:一旦人们懂得意识形态史只能通过真实历史而得到解释,而真实历史则是从意识形态历史中真实成长,并说明意识形态史的形成、歪曲和调整,人们必定会怀疑意识形态历史的历史价值,并承认这种历史是一钱不值的"③。阿尔都塞在强调马克思、恩格斯断定"意识形态没有历史"的同时,也批评马克思、恩格斯在《德意志意识形态》一书中从实证主义和历史主义的立场出发,把意识形态看作"纯粹的幻想、梦想或虚无。所有意识形态的现实都处在其自身之外。意识形态因而被看作是一种印象的建构。它的理论地位同弗洛伊德以前的作家眼里的梦一样"④。阿尔都塞由此把马克思、恩格斯关于"意识形态没有历史"的论断归结为两种含义:一是把意识形态看作像梦一样虚无的东西;二是意识形态只是对真

---

① [法]路易·阿尔都塞. 保卫马克思. 顾良,译. 北京:商务印书馆,2006:229.
② 马克思恩格斯文集:第1卷. 北京:人民出版社,2009:525.
③ 同①71-72.
④ [法]路易·阿尔都塞. 列宁和哲学. 杜章智,译. 台北:远流出版事业股份有限公司,1990:178.

实历史的黯淡、颠倒的反映,就其自身来说没有自己的历史。阿尔都塞认为马克思、恩格斯的上述论断带有实证主义和历史主义的痕迹,是从否定意义上提出"意识形态没有历史"的论断的,而他则通过借用弗洛伊德的相关命题,从肯定意义上提出"意识形态没有历史"的论断。

弗洛伊德的精神分析学的核心是提出了"意识结构理论"和"人格结构理论"。弗洛伊德在"意识结构理论"中把人的意识结构划分为意识、前意识和无意识三部分,它们共同构成了人的全部精神活动。它们之间的关系可以用一座大海中的冰山来比喻,即:意识是露出海面的部分,它只是这座冰山的一小部分,并不断发生变动;前意识则是海面以下至浅层水域的部分,它伴随着海水的潮涨潮落时而露出海面,时而隐没于海中;无意识是冰山的主体和根基,虽然表面上看不见摸不着,但实际上承载着整个冰山。"无意识"在弗洛伊德那里是被"前意识"压抑的不符合社会道德规范的"意识",它是追求自我满足的各种非理性冲动,并为它以外的因素所决定。阿尔都塞借用弗洛伊德"无意识是永恒的和没有历史"的论断,来论证"意识形态没有历史"的命题。在阿尔都塞看来,如果说弗洛伊德提出了一般无意识的理论,那也应当以此为基础提出一般意识形态理论。"以弗洛伊德是时梦的观念回到我们梦的例子,我可以说,我们的命题是:'意识形态没有历史'能够而且也应该同弗洛伊德关于意识形态是永恒的即没有历史的这个命题直接衔接起来。……我将完全采用弗洛伊德的表述一字不变,并写道:正如无意识一样,意识形态是永恒的。"① 之所以说"意识形态没有历史",是因为正像无意识取决于它以外的因素一样,意识形态也取决于它以外的因素,即取决于一定的生产方式和阶级斗争。

第三,意识形态是一种物质存在。阿尔都塞在肯定意识形态是一种虚假意识的同时,又强调意识形态要发挥其作用,只有具有一定的物质基础支撑,才能保证意识形态的实践功能,因此他所说的意识形态是一种物质存在的含义是,"在讨论'意识形态的国家'机器及其实践的时候我说过,每一种意识形态的国家机器和它的实践都是一种意识形态的实现(这些不同领域的意识形态——宗教、伦理、法律、政治、美学等的意识形态——的统一,是通过它们向占统治地位的意识形态从属来保

---

① [法] 路易·阿尔都塞. 列宁和哲学. 杜章智, 译. 台北: 远流出版事业股份有限公司, 1990: 180.

证的)。我现在回头谈这个论点：意识形态总是存在于一种机器及其实践或其各种实践中。这种存在就是物质的"①。可以看出，阿尔都塞所说的意识形态是一种物质性存在，并非是指通常意义上的物质存在，而是指一种物质性的实践。在阿尔都塞看来，意识形态本质上表现的是人们对现实生活的一种歪曲的印象，其内容则取决于人们对其生存状态的印象关系，而这种印象关系本身就是一种物质存在。也就是说，作为虚假意识的意识形态，总是必须以一定的物质存在为基础和前提，才能真正发挥作用。阿尔都塞由此具体论述了意识形态发生作用的物质基础。

在他看来，假如一个人信仰上帝，或者天赋，或者正义，等等，这些信仰本质上是个人把意识形态归结为某一种精神存在或某种观念，由此决定了个人在现实生活中的自由选择和行为举止。假如一个人信仰上帝，他就会去教堂做诸如弥撒、祷告等必要的仪式，并按宗教的要求在生活中向善；假如一个人信仰天赋，他便会按照天赋的要求在生活实践中树立与天赋相应的生活态度；假如一个人信仰正义，他就会无条件地在生活实践中要求遵守法律、法规，并在这些法律、法规遭到破坏时提出抗议，签名游行或示威。"意识形态就会让主体的其他观念和它所履行的行动配合一致（不管是行为多乖张）。……这些实践在意识形态机器的物质实践里头，是受到把这些实践写进去的各种仪式所支配。哪怕这些仪式只是意识形态机器的一小部分，例如一座小教堂一次小规模的望弥撒、一次葬仪、某个体育俱乐部的一次小比赛、一个上课天上课、一次政党的会议等等。"② 也就是说，信仰什么样的意识形态，就会在现实生活中采取哪一种生活态度。而上述一切由意识形态所支配的实践活动都有它应当具备的物质基础。

第四，意识形态具有想象性与强制性。所谓想象性，是指意识形态并非是人们对客观世界的科学认识，而是人们在想象中对人类同世界关系的一种体验。在这种体验中，既存在着人们对自己生存方式的真实体验，又存在着人们对自身生存方式的想象。"意识形态是人类依附于人类世界的表现，就是说，是人类对人类真实生存条件的真实关系和想象关系的多元决定的统一。在意识形态中，真实关系不可避免地被包括到

---

① [法] 路易·阿尔都塞. 列宁和哲学. 杜章智，译. 台北：远流出版事业股份有限公司，1990：184.

② 同①186.

想象关系中去,这种关系更多地表现为一种意志(保守的、顺从的、改良的或革命的),甚至一种希望或者留恋,而不是对现实的描绘。"① 所谓强制性,是指意识形态是统治阶级强加给人们的一种意识,统治阶级的这种强加是人们无法选择和拒绝的。"意识形态是个表象体系,但这些表象在大多数情况下和'意识'毫无关系;它们在多数情况下是形象,有时是概念。它们首先作为结构强加于绝大多数人,因而不通过人们的'意识'。它们作为被感知、被接受和被忍受的文化客体,通过一个为人们所不知道的过程而作用于人。"②

第五,意识形态具有阶级性与实践性。阿尔都塞强调,意识形态在阶级社会中代表着占统治地位的阶级的根本利益,是"统治阶级根据自己的利益调整人类对其生存条件所必需的接力棒和跑道。在无阶级社会中,意识形态是所有人根据自己的利益体验人类对其生存条件的依赖关系所必需的接力棒和跑道"③。而意识形态又具有实践功能压倒理论功能的特点,在一个社会中,任何人的实践活动都是在一定的意识形态环境中展开的,离开了一定的意识形态条件,人们的实践活动就无法展开。

阿尔都塞在论述了意识形态的内涵与特点之后,进一步论述了意识形态的功能,强调了意识形态对人的社会角色的培养作用,并最终提出了"意识形态国家机器"的概念和理论。

二、意识形态的功能

在阿尔都塞那里,"意识形态"是代表和维护统治阶级利益的工具,其实践职能压倒理论职能。阿尔都塞在《保卫马克思》一书中,主要强调的是培养以服从统治阶级利益和愿望为目的的人们对外部世界的一种"体验关系";在《列宁和哲学》一书中主要强调的是对"主体"的建构和资本主义生产关系的再生产功能,实现资本主义生产关系再生产的载体和工具就是"意识形态国家机器"。

---

① [法]路易·阿尔都塞. 保卫马克思. 顾良,译. 北京:商务印书馆,2006:230.
② 同①229.
③ 同①232-233.

第五章　阿尔都塞的意识形态理论

1. 意识形态提供人们对于外部世界的一种"体验关系"

在阿尔都塞看来，意识形态虽然属于意识的范围，但却是社会结构强加给个人的，人们只能被动接受它，呈现出"无意识"的特点。因此，意识形态虽然属于意识的范围，但大多数情况下却是一种"无意识"。既然意识形态是一种"无意识"，又为何说它与人的意识有关呢？阿尔都塞强调这主要是指两层意思：其一，是为了把意识形态与社会的其他领域，如经济领域区分开来；其二，人类需要依赖意识形态，并在意识形态中体验自己的行动，也即是马克思所说的人们总是在意识形态中认识自己在世界和历史中的地位，这些被体验到的行动一般又被归结为"意识"。阿尔都塞由此强调，意识形态表征的是人类与人类世界之间的"体验"关系，这种"体验"关系是在"无意识"的条件下以"意识"的形式出现的。

阿尔都塞进一步指出，由于意识形态本质上是一种不同于科学的"虚假意识"，这就意味着它并不能真实反映人类同自己生存条件之间的关系，只能说是对这些生存条件进行体验的一种方式，是一种想象的关系，它表达的是人们的一种希望或留恋，并不是对现实的真实描绘。阿尔都塞把意识形态分为宗教意识形态、伦理意识形态、法律意识形态和政治意识形态等，并把它们看作不反映真理的世界观，但他同时又强调应当在"承认这些世界观不符合现实，即承认它建构一种幻想时，我们也承认，它们确实涉及到现实，如果要挖掘出这个世界的意识形态印象展现后面的这一世界现实，只需要对这些意识形态加以'解释'（意识形态＝幻想/暗示）"①。也就是说，意识形态本质上是对人类与世界关系的一种想象，但是又包含人类同自己生存条件的真实关系，只不过这种真实的关系为想象的关系所包裹，因此意识形态是人类对自身生存条件的想象和人类与自身生存条件的真实关系的内在统一。那么，为什么人们需要用想象的关系把这种真实的关系包裹起来呢？阿尔都塞认为在马克思历史唯物主义科学产生之前，对于上述问题有两种答复。

第一种答复产生于18世纪，这一答复的核心是把想象的关系归结为神甫与专制君主的需要。神甫与专制君主相互配合，制造了种种服从

---

① ［法］路易·阿尔都塞. 列宁和哲学. 杜章智，译. 台北：远流出版事业股份有限公司，1990：181.

上帝旨意的神话和谎言，使人们习惯于服从神甫与专制君主的统治。与专制君主相关的所谓理论家，出于专制统治的需要，就必然对真实的存在进行掩盖，进而形成一种掩盖真实存在的想象的意识形态。第二种答复是青年马克思所接受的费尔巴哈的答复。这种答复在阿尔都塞看来依然是错误的。因为这种答复不再在神甫与专制君主身上找原因，而是把掩盖人类同自身的真实关系的原因归结为人的本质的异化。青年马克思接受了费尔巴哈的观点，在《1844年经济学哲学手稿》一书中提出了"劳动异化"的观点，并以此批判资本主义社会的异化。阿尔都塞肯定上述两种答复都揭示了意识形态是在想象中反映人们的真实世界这一事实，但又指出它们并没有真正揭示意识形态歪曲反映人类同世界真实关系的实质，需要运用马克思主义的相关论述揭示意识形态中的想象关系的形成基础与实质。

阿尔都塞指出，在马克思主义看来，个人在生产、剥削、镇压、理论实践和科学实践中的真实状况，归根结底取决于生产关系以及由生产关系所派生的关系的状况。如果我们承认这一点的话，意识形态中的想象关系的本质就"不是现存的生产关系（及其次生的其他关系），而主要是个人同生产关系及其次生的各种关系的那种（印象）关系①。因此，在意识形态中展现的不是支配人存在的那些真实关系的体系，而是那些个人同他们所处的真实关系的这一印象关系"②。也就是说，意识形态的本质表征的不是个体与其生存状况的真实关系，恰恰相反，它表征的是个体与其生存状况的虚假关系，它本质上是由代表社会中一定集团利益的一群人故意制造出来的。因此，可以说，意识形态在阶级社会中正是通过这种想象关系成为支配人们行动和意识的工具和手段的，通过意识形态的能动作用，人们还自以为自己是意识形态的主人。阿尔都塞由此具体分析了资产阶级意识形态是如何通过想象的关系来支配和控制人们的意识和行动的。

资产阶级意识形态的核心是平等、自由和理性的人道主义，这原本表达的是新生的资产阶级的愿望和权利。但是为了争取所有人加入反封建的阵营中，资产阶级意识形态把自身的愿望和权利塑造成所有人的愿

---

① 指想象关系。
② ［法］路易·阿尔都塞. 列宁和哲学. 杜章智, 译. 台北：远流出版事业股份有限公司, 1990：183.

望和权利,而其实质是要建立一种新的剥削和奴役人的制度。资产阶级之所以向人们宣扬这种意识形态,既与他们自己相信上述神话有关,也在于他们认识到通过宣扬上述神话,能够对自己和他人产生影响,以便完成资产阶级的历史使命。阿尔都塞以资产阶级意识形态中所宣传的"自由"为例说明他的观点。在他看来,资产阶级意识形态所宣扬的"自由"是真实关系和想象关系的统一。所谓真实关系表示的是资产阶级享有自由经济的权利;所谓想象关系是指所有人都是自由的,只不过真实关系为想象关系所包裹。资产阶级意识形态之所以宣扬"自由",一方面是为了利用"自由"来欺骗被统治阶级,使被统治阶级屈服于资产阶级意识形态;另一方面是资产阶级需要通过剥削被统治阶级来体验他们的自由。资产阶级意识形态正是通过这种被统治阶级对资产阶级意识形态的依附,维系其政治统治的。因此,"在阶级社会里,意识形态能动地作用于统治阶级本身,促使其改造并有助于改变其态度,从而使统治阶级适应其真实的生存条件(例如法律自由);显然,为了培养人、改造人和使人们能够符合他们的生存条件的要求,任何社会都必须具有意识形态"①。

2. 意识形态具有建构主体的功能

阿尔都塞强调,意识形态与人类个体之间存在着彼此相互依赖的关系。也就是说,个体的存在不能没有意识形态,而意识形态要发挥作用,也必须通过个体才能实现,这种作用主要体现为把个体建构成某种主体。"除非通过主体和因为主体,否则就没有意识形态……这个意思是说:除非因为具体的主体否则就没有意识形态,而且意识形态只有通过主体,才能达到这个目的。这个意思也是说,只有通过主体的范畴及其作用,意识形态才能达到这个目的。"② 因此,在意识形态和个体之间存在着一种双向作用的关系。一方面主体范畴是构成意识形态的基础和前提,另一方面意识形态只有作用于主体,才能真正发挥其功能。阿尔都塞由此宣称,人自发地或自然地生活于意识形态中,人在本质上是一种意识形态的动物。他用两个通俗的例子进一步说明他的上述思想。

---

① [法] 路易·阿尔都塞. 保卫马克思. 顾良,译. 北京:商务印书馆,2006:232.
② [法] 路易·阿尔都塞. 列宁和哲学. 杜章智,译. 台北:远流出版事业股份有限公司,1990:188.

阿尔都塞的第一个例子是假定我们每个人都有朋友,当他们来敲门,我们会隔着门问:"谁呀?"他们往往答应说:"是我。"因为他们的答应明显,我们打开门,果然真是"他"或"她"。第二个例子是我们在大街上认出我们以前的朋友时,我们会以"老友你好"与他打招呼,并握手致意。我们就是通过这些日常生活中的意识形态实践,来保证我们是不可替代的、具体的、个别的和可识别的主体。因此,主体是构成意识形态的基本范畴,而意识形态的功能是把具体的个人建构为主体。"一切意识形态都是通过主体范畴的作用,把具体的个人呼叫或建构成具体的主体的。"① 阿尔都塞借助拉康的精神分析学的镜像理论,进一步分析了意识形态发挥其作用的具体机制。

在阿尔都塞看来,一切意识形态都要通过主体而发挥功能,但传统的主体性理论只能导致先验的主体的幻想,因而必须寻找一种新的主体性理论作为意识形态发挥其功能的基础,阿尔都塞在《列宁和哲学》一书中盛赞了拉康提出的"回到弗洛伊德"的口号,并对精神分析学重新思考,提出了拉康以精神分析学为基础的镜像理论和主体性理论正好可以作为寻找新的主体性理论的理论资源,这成为他研究意识形态问题的出发点。拉康的镜像理论认为,由于小孩在18个月前的婴儿期运动无力,处于对大人的依赖期,因而"把他的镜中映像喜洋洋地归属于自己,这好像在典型的情景中展示象征母体。'我'被在其中以一种原始的形式扔了下来,还没等它在与他者认同的逻辑论证中被客观化,还没等语言将它在一般概念上作为主体的功能归还给它"②。这实际上是说小孩把在镜子中对自己身体形象的自恋当作一个完整的自我,这本质上是一种"虚幻的自我"。问题在于人在孩提时候的这种镜像经验会影响成年后对世界和他人关系的认同。也就是说,人们会利用"想象"来处理不同主体之间或主体与事物之间的不切实际的认同关系。阿尔都塞正是利用拉康镜像理论中的想象理论来阐明意识形态建构主体的具体机制的。

在阿尔都塞看来,意识形态的镜像结构具有把个体建构为主体的功能,因为意识形态就是与主体紧密联系,并为主体制造出来的。"只有

---

① [法]路易·阿尔都塞. 保卫马克思. 顾良, 译. 北京: 商务印书馆, 2006: 191.
② [斯洛文尼亚]斯拉沃热·齐泽克, [德]泰奥德·阿多诺, 等. 图绘意识形态. 方杰, 译. 南京: 南京大学出版社, 2002: 124.

第五章 阿尔都塞的意识形态理论

在一切意识形态具有把具体的个人'构成'主体的这一作用（作用规定了意识形态）这个范围内，主体范畴才构成一切意识形态。一切意识形态的作用都存在于这种双重构成的相互作用里，意识形态什么都不是，意识形态只是以产生作用的物质存在形式出现的意识形态的作用而已。"① 阿尔都塞进一步指出，"你""我"这些主体范畴在意识形态中是"显而易见"的，所谓"显而易见"在阿尔都塞看来就是不做反思的意思，这恰恰是意识形态所具有的建构和识别功能。也就是说，承认我们是主体，意识形态实践则通过赋予我们具体、独特和可区分的特性，把我们建构成为某种具体的主体。只不过从科学意义上说，意识形态的这种识别功能不同于科学认识，它承认的只是"赋予我们关于我们不断地（永恒地）进行意识形态承认的实践这种'自觉'（它的意识，即它的承认）而已，却绝对没让我们有这种认识机制的（科学）知识"②。虽然如此，意识形态的识别机制却能够让我们以主体的形式保证日常生活实践的顺利进行。

在阿尔都塞看来，一切意识形态都是通过主体范畴把具体的个人的"召唤"（呼叫）和"质询"建构为具体的主体，从而与别的主体区分开来的。"一切意识形态都是通过主体范畴的作用，把具体的个人呼叫或建构成具体的主体的。"③ 阿尔都塞这里所说的"召唤"和"质询"就是指"意识形态是通过我称之为建构或呼叫以及按照日常最琐碎的警察（或其他人）呼叫：'喂！喂！'的方向可以想象的那种非常紧密的操作，利用在个人当中'招募'主体（招募所有的个人）或者把个人'改造'成主体（改造所有的个人）的这一方式来'行动'或'产生作用'的"④。可以看出，阿尔都塞所谓的意识形态的"召唤"机制实际上就是指意识形态通过与个体对话、打招呼等方式来建构具体的主体。在肯定意识形态通过对具体个人的召唤和质询使之成为具体的主体的同时，阿尔都塞进一步强调意识形态的镜像结构，它在把个体"召唤"为主体的同时，也会使个体变成"属民"，其结果是主体在被建构出来的同时，又从属于更大的主体，主体之间普遍承认和彼此绝对担保，正是通过这

---

① [法]路易·阿尔都塞. 列宁和哲学. 杜章智，译. 台北：远流出版事业股份有限公司，1990：189.

②③ 同①191.

④ 同①191-192.

种镜像复制，保证了占统治地位的意识形态的统治，并使得被统治阶级臣服于统治阶级的意识形态之下，这就是意识形态发挥其职能的具体机制。"意识形态复制的镜像结构同时保证：（1）把'个人'建构成主体；（2）主体从属于大的主体；（3）主体和大的主体互相承认，主体和主体彼此承认，以及最后是主体承认他自己；（4）这种绝对的保证：事事都是如此，而且在主体承认他们是什么，按照这样来行事的条件下，绝对保证凡是一切都会顺利：阿门——'就那样吧'。"① 需要指出的是，阿尔都塞这里所说的"主体"具有其独特的内涵。在阿尔都塞看来，"主体"（subject）一词具有两重含义，具体说：第一，表示的是一种自由的主体性、主体性行动的中心、行动的主人和负责其行动的人；第二，表示的是一个已经从属了的存在物，他从属于上级机关，因此除了接受奴役的自由外再也没有任何自由。因此，在阿尔都塞那里，"主体"这一概念表达的是自由和从属二者的有机统一，这突出反映了意识形态的建构功能。具体说，意识形态把个人建构成为自由的主体，而这种自由的主体应当从属于更大的主体的旨意，主体的这种自由主要体现在它能够依据更大的主体的旨意来行动。因此，所谓主体的自由本质上不过是摆出自由的姿态而已，并没有真正意义上的自由。"在绝大多数情况下，主体都'是自己做出来'的，只有个别的'坏的主体'是例外，他们往往引起（镇压性的）国家机器的某个镇压部门介入。但绝大多数的'好的主体''全部都自己'做的不错，就是说都按照意识形态的方式（其具体形式在意识形态的国家机器中得到实现）做的不错。他们都被放进由意识形态国家机器的仪式所支配的实践中。"② 意识形态的职能不仅在于使个体培育在虚假的自由意识下的服从的价值观和行为模式，而且还在于意识形态能够进行生产关系的再生产。为了更好地说明这一点，阿尔都塞提出了"意识形态国家机器"的概念与理论。

三、"意识形态国家机器"的概念与理论

"意识形态国家机器"是阿尔都塞基于对马克思主义国家观和当代

---

①② ［法］路易·阿尔都塞. 列宁和哲学. 杜章智，译. 台北：远流出版事业股份有限公司，1990：198.

资本主义国家意识形态功能的分析，提出的具有原创性的概念。基于这一概念，阿尔都塞把国家机器划分为"镇压性国家机器"和"意识形态国家机器"两部分内容。他的"意识形态国家机器"的概念和理论极大地丰富和发展了马克思主义的国家理论，并深化了当代意识形态理论研究。

1. 对马克思主义国家理论的批判性分析

在国家的起源和本质问题上，马克思主义经典作家反对资产阶级抽象的契约论国家观，强调国家是生产力发展到一定历史阶段的产物，是在解决不同阶级经济利益冲突的过程中形成和发展的。因此，他们坚持把国家看作统治阶级维系其统治的工具，秉承一种工具论的国家理论。对此，阿尔都塞指出，马克思主义经典作家在《共产党宣言》《德意志意识形态》《路易·波拿巴的雾月十八日》《国家与革命》等著作中，明确把国家规定为镇压性的机器。他们这里所说的"国家机器"主要是指警察、法庭、监狱、军队等。马克思、恩格斯在《共产党宣言》一书中肯定国家是生产方式和交换方式发展的产物，也强调"现代的国家政权不过是管理整个资产阶级的共同事务的委员会罢了"[①]，并强调所谓国家本质上是"一个阶级用以压迫另一个阶级的有组织的暴力"[②]。他们在《德意志意识形态》一书中进一步强调"国家不外是资产者为了在国内外相互保障各自的财产和利益所必然要采取的一种组织形式。……国家是统治阶级的各个人借以实现其共同利益的形式，是该时代的整个市民社会获得集中表现的形式，所以可以得出结论：一切共同的规章都是以国家为中介的，都获得了政治形式"[③]。马克思在《路易·波拿巴的雾月十八日》一书中强调了国家权力机关与阶级利益的一致性。马克思指出，波拿巴借助当时群众反对资产阶级共和派专制统治的不满而窃取了国家的行政权力。资产阶级的议会与资产阶级的利益的疏离，导致了议会与行政权的公开决裂，议会由此"被自己的阶级、军队以及其余各阶级所抛弃"[④]。列宁在《国家与革命》一书中肯定国家是阶级统治的

---

① 马克思恩格斯选集：第1卷. 北京：人民出版社，1995：274.
② 同①294.
③ 同①132.
④ 同①670.

工具的同时，也强调无产阶级的最终使命是消灭国家，只是消灭国家只能在共产主义的高级阶段实现。"国家完全消亡的经济基础就是共产主义的高度发展，那时脑力劳动和体力劳动的对立已经消失，因而现代社会不平等的最重要的根源之一也就消失，而这个根源光靠把生产资料转为公有财产，光靠剥夺资本家，是决不能立刻消除的"①，只能靠劳动生产率的提高和人们思想境界的极大提高才能实现，这是一个相当长的历史发展过程。阿尔都塞由此把马克思主义经典作家的国家理论总结为如下要点：第一，国家是镇压性的国家机器；第二，国家权力和国家机器必须区分开；第三，阶级斗争的目的在于争夺国家权力，即拥有国家权力的阶级或一些阶层的联盟根据其阶级目标争夺国家机器的使用权；第四，无产阶级为了摧毁现存的资产阶级国家机器必须夺取国家权力，并用一种新的国家机器取而代之，最终消灭国家权力和国家机器。阿尔都塞强调马克思主义的国家理论虽然抓住了国家的本质，但依然是一种描述性的理论，需要做进一步的补充，使之真正成为理论本身。

　　阿尔都塞补充马克思主义国家理论的出发点是重新反思马克思的"社会整体"概念和再生产理论。在他看来，马克思的"社会整体"概念的核心是把每个社会的结构看作由生产方式衔接在一起的多层次因素所构成的经济基础和上层建筑领域，而上层建筑又包括政治法律制度和意识形态两个不同的层次。也就是说，马克思对社会结构的特征用了一个隐喻的说法，即如果把社会结构看作一座大厦，经济基础是这座大厦的基础，在经济基础之上耸立着政治法律制度和意识形态两个上层建筑。马克思用的这个隐喻主要表明两个意思：一是经济基础具有归根到底的决定作用，上层建筑的有效性是由经济基础的有效性所决定的；二是上层建筑具有相对独立性和反作用。阿尔都塞认为，马克思用的"大厦"这个隐喻的巨大优点在于："它既显示了决定作用（或有效性标志）是个关键性问题，又显示了正是基础归根到底决定整个大厦。结果它使我们必须提出关于上层建筑特有的'次生'有效性类型的理论问题。"②正是对上层建筑相对独立性问题的思考使阿尔都塞在肯定马克思上述"隐喻"优点的同时，也强调马克思的理论依然是描述性的，而没有达

---

① 列宁专题文集：论社会主义. 北京：人民出版社，2009：36.
② [法] 路易·阿尔都塞. 列宁和哲学. 杜章智，译. 台北：远流出版事业股份有限公司，1990：158.

到理论本身。他由此提出应当以马克思的再生产理论为出发点，思考上层建筑的相对独立性与作用的问题。

马克思在《资本论》中提出了揭示资本主义经济运行规律的再生产理论。马克思把资本主义生产过程划分为生产、分配、交换和消费四个环节，强调要确保资本主义再生产的顺利展开，不仅需要生产资料的再生产和劳动力的再生产，而且需要生产关系的再生产。生产资料的再生产主要是要保证资本主义再生产的物质条件，劳动力的再生产则既包括劳动技能的再生产，还要求把工人对资本主义生产秩序的顺从态度生产出来。阿尔都塞强调，这既需要国家权力机关做保障，也需要国家的意识形态发挥作用，由此阿尔都塞把国家划分为"镇压性国家机器"和"意识形态国家机器"两部分，并对它们的功能与关系进行了系统的考察。

2."镇压性国家机器"与"意识形态国家机器"的概念及其区别

阿尔都塞强调，事实上马克思主义经典作家已经对国家的本质这个问题和领域有所思考，但他们从理论上思考的主要是"镇压性国家机器"的问题。在他们眼里，所谓"镇压性国家机器"，主要是指执行国家暴力职能的政府、军队、警察、监狱和法庭等，阿尔都塞认为这是马克思主义经典作家关于国家本质的规定。"马列主义国家'理论'以这种形式表述是抓住了问题的要点，任何人在任何时候也不可能不意识到这的确是问题的要点。这个把国家明确地表述成是资产阶级及其同盟者在反对无产阶级的阶级斗争中，'为了统治阶级的利益'而进行镇压和介入的一种力量的国家机器，确实是道地的国家，而且确实道地地表明了它的基本'作用'。"① 但阿尔都塞认为，还需要把马克思主义经典作家在政治实践领域中关于"意识形态国家机器"的问题从理论上整理出来，并把它增添到国家理论中，才能使马克思主义的国家理论构成完整和科学的理论。由此，阿尔都塞把"意识形态国家机器"看作"一些以独特和专门机构的形式呈现在直接观察者面前的现实。……我们暂时还是可以把下述机构看成是意识形态的国家机器（我列举的次序没有任何特别意义）：宗教的意识形态国家机器（各种教会体系），教育的意识形

---

① ［法］路易·阿尔都塞. 列宁和哲学. 杜章智，译. 台北：远流出版事业股份有限公司，1990：159-160.

态国家机器（各种公私立'学校'的体系），家庭的意识形态国家机器，法律的意识形态国家机器，政治的意识形态国家机器（包括不同政党在内的政治体系），工会的意识形态国家机器，传播的意识形态国家机器（出版物、广播和电视等），文化的意识形态国家机器（文学、艺术、体育等）"[①]。阿尔都塞进一步论述了"镇压性国家机器"与"意识形态国家机器"之间的区别。具体说：

第一，镇压性国家机器是一个有组织的整体，它的不同部分接受拥有国家权力的统治阶级的支配，其统一性由中央集权组织所保证；而意识形态国家机器则是多样的、不同的和相对独立的，只不过众多的意识形态国家机器不是一眼就能看出来的，其统一性由占统治地位的意识形态所保证。

第二，镇压性的国家机器完全属于公共领域，而绝大部分意识形态国家机器却属于私人领域。阿尔都塞指出，在马克思主义理论家中只有葛兰西明确指出了这一点。葛兰西的政治哲学明确把国家划分为"政治社会"和"市民社会"两部分，"我们目前可以确定两个上层建筑'阶层'，一个可称作'市民社会'，即通常称作'私人的'组织的总和，另一个是'政治社会'或'国家'。这两个阶层一方面相当于统治集团通过社会行使的'霸权'职能，另一方面相当于通过国家和'司法'政府所行使的'直接统治'或管辖职能。这些职能都是有组织的、相互关联的"[②]。他进一步明确指出："国家＝政治社会＋市民社会，换言之，国家是受强制盔甲保护的领导权"[③]。葛兰西所说的"政治社会"主要是指国家的暴力专政机关，包括军队、警察、监狱等国家权力机构，属于社会的公共领域；葛兰西所说的"市民社会"则主要是指民间的社会组织机构，代表社会舆论，它通过民间社会组织，如政党、学校、教会、学术文化团体等，向人们传播本阶级的价值观体系，以获得群众的认同和忠诚，属于社会的私人领域。阿尔都塞根据葛兰西的论述进一步指出：公共领域和私人领域的区分是资产阶级法律的一大特点，这种区分

---

① [法] 路易·阿尔都塞. 列宁和哲学. 杜章智, 译. 台北：远流出版事业股份有限公司，1990：164.

② [意] 安东尼奥·葛兰西. 狱中札记. 曹雷雨, 等译. 北京：中国社会科学出版社，2000：7.

③ 中共中央编译局. 葛兰西文选（1916—1935）. 北京：人民出版社，1992：443.

第五章　阿尔都塞的意识形态理论

保证了资产阶级法律的权威的有效性。具体说，因为资产阶级国家代表的是统治阶级的利益，它既不属于公共的，也不属于私人的，因而它不仅在法律之上，而且是区分公共领域和私人领域的基础和前提。无论是属于公共领域的意识形态国家机器，还是属于私人领域的意识形态国家机器，它都能够发挥其应有的作用，只不过其发挥作用的方式不同于镇压性国家机器。

第三，镇压性国家机器与意识形态国家机器发挥作用的方式存在着区别，阿尔都塞强调任何一个国家中这两种国家机器的功能是相互联系、缺一不可的，必须把二者有机结合起来，才能维系统治阶级的统治。这是因为：镇压性国家机器是大量地和主要地以镇压性方式行使其职能的，但也必须辅之以意识形态的作用。如军队和警察是镇压性国家机器，但为了保证它们的团结、对国家机器的忠诚和它们的再生产，必须对它们展开价值观的教育，后者实际上就是意识形态国家机器在发挥作用。同样地，意识形态国家机器是大量地和主要地以意识形态方式行使其职能的，但它们也辅之以镇压性国家机器发挥作用。比如学校和教会等意识形态国家机器也会适当地使用惩罚、开除、选拔来使人们服从它们的纪律。因此，"根据事情是不是和'镇压性'国家机器或意识形态国家机器有关，以镇压和意识形态的方式（主要地、辅助地）产生双重'作用'的这种决定因素让我们清楚地看到，从（镇压性）国家机器和意识形态的国家机器的相互作用中可以编织出各种非常微妙的或明或暗的结合形式"①。这就意味着，如果说意识形态国家机器要发挥作用必须要以镇压性国家机器为基础和前提的话，镇压性国家机器要长久存在下去，也不能离开意识形态国家机器宣扬其文化价值观，行使其文化领导权。"任何一个阶级若不同时对意识形态的国家机器并在其中行使其文化霸权，就不能长期掌握国家权力……意识形态的国家机器可能不仅仅是阶级斗争的赌注，而且是阶级斗争的场所，而且往往是激烈的阶级斗争的场所。"②

通过以上论述，阿尔都塞进一步具体考察了意识形态国家机器的作用与功能，指出其核心作用和功能在于提供生产关系的再生产。

---

① ［法］路易·阿尔都塞. 列宁和哲学. 杜章智，译. 台北：远流出版事业股份有限公司，1990：166.

② 同①167.

3. 意识形态国家机器与生产关系的再生产

在阿尔都塞看来，镇压性国家机器与意识形态国家机器在维系统治阶级的统治时所发挥的功能是不同的。如果说镇压性国家机器的功能在于保证统治阶级进行生产关系再生产的政治条件的话，意识形态国家机器的功能则主要是承担生产关系的再生产。

在阿尔都塞看来，在当代资本主义社会中，资产阶级镇压性国家机器为意识形态国家机器提供庇护，而意识形态国家机器则为统治阶级获得文化领导权，保证资本主义生产关系的再生产。在当代资本主义社会中，承担资本主义生产关系再生产功能的意识形态国家机器主要有教育意识形态国家机器、宗教意识形态国家机器、家庭意识形态国家机器、政治意识形态国家机器、工会意识形态国家机器、传播意识形态国家机器和文化意识形态国家机器等。阿尔都塞强调所有意识形态国家机器都以自己的方式从事着资本主义生产关系的再生产，认为"每一种意识形态国家机器都以适合于它的方式助长这一结果。政治机器是靠着使个人从属于政治的国家意识形态，是靠着使个人从属于'间接的'（议会的）或'直接的'（公民投票的或法西斯主义的）'民主'意识形态的方式。传播机器是借助出版物和广播电视给每个'公民'每天输灌民族主义、沙文主义、自由主义、道德主义等的方式。文化机器等也是如此（体育运动在沙文主义中的角色最为重要）。宗教机器则是通过这个方式：在布道及其他有关出生、结婚和死亡的重大仪式中，宣传人只是尘埃，除非他热爱他的邻居、热爱到人家打了他的左脸，他还把右脸贴过去让人家打。家庭机器……但是也没有必要说下去了"①。阿尔都塞借助精神分析学进一步说明意识形态是如何具体再生产生产关系，并最终控制人的意识的。

弗洛伊德精神分析学把家庭看作人格形成的基础。在弗洛伊德看来，支配人的行为的内驱力是本能冲动，在家庭中体现为"恋母情结"与"恋父情结"，为了家庭的稳定以及适应社会的需要，必须对人的这种本能进行压抑，从而产生了一系列道德禁忌和文化规范，弗洛伊德把人类文明史看作对人的本能的压抑史。正是在文化规范和道德禁忌的压

---

① [法] 路易·阿尔都塞. 列宁和哲学. 杜章智，译. 台北：远流出版事业股份有限公司，1990：173.

第五章 阿尔都塞的意识形态理论

抑下，人们形成了适应社会现实的"自我"，因此，弗洛伊德强调家庭是人格形成的基础，在人格形成的过程中，"文化"又扮演着关键性的角色。阿尔都塞继承和深化了弗洛伊德上述思想，系统论述了家庭意识形态对人格形成的决定作用。在他看来，精神分析学的分析对象就是如何解释"从出生到清算恋母情结阶段把一男和一女所怀的一个小动物改变成娇小的人类孩子的这段离奇冒险的'作用'"①。阿尔都塞认为，出生时的作为小动物的人，不会以小狼或小熊的方式生存下去，而是要以人类的小孩的方式生存下去。这就意味着小孩在成长的一开始就会完全被男、女性人类秩序的束缚所宰制，精神分析学就是分析人的心理成长和自我人格形成的科学，而拉康精神分析学的镜像理论尤其具有价值。拉康的镜像理论指出小孩在 18 个月之前是通过镜像获得虚幻的自我认同的，但经过了镜像阶段之后，小孩则是通过与外部世界的联系，特别是与父母的联系获得"自我"的概念的。父母则会利用其权威控制着小孩的"本我"冲动，使家庭意识形态内化为小孩的人格。因此，拉康的镜像理论表明了"从每个婴儿出生前就为每个降生的婴儿准备就绪，而且在他发出第一声哭啼前就抓住他，把他的身份地位和角色指派给他，因此把他固定的命运分配给他的这一秩序、法则的作用"②。这里所说的人类秩序本质上就是家庭意识形态。也就是说，对于未出生的婴儿，家庭意识形态的具体形式已经赋予他期待，婴儿出生后就按照家庭意识形态对他的期待进行培养，赋予他某种角色、培养他适应家庭的某种人格，可以说，婴儿一开始就受到家庭意识形态的支配和控制。

阿尔都塞进一步分析了宗教意识形态和教育意识形态是如何发挥其功能的。在他看来，宗教意识形态是前资本主义社会中占统治地位的意识形态，它不仅集中了宗教的功能，而且也集中了教育、传播和文化的功能，是前资本主义社会中占统治地位的意识形态，正因为如此，16—18 世纪的意识形态斗争是从宗教改革开始的，并集中表现为反教会和反宗教的斗争，这也决定了包括法国革命在内的资产阶级革命的目标不仅是要打破封建社会的镇压性国家机器，而且也要通过宗教斗争，创造

---

① ［法］路易·阿尔都塞. 列宁和哲学. 杜章智，译. 台北：远流出版事业股份有限公司，1990：222.
② 同①228.

适合资本主义生产关系再生产的意识形态国家机器,确立资产阶级的文化霸权。"资产阶级依靠了新的政治、议会民主的意识形态国家机器,目的是要对教会进行斗争,并且把它的意识形态作用从它那里夺走,换句话说,目的不只是要保证它自己的政治的文化霸权,而且要保证对资本主义生产关系的再生产必不可少的意识形态的文化霸权。"① 如果说宗教意识形态是前资本主义社会占统治地位的意识形态国家机器的话,那么,当代资本主义社会中占统治地位的意识形态国家机器就是教育意识形态国家机器。在阿尔都塞看来,教育意识形态的功能就在于通过从幼儿园到大学的学校教育,或者培养资本主义生产关系的代理人,或者培养人们适应资本主义生产的劳动技能。针对资产阶级标榜学校是价值中立的场所,阿尔都塞明确指出古典资本主义时期教会的意识形态教育统治地位已经让位于学校,因为在当代资本主义社会中,正是学校一方面传授学生谋生的基本技能,另一方面通过意识形态教育培育学生成为各种适合资本主义生产关系的角色,如劳动者、小资产阶级、资本主义生产关系的代理人等,这就意味着无产阶级的意识形态斗争应当重点关注学校教育。"在家庭的国家机器和教育的国家机器交相逼压下,不管是用新方法还是旧方法,给儿童灌输一定量的用占统治地位的意识形态包裹的'谋生技能'(法语、算术、自然史、科学、文学),或者是纯粹状态的占统治地位的意识形态(伦理学、公民守则、哲学)。"② 通过以上教育,人们或者被培养成具有劳动技能的初级和中级技术工人、白领、行政人员;或者被培养成资本主义生产关系的剥削代理人、镇压性人员和意识形态专家等,这些不同的角色被要求具有不同的品德。具体说,被统治阶级应当成为"具有一种'高度发达的''职业的'、'伦理的'、'公民的'、'民族的'和非政治意识形态"③ 的角色;统治阶级则应具备"有给工人下命令和与他们说话的能力:执行'人的关系'的剥削者的角色,(有下命令和不容分说迫使人服从的能力,或者运用政治领导人的蛊惑宣传能力的)镇压人员的角色,或者(善于恰如其分地用尊敬、轻视、威胁和煽动的态度,配上道德、善行、上帝、民族、法兰西的世界角色之类的腔调,去影响人们意识的)意识形态专家的

---

① [法] 路易·阿尔都塞. 列宁和哲学. 杜章智,译. 台北:远流出版事业股份有限公司,1990:171.

②③ 同①174.

角色"①。可以说，资产阶级正是利用学校这一所谓"中性环境"把资本主义生产关系，即剥削者和被剥削者的关系再生产出来的，学校教育意识形态是当代资本主义社会的主要意识形态教育形式。

阿尔都塞立足于对当代资本主义社会统治方式的变化的分析，提出了"意识形态国家机器"的概念，并对其功能进行了系统的分析，这既是他对马克思主义国家理论的创新，也是意识形态理论研究的创新，具有重要的学术价值和意义。

四、阿尔都塞意识形态理论的理论得失与理论谱系

阿尔都塞的意识形态理论的核心目的与价值指向是与他力图阐发马克思主义哲学的内涵与意识形态功能紧密联系在一起的，其目的是为了探索适合西方工人阶级的解放道路，正是这一目的促使他研究当代资本主义国家统治方式的变化，他不仅探索了（一般）意识形态理论，而且创造性地提出了"意识形态国家机器"的概念和理论，深化了早期西方马克思主义理论家的意识形态理论。他的意识形态理论既包含了有价值的理论命题，同时也包含着一系列谬误。

1. 阿尔都塞意识形态理论的贡献与失误

阿尔都塞把意识形态看作人对现实的体验和想象关系的统一，一方面肯定了意识形态本质上是一种与科学认识不同的"虚假意识"，另一方面又肯定意识形态无处不在，是社会必须具有的基本结构，甚至认为人本质上是一个意识形态的动物，进而提出了意识形态没有历史、意识形态是一种物质存在、意识形态国家机器概念、意识形态国家机器与资本主义生产关系的再生产等理论和命题，阿尔都塞上述理论和命题是他对马克思、恩格斯《德意志意识形态》研读的结果，既包括他的具有原创性的独特见解，也包括他一系列错误的引申和失误。

"意识形态"一词最初是由法国思想家安东尼·德斯图·特拉西在他于1801年至1815年所著的四卷本著作《意识形态原理》一书中提出

---

① ［法］路易·阿尔都塞. 列宁和哲学. 杜章智，译. 台北：远流出版事业股份有限公司，1990：174-175.

的，他从反对天赋观念出发，把意识形态看作一个研究认识的起源、界限和可靠性的观念学，他是从积极意义上理解意识形态的。由于拿破仑把意识形态学家称为"空想家"，"意识形态"又经过德国古典哲学，特别是黑格尔把它与异化联系起来，"意识形态"逐渐发展成为一种否定性的贬义词。受德国古典哲学，特别是黑格尔哲学的影响，马克思也主要是从否定意义上理解"意识形态"一词的，但这种否定是针对特定意识形态的。马克思、恩格斯虽然在《1844年经济学哲学手稿》、《神圣家族》、《德意志意识形态》和《资本论》等著作中都论述过意识形态，但最为集中的则是《德意志意识形态》一书。在这本书中，马克思、恩格斯关于意识形态的主要观点是：第一，意识形态是一个包括政治法律思想、哲学、道德、意识和宗教多种意识形式在内的总体性范畴，就其本质来看，它是对人们社会生活方式的反映。"思想、观念、意识的生产最初是直接与人们的物质活动，与人们的物质交往，与现实生活的语言交织在一起的。人们的想象、思维、精神交往在这里还是人们物质行动的直接产物。表现在某一民族的政治、法律、道德、宗教、形而上学等的语言中的精神生产也是这样。"① 第二，意识形态具有强烈的阶级性，本质上反映的是统治阶级的思想和利益。"统治阶级的思想在每一时代都是占统治地位的思想。这就是说，一个阶级是社会上占统治地位的**物质**力量，同时也是社会上占统治地位的**精神**力量。支配着物质生产资料的阶级，同时也支配着精神生产资料，因此，那些没有精神生产资料的人的思想，一般地是隶属于这个阶级的。"② 可以看出，马克思、恩格斯强调意识形态反映的是统治阶级的思想和利益，具有浓厚的阶级性。第三，由于意识形态是社会物质生活和生产方式的反映，其本身并不具备像社会物质生活和生产方式那样的独立的发展历史，不能像思辨哲学和神学那样脱离社会现实生活和生产方式来探讨意识形态的发展。"我们的出发点是从事实际活动的人，而且从他们的现实生活过程中还可以描绘出这一生活过程在意识形态上的反射和反响的发展。……因此，道德、宗教、形而上学和其他意识形态，以及与它们相适应的意识形式便不再保留独立性的外观了。它们没有历史，没有发展，而发展着自己的物质生产和物质交往的人们，在改变自己的这个现实的同时也改

---

① 马克思恩格斯文集：第1卷. 北京：人民出版社，2009：524.
② 同①550.

第五章　阿尔都塞的意识形态理论

变着自己的思维和思维的产物。"① 第四，意识形态是对现实的一种歪曲反映，其目的是要掩盖社会现实的真相。马克思、恩格斯在批判思辨哲学的抽象性时指出：思辨哲学颠倒了思想、意识与现实生活的关系，并力图证明精神是历史上的最高统治者，理论家、意识形态家由此得出结论：哲学家、思维着的人自古以来就是在历史上占统治地位的。马克思、恩格斯强调，这完全是意识形态家的幻想，如果从现实生活出发的话，很容易揭穿上述观点是如何玄想和曲解现实的。阿尔都塞关于意识形态的看法是对《德意志意识形态》进行研读并根据自己的哲学进行引申的结果。具体说：

第一，阿尔都塞把马克思、恩格斯意识形态是对现实生活歪曲的反映的论断，进一步引申为所有意识形态都是一种"虚假意识"，进而得出科学与意识形态对立的结论。阿尔都塞这种引申与他对哲学的看法也密切相关。列宁在《唯物主义和经验批判主义》一书中，区分了哲学的物质范畴与科学的物质范畴、哲学与科学的不同。阿尔都塞根据列宁的论述提出了"哲学不同于科学"的结论，这种不同就体现为"科学有对象和历史"，而"哲学却是没有对象和历史"，这实际上否定了哲学是关于人与人、人与世界关系的认识，否定哲学的对象是哲学观，而意识形态的基础与核心就是哲学。因此，上述观点发展的逻辑必然是把意识形态仅仅看作反映统治阶级利益的"虚假意识"。马克思、恩格斯在《德意志意识形态》一书中也曾经说过意识形态是对现实的歪曲和想象，但是他们针对的对象是剥削阶级的意识形态，而不是所有的意识形态。阿尔都塞看到了资产阶级意识形态的虚假性，这是正确的。但是他的失误在于他把资产阶级意识形态的虚假性上升到所有意识形态都是虚假的，并得出科学与意识形态对立的结论，这实际上没有理解马克思主义理论作为无产阶级争取自身解放和自由的理论工具和意识形态，恰恰是以科学反映人类社会发展规律为基础和前提的。不仅如此，如果他的意识形态是虚假意识的论断能够成立，也意味着他发挥马克思主义理论在西方工人运动中的批判价值功能的愿望必然会落空，也使他在《列宁和哲学》一书中反复强调的哲学与政治、哲学实践与政治实践的内在同一的论断无法成立。

---

① 马克思恩格斯文集：第1卷. 北京：人民出版社，2009：525.

第二，他把马克思、恩格斯"意识形态没有自身独立的历史"的论断进一步引申为"意识形态没有历史"。马克思、恩格斯所谓的"意识形态没有历史"是指没有像社会生产方式那样独立的发展历史，意识形态如何发展取决于社会物质生活和生产方式的变化，并不是指意识形态本身没有历史。阿尔都塞上述引申显然是对马克思、恩格斯观点的误读。

第三，阿尔都塞在把意识形态归结为"虚假意识"的同时，强调意识形态是人们对自身与世界的"体验关系"，它表征的是人们对自身与世界关系的想象关系，从而达到欺骗别人和自我欺骗的目的。正是在欺骗别人和自我欺骗的过程中，意识形态逐渐内化为人的"无意识"，人就是在这种无意识中被意识形态建构为某种主体的。马克思、恩格斯则认为，意识形态统治阶级为了维护自己的利益而对社会现实歪曲反映，其方式就在于把本阶级的利益说成是社会全体成员的共同利益，从而自觉、不自觉地欺骗人们。阿尔都塞的观点正是对马克思、恩格斯观点的引申和发展，特别是他关于意识形态会内化为人的无意识，并在无意识中把人建构为某种主体的论述，是他对意识形态功能研究的重要贡献之一。

第四，马克思、恩格斯从一般原则的高度揭示了意识形态的本质和功能，而阿尔都塞正是在马克思、恩格斯的相关论述的基础上，继承西方马克思主义理论传统，结合弗洛伊德的精神分析学和当代西方社会统治方式的变化，揭示了意识形态发挥功能的具体机制，创造性地提出了"意识形态国家机器"的概念和理论。利用精神分析学来说明意识形态如何实现对人的内心世界的控制，可以说是西方马克思主义的理论传统，对这一问题的论述在西方马克思主义中最为著名的是法兰克福学派的理论家。赖希、阿多诺、霍克海默、弗洛姆都曾经利用精神分析学从不同角度来分析法西斯主义在西方兴起的原因。具体说：

赖希和弗洛姆主要是利用精神分析学来阐明当代西方人的极权性格的形成过程，并如何最终接受法西斯主义的。弗洛伊德人格理论把人格划分为"本我"、"自我"和"超我"。其中，"本我"遵循快乐原则，代表着人的生物性的本能冲动；"超我"代表社会道德规范和道德理想，遵循"理想原则"，实际上是社会道德规范和道德理想在人格中的内化；"自我"则是"超我"和"本我"相互作用的结果，它既要遵循"超我"

第五章 阿尔都塞的意识形态理论

所规定的社会道德规范，又必须满足"本我"的要求，其行为遵循"现实原则"。赖希在《法西斯主义群众心理学》一书中，通过改造弗洛伊德的人格理论提出了他的性格理论。赖希把人格也划分为表层、中间层和深层三个层次。其中，"表层"表现为人负有社会责任感和道德感，其核心是要控制人的本能冲动；"中间层"则由各种原始冲动构成，相当于弗洛伊德的"本我"，具有明显的反社会性的特征；"深层"则是人的爱和创造性的本能。因此，与弗洛伊德否定人的本能不同，他要求应当用"深层"的能量来克服"中间层"的破坏性，他由此强调人的性格结构与法西斯主义盛行的重要关联性。在他看来，"帝国主义的意识形态具体改变了劳动群众的结构，使之适应了帝国主义。……每一社会制度都在它的群众成员中产生一种结构，它需要这种结构来达到它的主要目的"①。这种与法西斯主义意识形态相适应的性格结构在他看来就是"权威性格"。对于这种"权威性格"是如何形成的，他主张将马克思主义的经济分析法与弗洛伊德的精神分析学结合起来予以分析。由于他认为社会中的人的性格与家庭中人的性格具有一致性，他对"权威性格"形成的根源的分析是从对家庭性格的分析开始的。在资本主义发展早期，父亲由于在经济上具有的重要性而在家庭中具有至高无上的地位，他在家庭中利用这种地位树立起权威，并对子女和妻子进行性格压抑，从而使他们形成以压抑个性为特征的服从主义的性格，这种性格伴随着资本主义经济的发展和父亲失业，而投射到对国家和民族的服从上。同时，由于德国资本主义发展的历史较短，这种家庭性格又与土地、血缘关系具有密切的联系，这就使得权威性格中的服从主义从服从小家庭中的"父亲"转向服从大家庭中的希特勒。

弗洛姆在《逃避自由》等著作中更是利用弗洛伊德的精神分析学，分析了法西斯主义兴起的文化心理根源。弗洛姆认为法西斯主义之所以兴起，除了社会经济政治的因素之外，与西方人和西方文化中的性格结构也具有非常密切的关系。他认为中世纪以前，西方人把如何实现自由看作最重要的追求。资产阶级革命胜利后，虽然人们获得了更多的自由和具有更大的张扬个性的机会，但随之而来的却是丧失了中世纪时的安全感、稳定感，并由此产生了焦虑。为了摆脱这种自由所带来的焦虑，

---

① [奥]威尔海姆·赖希. 法西斯主义群众心理学. 张峰，译. 重庆：重庆出版社，1990：19.

西方人开始逃避自由。他运用弗洛伊德的精神分析法分析西方人的内心世界时指出，西方人内心存在着"虐待倾向"和"被虐待倾向"两种心理机制，前者以控制和支配他人的方式来消除自由所带来的焦虑；后者以服从他人的支配和意愿来消除自由所带来的焦虑。这恰恰是法西斯主义能够兴起的文化心理机制。

霍克海默和阿多诺在《独裁主义国家》《启蒙的辩证法》等著作中把启蒙运动所宣扬的以理性为基础的道德称为"权威道德"，它根源于资本主义经济关系中人们之间的依附关系。对于以法西斯主义为代表的极权国家之所以能够控制人，阿多诺认为，这并不是通过理性地陈述政治来实现的，而是通过非理性的宣传、煽动和暗示，来引导和支配大众的心理实现的。要分析这一现象的根源，需要利用弗洛伊德的精神分析学。因为弗洛伊德的精神分析学所要解决的问题是"为什么现代的人们返回到与自己的理性水平和现阶段进步的技术文化明显抵触的行为形式"①。弗洛伊德把"性本能"概念引入对集团心理的研究，指出社会集团是通过"暗示"使人们的"性本能"以无意识的状态存在，并使之以适合于集团政治目的的形式存在，从而把大众的无意识操纵为一种顺从意识的，法西斯主义通过借用弗洛伊德精神分析学的"自居机制"使支配大众的"性本能"转化为对领袖和权威的崇拜和追随。弗洛伊德在《群体心理学与自我的分析》一书中指出，群体内人和人之间维系关系的核心力量是"爱的联系"，而这种"爱的联系"又源自以"性本能"为基础的自爱和自恋，并通过这种方式求得自我保存。由于这种"爱的联系"，处于集体中的每一个成员以同一个对象替代他们的自我理想，并借助集体中的权威和领袖使集体成员融为一体，从而使个人行为符合集体的社会性格。阿多诺强调，法西斯主义正是通过狂热的宣传和煽动，通过暗示等方式唤醒人们无意识中的"自恋"，使人们产生领袖崇拜，进而操纵人们的内心世界的。在他看来，法西斯主义的领袖崇拜之所以能够获得成功，其根本原因在于两个方面：其一，现实社会和人的本能之间的矛盾冲突，使人们感觉到自身的不满足和挫折，人们由此把自身的爱欲通过自居机制投射到领袖身上，通过把领袖变成他的理想而实现他对自己的爱，从而消除失败感和挫折感；其二，法西斯主义的宣

---

① [德]泰奥德·阿多诺. 弗洛伊德理论和法西斯主义宣传的程式//法兰克福学派论著选辑：上卷. 北京：商务印书馆，1998：186.

传技巧助长了人们的自恋,通过暗示使人们产生自身集团"比排斥在外的那些人更好、更高尚、更纯洁,与此同时,任何一种批判或自我认识都如同爱欲丧失一样令人不快并引起愤怒。……把敌视集中到外群上,就消除了对自己集团内的不容异说,否则的话,个人和这个集团的关系会是高度矛盾的"①。不仅如此,法西斯主义还通过一系列精心制定的口号,成功地把大众的无意识投射到领袖身上,使大众对内崇拜领袖,把他作为自身经济利益和政治利益的代表,对外则仇视其他社会集团,从而形成了受虐和施虐的社会性格。阿尔都塞继承和发展了西方马克思主义上述理论传统,利用拉康的镜像理论,提出了"意识形态国家机器"概念和理论,揭示意识形态是如何建构主体,赋予主体适合统治阶级的某种角色,从而完成资本主义生产关系的再生产的,这是对当代意识形态理论研究的重要创新,影响深远。

2. 阿尔都塞与西方马克思主义意识形态理论

意识形态问题研究是西方马克思主义理论研究的主题之一。西方马克思主义理论缘起于对西方社会主义革命道路的探索,这种探索又导致它们对马克思哲学本质、理论体系、理论形态、理论使命等问题上的认识不同于对马克思主义哲学的"辩证唯物主义与历史唯物主义"式的理解,最终形成西方形态的马克思主义理论。在它们看来,阻碍西方社会主义革命的因素主要是资产阶级意识形态的束缚和市场经济的物化意识所导致的工人阶级主观精神的不发展,由此它们把如何发挥马克思主义哲学的批判价值功能,把对资本主义的社会批判、文化批判、意识形态批判作为自己的理论主题。它们指认当代西方社会是一个总体异化的社会,在这个总体异化的社会中,人的发展与生产力的发展、社会财富的增长呈现出背离的现象,人们遭受着经济上的剥削、政治上的压迫和内心世界被总体控制的异化生存状态。基于以上指认,卢卡奇、科尔施、葛兰西都强调马克思哲学的本质是批判的,而非实证的,强调应当采取包括经济革命、政治革命和文化心理革命在内的"总体革命"模式,通过"文化心理革命"打破资产阶级意识形态和市场经济的物化意识对工人阶级的束缚,形成成熟的无产阶级的阶级意识和集体意志。西方革命

---

① [德]泰奥德·阿多诺. 弗洛伊德理论和法西斯主义宣传的程式//法兰克福学派论著选辑:上卷. 北京:商务印书馆,1998:199.

的关键在于工人阶级的主观精神的发展程度。法兰克福学派及其以后的西方马克思主义继承和深化了卢卡奇等人的理论主题,形成了系统的西方马克思主义意识形态理论。阿尔都塞的意识形态理论是西方马克思主义意识形态理论的内在组成部分,在理论上具有一脉相承的特点。

卢卡奇指认西方革命失败的关键在于工人阶级主观精神准备不足,体现为阶级意识的危机。为此,他反对第二国际和苏联把马克思哲学解释为一种实证主义的知识论哲学,强调马克思哲学应当是一种以批判的"总体辩证法"为基础,以探讨人的自由和解放为目的的主体实践论哲学。在此基础上,他提出"物化理论"对工人阶级的异化生存境遇展开了分析,强调对资产阶级意识形态和市场经济物化意识展开批判的必要性和重要性,并把能否形成无产阶级成熟的阶级意识看作西方革命能否成功的关键。在卢卡奇看来,资产阶级掌握国家机器,并拥有政治统治技巧的优势,而无产阶级的唯一优势就在于拥有能够洞悉社会发展趋势的阶级意识,即历史唯物主义。但当时的马克思主义者却把历史唯物主义降低为一种拙劣的经验主义和庸俗的机会主义,用对现实的个别目标的实现代替了历史唯物主义最终目标的追求,造成了"是从结果,而不是从原因;是从部分,而不是从整体;是从症状,而不是从事情本身出发;它不是把局部利益和它为之而进行的斗争,看作是为最后的斗争进行教育的手段(最后的斗争结果取决于心理的意识接近于被赋予的意识的程度),而看作是某些自身有价值的东西,或至少是某些自身就是通向目标的东西;一句话,它混淆了无产者实际的心理状态和无产阶级的阶级意识"①。这就决定了能否发挥马克思主义哲学的批判价值职能,破除资产阶级意识形态的束缚和市场经济物化意识的侵蚀,培育无产阶级成熟的阶级意识是西方革命成败的关键。"当最后的经济危机冲击资本主义时,革命的命运(以及与此相关联的是人类的命运)要取决于无产阶级在意识形态上的成熟程度,既取决于它的阶级意识。"②

与卢卡奇一样,葛兰西也是从分析当代西方社会结构和统治方式的变化,来探寻西方人实现自由和解放的现实途径的。在他看来,同俄国长期的封建统治相比,西方社会结构具有"市民社会"和"国家"的二

---

① [匈]乔治·卢卡奇. 历史与阶级意识. 杜章智,等译. 北京:商务印书馆,2004:136.

② 同①131-132.

第五章 阿尔都塞的意识形态理论

分特点,这种结构使西方社会具有悠久的民主传统。资产阶级不仅借助国家暴力机关统治工人阶级,而且还通过在市民社会宣扬其文化意识形态来支配人们的内心世界,当代资产阶级对工人阶级的统治是包括政治暴力统治和文化意识形态统治在内的"总体统治"。对于资产阶级国家而言,"国家=政治社会+市民社会,即强制力量保障的霸权"①。也就是说资产阶级除了对工人阶级实行政治暴力统治,还在市民社会宣扬资产阶级的文化价值观,力图支配工人阶级的内心世界。葛兰西由此批评当时的马克思主义阵营脱离当代西方社会结构和统治方式的变化,对马克思主义理论的经济主义的解释。在葛兰西看来,对马克思主义哲学的经济主义解释的问题主要在于:"1. 在研究历史关系的时候,它没有区别什么是'相对持久'、什么是转瞬即逝的波动,它所谓的经济事实是指直接或'卑污犹太人'意义上的个人或小团体的自我利益。……2. 根据经济主义的教条,经济发展被贬低为劳动工具的技术变化。"②正是由于马克思主义阵营流行对马克思主义理论的经济主义解释,当时西方共产党忽视文化意识形态的斗争和工人阶级的阶级意识的培育,从而无法取得西方革命的胜利。葛兰西由此提出了通过各个击破的"运动战"的文化意识形态斗争,建立由无产阶级主导的文化霸权,最终与资产阶级进行总决战的"阵地战"的革命方略。

法兰克福学派继承和深化了卢卡奇、葛兰西的文化和意识形态批判论题,并提出了"文化工业论"。与卢卡奇、葛兰西关注的是作为整体的工人阶级的自由解放不同,法兰克福学派一方面指认二战后不仅工人阶级发生了分化,马克思主义意义上的工人阶级已不复存在,而且工人阶级已经被资产阶级所同化,甚至已经成为一个反对革命的阶级;另一方面指出当代西方社会是一个日益总体化和一体化的社会,资产阶级对人们的统治和支配已经深入人的内心世界,其方式就是借助科学技术进步所带来的巨大物质财富,在全社会宣扬消费主义文化和生存方式,使人们的内心世界完全被外部社会所控制和支配。因此,他们的结论是当代西方社会已经呈现出日益总体化和一体化发展的趋势,是一个总体异化的社会,个人被社会总体所吞没。面对上述现实,法兰克福学派关注

---

① [意]安东尼奥·葛兰西. 狱中札记. 曹雷雨,等译. 北京:中国社会科学出版社,2000:218.

② 同①126.

的问题虽然还是革命主体的问题，但与卢卡奇、葛兰西关注作为整体的工人阶级的自由和解放不同，他们关注的是被社会总体所吞没的个体的自由和解放问题。而在他们看来，西方资产阶级实现其总体统治的中介和工具就是作为意识形态的文化工业，这就决定了揭示文化工业的实质与功能，寻找革命主体，是他们理论的重点和中心问题。

"文化工业"是指当代西方社会出现的以现代技术为基础，通过大规模生产复制文化产品的工业体系，其文化产品具有标准化、大众化和同一化的特点。在法兰克福学派看来，文化工业所制造的文化产品本质上是文化的异化，因为它所制造出的文化产品本质上不是为了提升和满足人的全面发展的需要，而是把文化产品当作能够获取利润的特殊商品；文化工业是资本主义宣扬其消费主义文化和生存方式的载体，它所制造的文化产品具有意识形态职能。

文化的本意应该是有利于人的全面发展和人的素质的提升的，但文化工业所制造的文化产品却专注于能否顺利实现市场交换获得利润，因而文化工业所制造的文化产品本质上是一种文化的异化。而文化工业为了使文化产品顺利实现市场交换，通过广告宣扬消费主义价值观和生存方式，引导人们在商品占有和商品消费中体验自由和幸福。更为重要的是，文化工业所制造的文化产品所具有的模式化、平面化、标准化、伪个性化和感官化的特征，引导人们在轻松愉快的感官消费中忘却痛苦和忧伤。但一方面人们的消费的内容和方向是被广告所支配的，这意味着人们在消费活动中丧失自主的选择能力，文化工业使"个人生活转变为闲暇，闲暇转变为连最细微的细节也受到了管理的常规程序，转变为棒球和电影、畅销书和收音机所带来的快感，这一切导致了内心生活的丧失"①。另一方面，正是在这种被支配的感官消费活动中，人们的思想呈现出日益平面化发展的趋势，从而丧失了对现实世界的批判否定能力，文化工业实际上起着肯定现实的意识形态职能。

法兰克福学派的"文化工业论"突出揭示了当代西方社会的统治方式越来越转向文化意识形态控制的新变化，马尔库塞在《单向度的人》一书中所阐发的"单向度的社会"和"单向度的人"的思想对"文化工业论"中所阐发的思想做了进一步的继承和发展。马尔库塞在《单向度

---

① 曹卫东. 霍克海默集. 上海：上海远东出版社，1997：216.

第五章　阿尔都塞的意识形态理论

的人》一书中是通过区分"真实需求"和"虚假需求"来阐明当代西方社会是如何实现对人的内心世界的控制的。在他看来，所谓"真实需求"是指人们对自由和解放的追求；所谓"虚假需求"则是指由外部世界强加给人们的需求，即由广告所制造出来的服从和服务于利润追求的需求。正是在广告所宣扬的消费主义价值观和生存方式的支配下，人们的内心世界被资本所支配，异化为只知道追求商品占有和商品消费，而忘却了自由和解放的"单向度的人"，整个社会则异化为没有对立面的"单向度的社会"，这不仅意味着整个社会呈现出一体化和总体化发展的趋势，而且也意味着当代西方社会是一个总体异化的社会。面对当代西方社会的这种新变化，法兰克福学派强调，西方人实现自由和解放的前提就是要对资本主义社会展开哲学批判、文化意识形态批判和社会批判，使人们摆脱作为资产阶级意识形态的消费主义价值观和生存方式的束缚，形成真正的"自主意识"。法兰克福学派赋予"艺术"在这一过程中重要的作用，强调艺术具有肯定和否定现实的双重功能，主张发挥艺术的否定功能，最终形成了其"艺术审美救世主义"的理论主张。

可以看出，从卢卡奇到法兰克福学派的西方马克思主义都把文化意识形态斗争看作培育具有自主意识的革命主体的重要途径和西方人实现自由和解放的前提，主张西方革命应当是包含文化意识形态批判、政治批判和经济批判在内的"总体革命"。阿尔都塞的意识形态理论应该是上述理论谱系的继承和深化，这主要体现在两个方面：一是对马克思主义哲学的本质的理解。如前所述，阿尔都塞反复强调不能立足于近代知识论哲学的模式来理解马克思哲学，马克思是同近代哲学断裂而创立历史唯物主义科学和辩证唯物主义哲学的。立足于近代知识论哲学的模式来理解马克思哲学，只会导致对马克思哲学的经济决定论、技术还原论的解释，由此他把历史唯物主义科学看作以"理论上的反人道主义"为价值取向的"多元决定论"，把辩证唯物主义哲学看作与政治实践紧密联系的一种"哲学实践"。二是阿尔都塞反复强调在西方工人运动中发挥马克思主义哲学的意识形态功能的重要性，指出马克思主义哲学与以往所有哲学的不同在于："马克思通过把哲学以一种新的、令人困窘的形式置于实践中，通过拒绝把哲学当作'哲学'来生产却又在他的政治的、批判的和科学的著作中实践着这种哲学——简言之，他通过开创一种——在同一时刻作为阶级斗争的赌注和特许场所的——哲学和社会实践之间的'批判的和革命的'关系,成为第一个向我们指明道路的人。"① 也就是说,马克思主义哲学的特殊性和重要性就在于它始终坚持哲学与政治之间的内在关联。而在当代资本主义国家越来越依靠文化意识形态支配和控制人的内心世界,弱化人们的政治意识、革命意识的情况下,他把理论的重点转向了分析当代资本主义意识形态的本质、功能、发挥作用的具体机制,创造性地提出了"意识形态国家机器"的概念和理论,这是对西方马克思主义意识形态理论的进一步深化和发展,对当代的意识形态理论研究、文化研究产生了深远的影响。

---

① [法]路易·阿尔都塞. 哲学的改造//陈越. 哲学与政治:阿尔都塞读本. 长春:吉林人民出版社,2003:249.

第六章　阿尔都塞与当代马克思主义研究

西方马克思主义形成于20世纪20年代初，卢卡奇、科尔施、葛兰西、布洛赫是其早期代表人物，其思想经过法兰克福学派的继承、深化和发展，在20世纪60年代之后逐渐形成包括人本主义流派和科学主义流派在内的、在当代西方具有重要影响的理论思潮。阿尔都塞是西方马克思主义中科学主义流派的开创者和代表人物，作为一个"反传统"、具有穿透力的马克思主义理论家，阿尔都塞的理论与西方马克思主义人本主义流派既具有共同的价值取向，又有重要的区别。而阿尔都塞提出的"多元决定"、上层建筑因素的"独立自主性"、意识形态理论、"偶然相遇的唯物主义"理论等，又对后马克思主义的理论建构产生了重要的影响，他是一位我们无法绕过的"经典西方马克思主义理论家"。

一、阿尔都塞与西方马克思主义中的人本主义流派的关系

作为西方马克思主义中科学主义流派的开创者，阿尔都塞的理论可以被看作对人本主义流派的理论反拨，因此，二者在具体理论上存在着明显的区别。但是他们在对马克思主义理论的本质、功能等问题的理解上又具有一致性和共同的方面。分析和评论他们之间的共同点和差异，对于我们把握阿尔都塞理论的实质、把握整个西方马克思主义理论的发

展轨迹和理论特点，具有重要的价值和意义。

1. 对马克思哲学的本质理解问题上的共同价值取向

阿尔都塞和西方马克思主义中的人本主义流派的一致性主要体现在他们对马克思主义理论的实质的理解和对马克思主义理论的决定论式的解释的反对上。我们先分析他们对马克思主义理论实质的理解上的一致性。

按照科尔施在《马克思主义和哲学》一书中的论述，西方马克思主义缘起于马克思主义阵营内对于在西方展开社会主义革命的道路和策略问题的争论，这场争论又导致了关于如何理解马克思主义哲学本质的争论。这场哲学争论以"列宁主义对马克思和恩格斯的唯物主义的解释为一方，以那种据说是唯心主义地背离了这一正统的康德的批判先验主义和黑格尔唯心辩证法的观点为另一方。这些就是乔治·卢卡奇以及德国和匈牙利共产党内其他一些理论家的观点"①。而当时共产国际和苏联共产党对此采取的不是平等争鸣的方式，而是用政治强力予以解决，由此形成了马克思主义阵营中的一个反对派，即西欧的马克思主义、西方马克思主义。西方马克思主义反对自恩格斯以来的马克思主义阵营立足于"辩证唯物主义与历史唯物主义"的立场解释马克思主义哲学，认为这是一种立足于近代哲学思维方式，把物质与意识、主观与客观对立起来的知识论哲学，无法凸显马克思哲学革命的实质与意义。在西方马克思主义理论家看来，要真正理解和把握马克思主义哲学的实质，就必须超越近代哲学的主、客观对立的知识论模式，在近代哲学的断裂点上来理解和把握马克思主义哲学的实质。以卢卡奇、科尔施、葛兰西、法兰克福学派等为代表的西方马克思主义人本主义流派，主张探讨马克思是如何超越近代哲学，进而创立主体实践论的唯物主义哲学的；而阿尔都塞也主张区分马克思哲学与近代资产阶级的原则区别，进而阐发马克思哲学的特殊性。因此，主张立足于同近代哲学的断裂点来阐发马克思哲学革命的实质与意义成为阿尔都塞与西方马克思主义的人本主义流派的共同点。②

如前所述，阿尔都塞坚决反对把成熟时期的马克思主义哲学等同于

---

① [德]卡尔·科尔施. 马克思主义和哲学. 王南湜, 荣新海, 译. 重庆：重庆出版社, 1989：73.

② 王雨辰. 中国语境中的西方马克思主义哲学研究. 武汉：湖北人民出版社, 2010.

第六章 阿尔都塞与当代马克思主义研究

黑格尔哲学或者费尔巴哈的哲学。由此,他批判当时在马克思与黑格尔哲学关系问题上的"颠倒说",认为仅仅通过简单的"颠倒",如果哲学理论的内容,包括哲学的理论"总问题"不发生改变,就不可能实现哲学革命。他认为,正因为青年马克思还是站在近代哲学的立场上,在德意志意识形态的包围中思考政治和历史,仍然为资产阶级哲学的人道主义理论"总问题"所支配,其思想就处于不成熟的意识形态时期,这就决定了不能用青年马克思思想中的"人道主义"和"异化"思想来解释成熟的马克思主义理论。只有当马克思和近代哲学决裂后,才能说他的思想真正进入成熟时期。通过这种决裂,马克思的理论"总问题"从近代哲学的"理论人道主义"转换成"理论上的反人道主义",从而改变了哲学理论的提问方式、内容,即从抽象的人的哲学、人性转变成了社会形态理论,包括生产力和生产关系、经济基础和上层建筑,从一种抽象的人的哲学变成了一种有关社会结构的哲学,才意味着马克思实现了对近代哲学的超越,创立了历史唯物主义科学。且不论其理论本身是否正确,这和卢卡奇、葛兰西、科尔施的观点具有一致性,这也是虽然阿尔都塞与卢卡奇等人本主义理论家解释马克思主义理论的具体观点不同,但仍将他归结到西方马克思主义中的内在原因。阿尔都塞与卢卡奇等西方马克思主义的人本主义理论家都把马克思主义哲学看作一种超越近代哲学的现代哲学,都强调马克思主义哲学的哲学基础、哲学原则、哲学功能和使命有别于近代哲学。具体说:

卢卡奇在《历史与阶级意识》一书中,反对那种站在近代理性主义哲学的立场上,对马克思哲学所做出的实证主义、唯科学主义的解说。他认为,如果这样理解马克思哲学,必然无法分清作为无产阶级的"阶级意识"的马克思主义哲学同作为"物化意识"的资产阶级哲学的原则界限,进而钝化马克思主义的批判价值功能。由此,他把马克思主义的正统即本质界定为"总体性的辩证法",并分析了"总体性的辩证法"同"自然科学实证主义研究方法"的原则区别。

卢卡奇认为,一定的理论必须以一定的理论研究方法为基础,理论研究方法的性质直接决定了理论本身的价值旨趣。第二国际的理论家之所以形成了对马克思哲学的科学实证论解说,根本原因就在于他们站在近代理性主义哲学的立场上,把自然科学的实证研究方法直接运用于哲学研究中。卢卡奇指出,对现实的一切认识都应该从"事实"出发,但是不同的研究方法却决定了"事实"的不同意义。当时的经验论者希望借助自然科学的方法，对事实采取"不偏不倚"的研究，而机会主义者则力图求助于自然科学的方法，来对抗革命的辩证法。针对这两种倾向，卢卡奇主张对"事实"进行不偏不倚的纯客观研究，但这实际上是不可能做到的。因为这种自然科学的研究方法已经决定了我们将立足于何种价值立场来解释"事实"的意义。自然科学研究方法的突出特点是把它所要研究的"事实"，从"事实"所处的环境中抽象出来，孤立静止地看待"事实"本身。这种自然科学的研究方法当然也得到了机会主义者的赞同，因为他们已经意识到这种研究方法和马克思辩证法的对抗性。

卢卡奇认为，实证主义研究方法实际上来源于资本主义的社会结构，因为资本主义商品经济发展所要求的不断"合理化"，资本主义生产过程中的分工越来越严密，生产过程以及劳动者的劳动被"片段化"，其结果是出现了许多"孤立的"事实和事实群，单独的专门科学，如经济学、法学等，也形成了与之对应的实证主义研究方法。这种研究方法把所要分析的"事实"从它们原来所处的生活总体中抽象出来，孤立地考察这些"事实"，从而把这些"事实"看成孤立的、永恒不变的、静止的东西，否认"事实"的历史性质。因此资产阶级思想家出于阶级立场的局限，总是用实证主义方法去分析资本主义社会，总是在永远有效的范围内来理解其生产制度，并把资本主义看成由自然界和理性的永恒规律决定的，并永远存在的东西，把资本主义的内在矛盾看成与这种生产方式的本质无关的纯粹表面现象。因此，建立在这种研究方法基础上的马克思主义哲学，必然会无批判地对待资本主义社会的本质和它的内在结构，最终钝化马克思主义理论的批判力度。卢卡奇认为，马克思主义的方法论基础决不是这种实证主义研究方法，而是"总体性的辩证法"，这种方法是以历史地分析和理解社会关系为出发点的。

卢卡奇认为，"总体性的辩证法"一方面在最高的思维形式中再现事物的整体联系，强调整体对局部的决定作用，同时也保留个体的特殊存在和相对独立性，但是部分、个体只有在与总体的联系中才能显示出其意义；另一方面，"总体性的辩证法"又是主、客体相互作用与统一的辩证法，它仅限于社会历史领域，是研究社会历史中主、客体运动的概念，是一种历史辩证法。卢卡奇强调，马克思的"总体性的辩证法"

第六章　阿尔都塞与当代马克思主义研究

是通过超越近代资产阶级哲学的理性主义思维方式而形成的。近代理性主义哲学奉行逻辑的思维方式，把凡是不符合理性原则的，都排斥在哲学体系之外，其基本特征是主、客体的分离和对立。只有马克思重新思考了哲学的原则，实现了哲学中的"实践"的转向，并真正将主、客体关系置于社会历史的基础上予以考察，"实践"由此成为联系主、客体的中介。哲学原则的转变实际上也意味着哲学研究对象和哲学研究主题的转变。

卢卡奇认为，马克思主义哲学的研究对象和近代哲学相比，已经发生了若干变化，卢卡奇是通过批评恩格斯的自然辩证法来说明这种转变的。卢卡奇在《什么是正统马克思主义》一文中，指出把辩证法限制在历史和社会领域中极为重要，并批评恩格斯对辩证法的表述的问题在于："他错误地跟着黑格尔把这种方法也扩大到对自然界的认识上。"[①]卢卡奇之所以批评恩格斯的自然辩证法，主要原因就在于他认为，恩格斯是站在近代理性主义的哲学立场上，对马克思主义哲学做出了一种自然科学实证主义的解说。因此，恩格斯混淆了马克思主义哲学的研究对象和近代哲学的研究对象的不同，近代哲学把"整个世界"作为自己的研究对象，把哲学的任务看作揭示整个世界的普遍规律和现象世界背后的绝对本体。而马克思主义哲学作为一种哲学革命性的变革，它的研究对象则是"人类社会"，其功能和使命在于对人的自由和价值的关注，对人类历史之谜的探寻，而非对世界普遍和绝对知识的探求。基于这种认识，卢卡奇在《物化和无产阶级意识》一文中，批评恩格斯由于忽视了上述区别，以至于对"实践"也做了一种实证主义的解说。他对恩格斯批驳不可知论的一段话提出异议。恩格斯认为，对不可知论以及其他一切哲学上的怪论的最令人信服的驳斥是实践，即工业和实验。卢卡奇批评恩格斯把工业和实验的行为看作辩证哲学意义上的"实践"的看法是不妥当的。因为"实验"恰恰是创造一种完全排除主体的抽象的环境，进而把观察到的物质归结为纯理性或数学意义上的"产品"的，这恰恰是自然科学实证主义的观点。

科尔施也强调，马克思的唯物主义既反对唯心主义，也反对直观的唯物主义。"马克思以双重的对立，即一方面同费尔巴哈的纯粹自然主

[①] [匈]乔治·卢卡奇.历史与阶级意识.杜章智，等译.北京：商务印书馆，2004：51.

义的唯物主义相对立，而阐明的如下尖刻的反题是适用的，'不是人们的意识决定人们的存在，相反是人们的社会存在决定人们的意识'。"①科尔施在阐明马克思的唯物主义的特质时指出，马克思当然承认"外部自然界的优先地位"，但是马克思的唯物主义中的自然"并不表现在任何处于历史与社会之外的自然要素，例如气候、种族、生存斗争、人的肉体与精神力量，而表现在甚至已'历史地被改变了的自然界'，或者更确切地说，表现在具有历史与社会特征的、物质生产的发展"②。也就是说，"自然"是一个社会范畴，那种脱离社会实践的自然是旧唯物主义的研究对象，并不是马克思的唯物主义的研究对象。科尔施通过论述自然界与历史的关系，进一步对上述问题展开了探讨。作为全部历史和社会前提的、肉体的人和他周遭的外部世界的存在，"以及客观的、在大的时期里不取决于人类活动而实现的、这种自然条件的地理的与宇宙的发展，对于这种体系来说虽然构成了不言而喻的科学前提，但是它们并不构成它的出发点"③。因此，"马克思伊始以社会范畴去理解自然界。物质的自然界并不是直接地影响世界历史，而是间接地作为一个伊始不仅在人与自然之间，而且同时也在人与人之间发生的、物质生产过程"④。科尔施由此批判马克思、恩格斯的后继者不理解马克思哲学这一理论特质，相反，脱离人类实践和历史，把马克思的唯物主义哲学看作一种一般的社会哲学或者社会学理论，并用这种哲学去论证马克思的历史和经济的科学。科尔施认为，这只不过是多余地把他们自己哲学的落后性重新带入马克思主义理论中。科尔施在讨论马克思和费尔巴哈唯物主义区别时指出，对于马克思的历史唯物主义来说问题在于：把现存的和发展中的社会实际从其主观方面看，理解为"人的感性的活动、实践"，并从而把人的活动本身理解为"客观的活动"。费尔巴哈的自然主义的唯物主义把"历史的过程排除在外"，因而从来不能像历史唯物主义那样，理解人对自然的能动关系，人的生活的直接生产过程，以及人的社会生活条件和由此产生的精神观念的直接生产过程。

---

① ［德］卡尔·科尔施. 卡尔·马克思. 熊子云，翁廷真，译. 重庆：重庆出版社，1993：111-112.
② 同①112.
③ 同①114-115.
④ 同①112-113.

第六章 阿尔都塞与当代马克思主义研究

葛兰西在《狱中札记》一书中则指出，马克思主义哲学的特点是既反对传统的机械唯物主义，也反对唯心主义，是超越传统唯物主义和唯心主义的一种现代哲学。"不可把实践哲学同其他一切哲学等量齐观或降低到它们的水平上。它的独创性不仅表现在对先前哲学的超越上，而且首先表现在他开辟了一条崭新的道路，使理解哲学的整个方式从头到尾焕然一新。"① 为了进一步说明马克思唯物主义哲学的特质，葛兰西以如何看待"物质"为例来说明马克思的实践哲学同近代自然科学唯物主义哲学的区别。他指出，自然科学主要考察的是物质的、物理的、化学的和机械的属性，而哲学研究的则是这些物质是如何被纳入物质生产力之中，并影响人类社会生活的。因此，"对实践哲学来说，'物质'既不能按照自然科学（物理、化学、机械学等）的概念去理解，也不能按照各种唯物主义形而上学的概念去理解。应该理解为各种物理的（化学的、机械的等）物质属性加在一起构成物质本身（除非你要回到康德的本体论去），但这只是就它们成为一种生产的'经济要素'而言的。因此，物质本身并不是我们研究的课题，而是要研究怎样社会地和历史地把物质组织起来投入生产，同时相应地把自然科学看作基本上是一种历史范畴，一种人类关系"②。

通过以上论述我们可以看出，尽管阿尔都塞在具体解释马克思主义理论与作为人本主义流派的西方马克思主义理论家卢卡奇、葛兰西、科尔施存在着差别，但是他们都突出地强调马克思哲学和近代哲学的"断裂"，强调马克思哲学是一种现代哲学，在这方面他们的价值取向都是一致的。阿尔都塞与西方马克思主义人本主义理论家不仅在对如何理解马克思主义哲学本质问题上具有一致的价值取向，而且他们都反对对马克思主义理论的经济决定论、技术还原论的解释，都批评苏联模式的马克思主义理论无法发挥马克思主义理论的批判价值功能。

阿尔都塞之所以被称为"反传统"的思想家，一个重要的原因就在于他提出了一种不同于当时作为主流的苏联马克思主义的理论，他把苏联马克思主义理论称为机械的理论、经济决定论、技术决定论、技术还原论。他的这些批评和早期西方马克思主义理论家的观点可谓是完全一致的。

---

① 中共中央编译局. 葛兰西文选（1916—1935）. 北京：人民出版社，1992：537.
② 同①538.

卢卡奇在《历史与阶级意识》一书中，反复强调不能把自然科学的理性主义研究方法直接运用于哲学研究中。因为"这种看来非常科学的方法的不科学性，就在于它忽略了作为其依据的事实的历史性质。……这种错误来源的实质在于，统计和建立在统计基础上的'精确的'经济理论总是落后于实际的发展"①。卢卡奇的"总体性的辩证法"的核心就是要反对第二国际和苏联马克思主义理论只重视客观辩证法，忽视主观辩证法，只强调历史规律的必然性，忽视历史规律总是离不开人的实践活动这一事实，因此，他强调历史发展进程中人的主观精神因素的作用。葛兰西则通过评论布哈林的《历史唯物主义理论——马克思主义社会学通俗教材》一书，批判苏联模式的马克思主义理论的机械、经济决定论，他指出："实践哲学被设想为两大部分：一是被看作社会学的关于历史和政治的理论，即可以按照自然科学的方法（指最原始意义上的实证主义的实验方法）去建立理论结构，一是哲学本身，其实是形而上学或机械（庸俗）唯物主义的别称。"② 因此，像布哈林那样脱离历史和政治，把自然科学的方法直接引到哲学中，用自然科学的因果律以及对规律性、规范性和一致性的探索取代历史辩证法的做法是错误的，葛兰西认为这种企图把每一件事情都归结为某种单一的最后或终极原因，实际上是一种旧式的形而上学，忽略了自然科学规律和历史规律的区别。因此，不能离开人的主观能动作用来理解历史规律的客观性，对于那种把"政治和意识形态的任何一次波动都可以当作基础的直接反映来加以描述和说明，并把这说成是历史唯物主义的一条基本原理"③ 的观点应当被当作一种原始的幼稚病从理论上加以驳斥。因此，葛兰西认为："问题不是要'发现''决定论'的形而上学规律，甚至也不是要确定'普遍的'因果律，而是要弄明白，以某种规律性和自动性发挥相对经常作用的力量是怎样在历史演变中形成的。"④

可以看出，虽然阿尔都塞不赞成用人道主义、人本主义哲学来解释马克思主义理论，但是他和西方马克思主义中的人本主义流派在理解马

---

① [匈]乔治·卢卡奇. 历史与阶级意识. 杜章智，等译. 北京：商务印书馆，2004：54.
② 中共中央编译局. 葛兰西文选（1916—1935）. 北京：人民出版社，1992：508.
③ 同②483.
④ 同②487.

克思哲学的本质问题上具有共同的价值取向，也都具有强烈的反决定论、反还原论的特点，而上述共同点又使他们都注重马克思主义理论的意识形态功能。

2. 在强调马克思主义理论的意识形态功能上具有一致性

西方马克思主义是探寻西方社会主义革命道路的战略和策略问题而形成的一股理论和政治思潮。在它们看来，西欧革命失败的根本原因在于资产阶级的"总体统治"所造成的无产阶级主观精神不够发达而导致的阶级意识的危机，因此，它们都强调发挥马克思主义理论的批判价值功能，并把这种批判价值功能的发挥归结为对资本主义社会的批判、对文化意识形态的批判两部分内容。西方马克思主义的人本主义理论家和阿尔都塞在强调马克思主义理论的文化意识形态功能的问题上具有一致性。具体说：

西方马克思主义的人本主义流派均认为资本主义社会的统治是一种包括政治统治、经济剥削和文化心理支配在内的"总体统治"，西方革命的关键在于工人阶级主观精神的发展程度，这就凸显了文化心理革命的优先性和重要性。而提升工人阶级的主观精神的关键在于通过对资本主义社会展开社会批判和文化价值批判，使工人阶级摆脱资产阶级文化意识形态的束缚和市场经济物化意识的支配。这使西方马克思主义中人本主义流派对马克思主义哲学的理解、对当代资本主义社会的批判和对当代资本主义的文化意识形态批判三条逻辑逐渐展开。第一条逻辑主要展现为他们反对把马克思哲学理解为一种探寻世界普遍和绝对本质的近代知识论哲学，主张马克思哲学是以人类实践为基础，以研讨人的自由和解放为目的的主体实践论哲学；第二条逻辑主要展开为他们指认资本主义社会是"异化"或"总体异化"的社会，揭示了当代西方社会现代化与人的发展的背离现象；第三条逻辑主要展现为他们指认当代西方的意识形态统治体现为市场经济的物化意识、消费主义文化价值观和科学技术已经成为控制和支配人的内心向度的工具，由此强调展开文化价值批判、意识形态批判对于形成人的独立人格和促进人的主观精神发展的重要性。哲学批判、社会批判、文化意识形态批判由此成为他们的理论主题。而这一切都是为了让工人阶级从资本主义文化意识形态的束缚中摆脱出来，形成成熟的集体意志或阶级意识，为西方人的自由、解放和社会主义革命创造前提，这就必须重视发挥马克思主义理论的文化价值功能。①

阿尔都塞虽然是以捍卫马克思主义理论科学性的姿态出现的，但是，他始终强调发挥马克思主义理论对于工人运动的指导作用。他在《保卫马克思》一书中为了避免马克思主义哲学被政治实用主义化，而把马克思主义哲学限定在思维领域，并把马克思主义哲学规定为关于"理论实践的理论"——人们批评他的这一观点犯有"理论主义"的错误，斩断了马克思主义理论同工人运动的有机联系。他在《列宁和哲学》一书中则力图改正上述错误，强调马克思主义哲学与政治的联系，提出了马克思主义哲学与传统哲学的不同在于：传统哲学的主要目标是获取关于世界的普遍知识和绝对本质，而马克思主义哲学是一种特殊的哲学，这种特殊性就体现在它并不满足于解释世界，更重要的是它是一种特殊的"哲学实践"，即主要致力于如何改造世界，这就决定了马克思主义哲学与传统哲学脱离政治实践单纯追求普遍规律和绝对知识不同，它要求对政治实践进行干预，因而与政治有不可分割的关系。不仅如此，阿尔都塞从探寻西方工人阶级实现自由解放之道出发，分析了意识形态理论的实质及其功能，把意识形态看作人们对自身生存条件的想象或体验的关系，把意识形态的主要功能归结为建构主体，指出当代资本主义社会对人们的统治主要是通过"镇压性国家机器"和"意识形态国家机器"这两个互为条件的国家机器实现的。所不同的是"镇压性国家机器"主要诉之于国家权力的暴力统治，"意识形态国家机器"则通过家庭、学校、教会等非暴力机构进行资本主义生产关系的生产与再生产，为资本主义维系其政治统治培养统治者和被统治者。阿尔都塞揭示了当代资本主义社会对人们统治的两种相辅相成的形式，要求从无产阶级争夺领导权的目的出发，重视文化意识形态斗争的作用。由于在当代西方社会中，学校已经取代教会成为资产阶级灌输意识形态的主要场所，他因此特别强调学校意识形态斗争对无产阶级争夺领导权的重要性。在《相遇的哲学：晚期著作集（1978—1987）》一书中他进一步提出了"偶然相遇的唯物主义"理论，把那种探寻世界开端、本质和意义的哲学斥之为"本质论"哲学和"目的论哲学"，指出马克思的唯物主

---

① 王雨辰. 西方马克思主义哲学基本理论问题论纲. 社会科学战线，2017（3）.

义与这种强调本质、开端、目的的理性主义哲学传统相反，它更加偏爱分散和紊乱，强调"偶然性""可能性"的重要，其核心思想就是要通过重新解释马克思的唯物主义哲学的内涵，打破那种归因于必然性的规律，以便使马克思主义哲学在无限可能和充满偶然性的世界中，实现它与政治实践的"相遇"，实现马克思主义哲学与政治的有机联结。可以说，如何在马克思主义理论科学性的基础上发挥其意识形态职能是阿尔都塞的理论主题之一，这与西方马克思主义中的人本主义流派重视马克思主义哲学的文化意识形态功能显然具有完全的一致性。

3. 重视对总体性问题的研究是西方马克思主义的共同点

重视对总体性问题的研究是西方马克思主义理论的共同点，但是对于如何理解和把握"总体性"问题及其内涵，阿尔都塞与西方马克思主义人本主义流派以及各人本主义流派之间是存在分歧的。具体说，卢卡奇、科尔施、葛兰西、列斐伏尔、萨特等人本主义理论家都把"总体性"与"实践辩证法"联系起来，在他们那里，"总体性"除了具有方法论的特征之外，其核心含义就是与主体实践联系在一起的辩证法。法兰克福学派则把"总体性"与"同一性"等同起来，强调"总体性"意味着对个体性的否定，导致社会发展总体化、一体化趋势与个人个性自由发展要求之间的矛盾，因此，他们研究"总体性"问题的目的在于摧毁总体，拯救个体。阿尔都塞也强调对"总体性"问题的研究，但他研究"总体性"的目的在于两个方面：一是反对对马克思主义理论的人道主义的解释，捍卫马克思主义理论的科学性。在他眼里，从卢卡奇到萨特的马克思主义理论的基础与核心都是"人及其实践"，是一种对马克思主义理论的人道主义解释，不符合他所理解的马克思主义科学性，因此他所强调的"总体性"恰恰是与"人及其实践"没有关系的"结构总体性"，进而把从卢卡奇到萨特的马克思主义理论斥之为建立在历史目的论基础上的历史主义，提出了马克思主义理论是理论上的反人道主义、反历史主义和历史是无主体的历史过程的命题。二是他批评对马克思主义理论的经济决定论式的解释混淆了马克思与黑格尔思想的区别，没有凸显马克思主义理论的独特性。因此，他在坚持结构总体性，坚持生产方式归根结底起决定作用的同时，承认社会结构诸因素的相对独立性和反作用，提出了"多元决定"的理论主张。探寻阿尔都塞与西方马克思主义中人本主义流派以及各人本主义流派在"总体性"问题上的异同，有利于我们把握西方马克思主义理论发展的脉络与实质。

西方马克思主义理论家之所以重视对"总体性"问题的研究，根本原因在于第二国际和苏俄马克思主义理论只强调历史发展中的经济因素的决定作用，进而把马克思所揭示的历史规律的必然性等同于自然规律的必然性，忽视了对工人阶级主观精神和阶级意识的培育。对此，本·阿格尔在《西方马克思主义概论》一书中把马克思主义理论规定为"理论与实践"相统一的辩证法，并指出马克思辩证法的独特性在于："资本主义就可以被看作是这种制度的结构性矛盾（他把这些矛盾称为'固有规律'）；这些'规律'一旦被认识，就可以通过推翻资本主义制度而得到改造。马克思还认为资本主义这些'固有规律'不像自然界运动的规律那样是永远固定的，而是从理论上对不完善的、自相矛盾的社会制度进行重新设想的反映。"① 阿格尔进一步指出，马克思的"理论与实践"相统一的辩证法把生产力和生产关系这一矛盾看作资本主义制度的内在矛盾，这一矛盾发展的必然逻辑是资本主义制度的崩溃，但这种"必然性"是一种逻辑意义上的"必然性"，要使这种必然性变成现实，还需要发挥人的主观能动性。但是，第二国际和苏俄马克思主义理论恰恰把逻辑上的"必然性"看作可以脱离人的主观因素而实现的，这实际上是把历史规律的"必然性"等同于自然规律的"必然性"，由此导致了不重视对工人阶级主观精神和阶级意识的培育。

西方马克思主义的理论运思是从探寻西方社会主义革命道路和西方人自由解放这一目的出发，把是否具备无产阶级成熟的阶级意识看作西方革命成败的关键。为此，他们把理论批判的矛头指向了对马克思主义理论的决定论的解释，并重新解释了马克思主义理论。卢卡奇、科尔施和葛兰西都把马克思主义理论看作一种包括经济批判、政治批判和文化意识形态批判在内的"总体性"理论，并由此提出了"总体革命论"的理论主张。卢卡奇在《历史与阶级意识》一书中指出："总体范畴，整体对各个部分的全部的、决定性的统治地位，是马克思取自黑格尔并独创性地改造成为一门全新科学的基础的方法的本质。……总体范畴的统

---

① ［加］本·阿格尔. 西方马克思主义概论. 慎之，等译. 北京：中国人民大学出版社，1991：8.

第六章 阿尔都塞与当代马克思主义研究

治地位,是科学中的革命原则的支柱。"① 卢卡奇把马克思哲学的理论基础规定为建立在"总体性"基础上的"总体性的辩证法","总体性的辩证法"具有方法论和本体论的含义。所谓"方法论"的含义主要是要求应当在坚持部分具有相对独立性的同时,坚持总体高于部分的原则。把这一方法运用于分析人类社会历史就应当对社会生活做总体和全面的研究,孤立、个别的社会现象只有在与总体的联系中才能得到理解和解释。所谓"本体论"的含义主要是指它是主、客体相互作用和改变现实的主体辩证法,只能被限定在社会历史领域。根据"总体性的辩证法",卢卡奇强调马克思哲学的研究对象是人类历史(包括纳入人类实践中的自然界),把马克思哲学的使命归结为探讨人的自由解放问题,把马克思哲学归结为具有批判价值功能的现代实践论哲学,而非以近代理性主义方法论为基础的知识论哲学。这就决定了马克思哲学不仅具有实践性、主体性和历史性三个基本特点,而且不可能是一种实证主义哲学,只能是一种批判的哲学。"历史唯物主义的首要功能就肯定不会是纯粹的科学认识,而是行动。历史唯物主义不是目的本身,它的存在是为了使无产阶级自己看清形势,为了使它在这种明确认识到的形势中能够根据自己的阶级地位去正确地行动。"② 也就是说,历史唯物主义是无产阶级批判资本主义社会,争取自身自由和解放的理论工具。

卢卡奇的上述观点得到了科尔施和葛兰西的赞同。科尔施在《马克思主义和哲学》一书中既反对第二国际的马克思主义理论把马克思主义仅仅归结为经济决定论的做法,也反对资产阶级学者将马克思主义理论与康德、马赫等资产阶级哲学结合起来的做法,明确提出要恢复马克思主义的哲学意识,这种哲学意识在科尔施看来就是理论与实践、哲学与现实相结合的辩证法。因此,他强调马克思主义理论是一种包括经济批判、政治批判和哲学意识形态批判在内的"总体性理论"。"马克思主义理论……是一种把社会发展作为活的整体来理解和把握的理论;或者更确切地说,它是一种把社会革命作为活的整体来理解和实践的理论。"③

---

① [匈]乔治·卢卡奇. 历史与阶级意识. 杜章智,等译. 北京:商务印书馆,2004:77.
② 同①313.
③ [德]卡尔·科尔施. 马克思主义和哲学. 王南湜,荣新海,译. 重庆:重庆出版社,1989:22-23.

对马克思主义理论的实证论和经济决定论的解说，不仅违背了具有总体性的马克思主义理论，而且只能使马克思的唯物主义倒退到旧唯物主义的立场，这也决定了马克思主义理论对资本主义社会的批判不能仅仅拘泥于经济批判，还必须对资本主义社会展开文化意识形态批判，只有把经济批判、政治批判、文化意识形态批判有机结合起来，恢复马克思主义理论的总体性原则，西方革命才有可能取得成功。葛兰西在《狱中札记》一书中把马克思哲学解释为一种"实践哲学"，强调这种实践哲学是一种立足于哲学、政治与历史三者统一的"绝对历史主义"哲学，这一哲学的根本目的不是要去发现什么永恒的历史规律，而是要通过文化批判、意识形态批判和日常生活批判，来传播一种新世界观和新文化，进而改变人们的心态。葛兰西正是以实践哲学为基础，把当代资本主义国家划分为"政治社会"和"市民社会"两部分，指出当代西方资本主义社会的统治是包括政治统治、经济剥削和文化意识形态控制在内的"总体统治"，这也决定了西方革命应当采取包括经济革命、政治革命和文化心理革命在内的"总体革命"模式。其中，文化心理革命是西方革命的前提，其途径就是通过文化意识形态斗争，建立无产阶级的"文化领导权"，对资本主义社会采取各个击破的"运动战"的革命方略，待到无产阶级的力量积累到一定程度，再与资产阶级采取"阵地战"的总决战。

可以看出，以卢卡奇、科尔施和葛兰西为代表的早期西方马克思主义理论家都充满了对"总体性"的渴望，其根源在于：第一，他们都反对第二国际和苏俄马克思主义理论对马克思主义理论的经济决定论、技术还原论解释，强调马克思主义哲学的基础在于以"总体性"为基础的批判的实践辩证法，强调马克思主义哲学不是探求世界普遍规律和绝对本质的知识论哲学，而是探求人的自由和价值实现的主体实践论哲学。第二，他们都反对直接把俄国"十月革命"的模式照抄照搬到西欧，与俄国单纯的政治暴力统治不同，西欧资产阶级的统治是包括政治统治、经济剥削和文化心理控制在内的"总体统治"。而当时由于对马克思主义哲学的经济决定论、技术还原论解释，马克思主义阵营不注重工人阶级主观精神的培育和政治觉悟的提升，使得西欧工人阶级受制于资产阶级意识形态，最终造成阶级意识的危机。早期西方马克思主义理论家之所以重视对"总体性"的研究，归根结底根源于他们对西方革命道路的

第六章　阿尔都塞与当代马克思主义研究

探索。而他们的这一思路在列斐伏尔、萨特那里得到了进一步深化和发展。

列斐伏尔主要借助对《1844年经济学哲学手稿》的解读批判资本主义社会将人的生存异化为碎片，要求通过日常生活批判，回归到"总体存在"的人。众所周知，马克思在《1844年经济学哲学手稿》一书中提出了异化理论及其四种表现形式，批判了资本主义社会造成了人与自然、人与人的异化，进而提出了通过废除私有制和私有制支配下的社会分工，实现人与自然、人与人之间关系的和解，把共产主义规定为"彻底的自然主义"和"彻底的人道主义"的有机统一。列斐伏尔通过继承和发挥马克思在《1844年经济学哲学手稿》一书中的上述思想，提出了"总体的人"的观念，并从三个方面论证"总体的人"的重要性。首先，列斐伏尔反对孤立的研究方法，指出孤立的研究方法只会导致机械决定论和唯心主义的结局，强调哲学应当坚持"总体"的研究方法。"哲学态度的片面性是由它最初方法上的局限性所决定的。唯心主义不讲内容只讲纯粹活动，因而必然导致这种活动的'形式化'。实证主义、经验主义和朴素唯物主义则撇开活动首先考虑目的、论据或事实，因而置活动于不顾，限制了实际的存在"①，强调哲学应当遵循总体的研究方法，这一方法的特点是要求"自觉和正确地实行局部和整体的结合，不能忽视问题的任何一个方面。孤立的存在物应该在它与整体的全部关系中得到重视"②。马克思主义哲学机械决定论解释的错误就是因为它把"总体性原则"作为其方法论基础，没有坚持从总体中的主、客体相互作用的辩证法出发去把握世界的存在。其次，列斐伏尔强调"总体化"的实践活动把世界二重化，在人类既受制于自然，又改造自然的实践活动基础上，实现人类与自然的统一。列斐伏尔认为，正是基于人类实践的总体化活动把人类从自然中分化出来，形成了人类同自然的对立，人类一方面受制于自然，另一方面又通过创造性的劳动使自然人化，从而实现人类与自然界的统一。"人是在同他物相比之中，在否定自己并被自己所否定的、然而却与人紧密地联系在一起的东西，即自然界之中诞生并认识自己。人先是与自然界糅合在一起，然后再逐渐

---

① [法] H. 列斐伏尔. 人类的产生//西方学者论《一八四四年经济学—哲学手稿》. 薛民, 译. 上海：复旦大学出版社, 1983：167.
② 同①173.

增强并超过了自然,并为自己创造了一种人类的自然界。"① 最后,列斐伏尔批判了资本主义社会产生了人的异化和破碎化。在列斐伏尔看来,由于资本主义社会是一种追逐金钱的私有制社会,无产阶级就被排斥在社会之外,异化为资本追求金钱的工具,人的创造性劳动异化为谋生的手段,这就意味着"人类的共同生活被破坏了。创造性的活动成了一种使个人从集体中分离出来的手段。特别是,集体成了掌握生产资料的人的工具"②。基于以上认识,列斐伏尔提出了消除异化,回归"总体的人"的主张。

列斐伏尔认为,马克思在《1844年经济学哲学手稿》一书中就提出了"总体的人"的概念。因为马克思强调:"人是**特殊的**个体,并且正是人的特殊性使人成为个体,成为现实的、**单个的**社会存在物,同样,人也是**总体**,是观念的总体,是被思考和被感知的社会的自为的主体存在,正如人在现实中既作为对社会存在的直观和现实享受而存在,又作为人的生命表现的总体而存在一样。"③ 但是资本主义社会的异化却使"总体的人"变成了破碎化的人,因而马克思提出了回归"总体的人"的共产主义社会的设想。列斐伏尔在其《日常生活批判》(三卷本)和《空间的生产》等著作中进一步论述了如何通过"日常生活批判"来克服异化,回归他的"总体的人"的理论主张。他的"日常生活批判"主要侧重于对自发的、隐秘的、人们日常生活的异化批判,并追求个人微观心理的解放,从而把马克思"以类哲学与阶级哲学为平台的现代社会批判与解放设计方案,亦即一种波澜壮阔的宏观历史哲学批判视野,改造成一份以个人的日常生活为平台的、平凡而细微的现代性解放与批判的清单"④。列斐伏尔反对那种把日常生活看得无关紧要的观点,也反对对日常生活展开实证的和狭隘的社会学研究,强调日常生活不仅是人们活动的场所,而且是人们实现自身的场所,属于社会总体的内在组成部分,这就决定了把握社会生活总体就不能缺乏对日常生活的批判。他进一步强调他的日常生活批判不过是继承和深化了马克思的批判传

---

① [法] H. 列斐伏尔. 人类的产生//西方学者论《一八四四年经济学—哲学手稿》. 薛民,译. 上海:复旦大学出版社,1983:189.
② 同①195-196.
③ 马克思恩格斯文集:第1卷. 北京:人民出版社,2009:188.
④ 刘怀玉. 现代性的平庸与神奇:列斐伏尔日常生活批判哲学的文本学解读. 北京:中央编译出版社,2006:34.

第六章　阿尔都塞与当代马克思主义研究

统。因为在列斐伏尔看来，马克思所说的改造世界本质上就是改造日常生活，他的日常生活批判理论不过是把马克思批判理论的侧重点从注重政治经济学的宏大批判进一步深化为对日常生活的微观批判。列斐伏尔日常生活批判理论经历了一个发展过程，在他早年的《日常生活批判》第一卷中他依然受马克思主义解释框架的影响，把日常生活的内容主要理解为物质生活，人的解放就是要摆脱人在日常生活中受物质匮乏和政治奴役的制约；在他思想的中后期，他逐渐认识到现代性的发展和物质财富的增多不仅没有使人走向解放，相反形成了一种对人的新的控制，因此他把当代西方社会看作"消费被控制"的"消费社会"，人们受控制和压抑集中体现在日常生活中。基于以上认识，列斐伏尔强调只有从日常生活批判出发，才能最终解决现代社会对人的总体控制和压抑，实现人的解放，使人回归到"总体存在的人"，可以看出，列斐伏尔在中后期思想中更加重视对日常生活的微观分析，并力图把对日常生活的微观分析同实现社会总体的自由和解放结合起来。列斐伏尔是从三个方面强调总体概念对于实现人的自由和解放的重要性的。具体说，第一，强调坚持"总体研究方法"的重要性，指出只有坚持"总体研究方法"，才能克服机械论和唯心主义的片面性；第二，批判资本主义社会把"总体存在的人"异化为破碎化、片面存在的人，提出通过日常生活批判，使人从资本主义社会对人的总体控制和压抑下解放出来的理论主张；第三，他提出了"总体存在的人"的概念，并使这一概念成为他批判资本主义社会异化的理论工具。他把"总体存在的人"看作"有生命的主体—客体，是起初被弄得支离破碎，后来又被禁锢在必然和抽象之中的主体—客体。总体的人经历了这种支离破碎走向自由，它变成自然界，但这是自由的自然界。它像自然界一样成了一个总体，但又驾驭着自然界，总体的人是'消除了异化'的人"①。

萨特是一生追求"自由"的理论家，但他对自由的追求经历了从信奉存在主义的"绝对自由"到把追求个人自由选择与马克思主义强调社会历史因素制约相结合的发展过程。这种转变一方面使他高度赞扬马克思主义哲学是时代不可超越的哲学，并把他所信奉的存在主义看成依附在这一哲学身上的思想体系；另一方面也批评苏联模式的马克思主义哲

---

① ［法］H. 列斐伏尔. 人类的产生//西方学者论《一八四四年经济学—哲学手稿》. 薛民，译. 上海：复旦大学出版社，1983：197.

学只注重了经济因素、阶级分析、阶级利益等社会因素对人的制约,忽视了具体的个人的深入分析,存在着"人学的空场",需要用存在主义补充马克思主义。"正是这种对人的排斥,把人从马克思主义的知识中排除出去,才使存在主义在认识的历史整体化之外复兴起来。"① 萨特是从方法论的变革入手实现存在主义对马克思主义的补充的。在他看来,苏俄马克思主义理论之所以陷入机械决定论、经济决定论,其根本原因就在于缺乏能够把个别与普遍、个人与历史联系起来的中介,以至于用单纯的阶级关系来分析历史中不同条件下的具体的个人。萨特所说的"中介"实际上就是指具体个人的日常生活因素,如家庭、心理、情感等因素,这就决定了要科学研究人,除了需要揭示社会因素对人的生存和发展的影响之外,还必须研究这些"中介因素"对人的影响,因此,必须把社会分析方法与心理分析方法有机结合起来。基于以上认识,萨特提出了他的"前进—逆溯方法",其实质就是要把历史唯物主义的宏观研究方法与存在主义的微观研究方法结合起来。在他那里,所谓"前进"研究方法,就是从历史唯物主义坚持的社会历史的维度来研究人的方法;所谓"逆溯"研究方法,就是从存在主义人的维度来研究社会的方法。单纯使用"前进"研究方法或"逆溯"研究方法,只能陷入机械决定论或唯心论的错误中,这就要求实现这两种方法的结合,其实质就是要把历史唯物主义的宏观研究方法与存在主义的微观研究方法结合起来。萨特强调,只有实现这两种方法的有机结合,采取"前进—逆溯方法"才能克服当代马克思主义的危机。

正是通过运用上述方法,萨特建立了以"实践"为基础的"人学辩证法"和以"匮乏"为核心的"历史人学"。萨特所谓的"人学辩证法"就是把个人实践看作辩证法的基础和源泉,强调"辩证法"只能存在于个人实践形成的"总体化"之中,进而否定自然辩证法的存在。所谓个人实践形成的"总体化"就是指个人实践形成的各种关系的总体状态,这种"总体"虽然是由部分构成的,但不是它们机械的总和,而是各组成部分之间的综合统一。在萨特看来,"人"在社会历史中处于中心地位,这就决定了人能够通过实践活动把社会历史联结成一个总体。具体说,人是通过个人实践形成的总体化造成社会的总体化的,

---

① [法]让·萨特. 辩证理性批判:第一卷. 林骧华,徐和瑾,陈伟丰,译. 合肥:安徽文艺出版社,1998:141.

第六章 阿尔都塞与当代马克思主义研究

而这种从个人实践所实现的个人到社会的总体化运动就是辩证法的本质含义。萨特在此基础上进一步提出了他的社会历史理论,即"历史人学"。

萨特的"历史人学"的特点是把整个人类社会历史描绘成克服"匮乏"不断异化,又克服异化的历史。在这一过程中,人类社会历史经历了"实践—惰性"阶段、"群集"阶段、"集团"阶段三个发展过程。"实践—惰性"阶段的起点是个人实践,个人为了摆脱"匮乏"而不得不进行劳动实践,由此形成人与物和人与人之间的矛盾异化关系。为了克服这种异化,人们打破"实践—惰性阶段"而进入"群集"阶段。在"群集"阶段中,人们仅仅是在物质需要的支配下,为克服"匮乏"而结成的本质上是松散和虚假的集体,不仅制约了人的主观能动性的发挥,而且无法真正战胜外来的威胁,于是人们起来反抗"群集",并进入由共同利益、共同目标联系在一起的"集团"阶段。依据集团内部的有机联系程度,萨特又把"集团"阶段划分为"融合集团"、"誓愿集团"和"制度集团"三个阶段。"融合集团"是为短期目标迅速组合的集团,其缺陷是一旦目标实现,"融合集团"就容易解散,因此需要加强集团的组织纪律性,于是就要求进化到"誓愿集团"阶段。"誓愿集团"则是为共同的目标而要求全体成员宣誓,并接受集团的组织纪律的处罚。在这一阶段,个人必须服从集团的利益,个人自由的实践就为集团惰性的实践所代替,由此进入"制度集团"阶段。这一阶段的特点是把集团内部的各种关系转化为制度法规,形成了制度的制定者、统治者和被统治者,这一方面意味着人的异化程度的加深,另一方面也由于个人主观目的与集团共同目标不一致而产生了官僚主义的制度集团。萨特把当代资本主义国家和苏联等社会主义国家都看成官僚国家,萨特实际上认为"制度集团"一方面是人类所必需的,另一方面又必然导致人的异化。可以看出,在萨特那里,人类历史是从克服"匮乏"开始,充满了个人自由被制约和异化的发展过程。

萨特的"总体"观的独特之处在于:一是他在强调总体对个体决定作用的同时,更强调个体的自由和相对独立性,这显然与卢卡奇更强调总体对部分的决定作用不同;二是与卢卡奇把"总体性的辩证法"规定为联系过去和未来的发展趋势不同,他是以个人实践的"总体化"为基础来论述总体性的,更加重视人的具体的微观生活领域,理论更加具体和精致。

与上述人本主义流派不同，法兰克福学派则强调当代资本主义社会是一个"总体统治"和"总体异化"的社会，它们由此把"总体性哲学"看作一种"同一性哲学"，这种"同一性哲学"消解了个体和差异，使个体必须绝对服从总体，造成了当代西方社会的日益总体化和一体化发展趋势，个人日益为社会总体所吞没，如何拯救被总体所吞没的个体由此成为它们的理论主题。在它们看来，这种总体性哲学和同一性哲学开始于古希腊，黑格尔是这一哲学传统发展的高峰。古希腊巴门尼德和柏拉图强调"存在"和"理念"的至高无上性，把这种抽象的总体看作世界万物得以存在的根源和基础，他们的这一思想构成了西方理性主义哲学的传统。这一哲学传统的本质就是要透过个别现象，把握现象背后的本质和绝对本质，黑格尔则是这一哲学传统发展的集大成者。黑格尔虽然超越了他之前的哲学家，重视和正视事物发展过程中的"矛盾"的作用，但是他把整个世界发展的辩证法归结为"绝对精神"外化又回归自我的发展过程，并把世界发展归结为"绝对精神"遵循"正、反、合"的规律自我发展的逻辑，把个体存在和发展归结为这一发展逻辑中的一个环节，其结果是否定矛盾内部的对立统一双方的差异，并把这种差异归结为抽象的统一，这实际上是一种用抽象的总体压制个体的"同一性"哲学。这种"同一性"哲学否定了"非同一性"和差异的存在，成为资产阶级统治和奴役人的意识形态工具。因此，阿多诺在《否定的辩证法》一书中指出：在黑格尔那里，"绝对同一性的原则是自相矛盾的，它使非同一性以被压抑和被破坏的形式永存下去。黑格尔带有这方面的痕迹，他极力用同一性哲学来同化非同一性，用非同一性来规定同一性。然而，黑格尔歪曲了事实真相，因为他要证实同一性，承认非同一性是否定的——尽管是必然的——他因此而误解了普遍性的否定性"①。阿多诺由此强调"否定的辩证法"才是辩证法的真实含义，其核心是肯定"非同一性"。马尔库塞在《单向度的人》一书中也通过揭示当代西方社会的"总体异化"，通过考察西方哲学思想传统来揭示这种"总体异化"的哲学根源。马尔库塞指出，西方社会之所以能够实现对人的总体控制，除了借助科学技术进一步宣扬消费主义文化和生存方

---

① [德]泰奥多·阿多诺. 否定的辩证法. 张峰, 译. 重庆：重庆出版社, 1993：317.

第六章 阿尔都塞与当代马克思主义研究

式之外，就是消除哲学和文化中的否定性思想，培育人的肯定性思维。在他看来，西方传统原本存在着"是—应该"这样的内在结构，这种内在结构决定了哲学形而上学的批判向度。"辩证思维首先把'是'和'应该'之间的批判的紧张状态理解为一种本体论的条件，从属于存在本身的结构。然而，承认这种存在状态（它的理论），从一开始就意味着一种具体的实践。根据在既定事实中显得被虚假化或被否定的真理看，既定事实本身就表现为虚假的和否定的。"① 但是，当代哲学的数学化和实证化消解了西方哲学内在的辩证结构，使否定性思维变成了肯定性思维，由此导致了哲学批判功能的丧失和人屈从于社会现实这一结果。因此，马尔库塞主张要恢复人的批判向度，就应当对当代西方哲学和文化采取"大拒绝"的策略，通过艺术审美来培育具有自主意识和批判意识的"新感性"。可以看出，法兰克福学派理论家与卢卡奇等人本主义流派理论家渴望"总体性"、重建"总体性"不同，他们把"总体哲学"归结为"同一性"哲学，强调要通过打碎总体性哲学，恢复哲学的批判价值向度，人的自由和解放才具有基础和前提。

阿尔都塞从捍卫马克思主义理论的科学性出发，非常重视对总体性问题的研究。他强调"'总体'这个概念今天应用得十分广泛，人们用这个词，几乎可以毫无阻拦地从黑格尔谈到马克思，又从形态心理学谈到萨特。词还是同一个，但概念却因不同作家而变了，有时甚至彻底地变了。只要一为总体的概念下定义，就会引起无休止的争论"② 阿尔都塞这里是通过反对两种"总体"，进而阐发他的"结构总体观"的。面对人本主义立足于人及其实践的总体观，阿尔都塞斥之为"人道主义"和"历史主义"理论"总问题"，强调建立在这种总体观基础上的马克思主义理论必然会混淆马克思主义理论与资产阶级哲学的原则界限，使马克思主义理论降低为非科学的"意识形态"；而苏俄模式马克思主义理论则混淆了马克思和黑格尔的总体观的根本区别，把马克思具有主导结构的"多元决定"的总体观降低为黑格尔"一元决定"的总体观，导致了所谓"颠倒说"和对马克思主义理论的经济决定论、技术还原论的解释。在阿尔都塞看来，马克思的总体观的特质在于他把社会看成由多种有差异的社会结构组成的总体，构成社会总体的各部分是有不

---

① [美]赫伯特·马尔库塞. 单向度的人. 张峰，译. 重庆：重庆出版社，1988：114.
② [法]路易·阿尔都塞. 保卫马克思. 顾良，译. 北京：商务印书馆，2006：198.

同层次的和有差别的，同时又是由主导性矛盾支配的有机整体。其中政治结构和文化意识形态结构受经济结构的归根结底的决定作用，同时政治结构和文化意识形态结构又具有自身的相对独立性，并反作用于经济结构，它们由此构成有机的社会统一整体。"马克思讲的统一性是复杂整体的统一性，复杂整体的组织方式和构成方式恰恰就在于它是一个统一体。这是断言，复杂整体具有一个多环节主导结构的统一性。归根结底，正是这种特殊结构确立了矛盾与矛盾之间、各矛盾方面之间存在的支配关系"①。阿尔都塞正是把"总体"理解为"多元决定"的"结构总体"来捍卫马克思主义理论的科学性的。在这种"结构总体"中，一方面"多元决定"使他所理解的马克思主义理论与苏俄和决定论式的马克思主义理论区别开来，另一方面他所讲的"社会结构"是由生产关系构成的，他不是把人看作生产关系的主体，而是把人仅仅看作生产关系的承担者，这就使他与卢卡奇等以人和实践为基础的"总体"区别开来。阿尔都塞对"总体"的理解使他的理论具有完全不同于苏俄马克思主义和西方马克思主义中人本主义流派的特点。

如果我们以"总体性"为基础来观照西方马克思主义的发展就可以发现：西方马克思主义理论家对总体性问题的强调存在这三种逻辑：一是以卢卡奇、科尔施、葛兰西、列斐伏尔、萨特为代表的人本主义理论家，主要强调的是以实践为基础的总体性，其理论指向是强调马克思主义理论的批判价值向度，强调资本主义社会对人的总体控制和总体压抑，强调只有确立"总体性的辩证法"，对资本主义社会的总体控制和总体异化展开批判，才能实现人的自由和解放；二是以法兰克福学派为代表，拒斥"总体性"哲学，把"总体性哲学"看作维系资本主义社会总体统治的"同一性哲学"，倡导以"否定性"为核心和具有批判功能的辩证法，把被社会总体所吞没的个体解放出来；三是以阿尔都塞为代表，强调"结构总体性"的重要性，既反对以人及其实践为基础的总体性和对马克思主义理论的人道主义解释，也反对苏俄马克思主义仅仅用经济因素解释人类社会历史发展规律的经济决定论，他由此把"结构总体性"看作一种与人无关的生产关系的体系，同时又把其本质规定为"多元决定"的。

---

① [法]路易·阿尔都塞. 保卫马克思. 顾良，译. 北京：商务印书馆，2006：197.

二、阿尔都塞与后马克思主义思潮

后马克思主义思潮是一股以经典西方马克思主义为理论资源,并借助后现代主义重构和解构经典马克思主义理论而形成的社会政治思潮和理论思潮。其理论是在借鉴经典西方马克思主义理论,特别是葛兰西和阿尔都塞的理论、后现代主义思潮的基础上,对经典马克思主义理论进行解构和重构的结果。对于阿尔都塞对后马克思主义理论建构的影响,英国著名的理论家斯图亚特·西姆在《后马克思主义思想史》一书中指出,"阿尔都塞是一个有趣的例子,因为具有讽刺意味的是,他的计划是恢复马克思主义的理论权威,反而为后马克思主义规划开辟了一些非常有希望的探究路线"[①]。阿尔都塞对后马克思主义思潮理论建构的影响主要体现在他的"多元决定"的概念、意识形态理论和"偶然相遇的唯物主义"理论上。

1. "后马克思主义"概念的内涵

英国哲学家波兰尼在《个人知识:迈向后批判哲学》一书中最早提出"后马克思主义"概念。他把"后马克思主义"看作以摆脱斯大林主义控制,反对斯大林极权主义为目标的自由主义和人道主义思潮。在他看来,斯大林去世以后,出现了马克思主义人道主义化的潮流,最终形成了"后马克思主义思潮",他强调后马克思主义思潮"自从那时以来一直在进行,而至今在1956年10月在匈牙利和波兰的革命中达到高峰的思想解放过程已被称为真理的革命。这一称谓是贴切的,如果真理的意义被用来包括一切独立思维的成果的话,因为艺术追求、道德、宗教和爱国主义的权利以及知情权在某种程度上得到了恢复"[②]。他的后马克思主义概念虽然与后来的后马克思主义理论并无关系,但他把马克思主义看作一种不具有科学意义的意识形态以及拒斥革命的

---

① [英]斯图亚特·西姆. 后马克思主义思想史. 吕增奎,陈红,译. 南京:江苏人民出版社,2011:29.
② [英]迈克尔·波兰尼. 个人知识:迈向后批判哲学. 许泽民,译. 贵阳:贵州人民出版社,2000:373-374.

自由主义政治立场对后来的后马克思主义理论产生了一定的思想引导作用。

在他之后，加拿大著名的政治思想家麦克弗森在 1964 年发表的《后-自由主义的民主》一文中再次使用了"后马克思主义"的概念。他的"后马克思主义"概念主要强调的是当代西方社会已进入"后-资本主义社会"，即被高度管理和组织化的资本主义社会，因而与"旧资本主义社会"相适应的古典马克思主义需要被与"后-资本主义社会"相对应的"后-马克思主义"所代替，他的这一思想被丹尼·贝尔在《后工业社会的来临》一书中所继承和发展。丹尼·贝尔强调资本主义社会已经进入后工业社会，社会结构、社会关系和阶级关系已发生了很大的变化，传统的马克思主义已经不能解释当代资本主义社会的发展和变化，需要用一种"后马克思主义"来代替传统的马克思主义。麦克弗森和丹尼·贝尔都通过揭示西方社会的变化，强调传统马克思主义理论需要随之进行变革，才能与当代西方社会相适应。虽然他们的后马克思主义概念与后来我们所说的后马克思主义思潮具有不同的含义，但是他们宣称马克思主义理论的某些原理不适应当代西方社会，却对后马克思主义修正、重建马克思主义理论产生了影响。

伴随着西方社会结构和哲学文化思潮的变化，出现了多种类型和多种含义的"后马克思主义"概念①，最终形成了影响甚广的后马克思主义思潮。英国学者恩斯特·拉克劳和查特尔·墨菲在《领导权与社会主义的策略》一书中最早公开宣称他们是"后马克思主义"者，并用"*post*-Marxist"和"*post-Marxist*"两种不同的书写方法来处理**后**马克思主义与后**马克思主义**之间的关系。前者是斜体字的后马克思主义，后者则是正体字的后马克思主义。对于它们的不同含义，拉克劳、墨菲指出："如果本书的认识主题是后马克思主义（*post*-Marxist）的，它显然也是后马克思主义的（post-*Marxist*）。[斜体字强调的是，如果本书一方面是后马克思主义的（*post*-Marxist），另一方面，它确实仍然把马克思主义（*Marxist*）作为出发点。]"② 这里所谓"*post*-Marxist"表示的

---

① 周凡. 后马克思主义概念的发生学探察//周凡. 后马克思主义：批判与辩护. 北京：中央编译出版社，2007.

② [英] 恩斯特·拉克劳，查特尔·墨菲. 领导权与社会主义的策略. 尹树广，鉴传今，译. 哈尔滨：黑龙江人民出版社，2003：4-5.

第六章 阿尔都塞与当代马克思主义研究

是他们曾经是马克思主义的坚定探求者,但现在已经超越马克思主义阶段,进入后马克思主义(post-Marxist)阶段了,正体的 post 相当于时间意义上的 after。这表明他们已经从马克思主义理论的信奉者转向了"无怨无悔"的后马克思主义者。① 拉克劳、墨菲的后马克思主义主张用后现代主义来解读马克思主义理论,对后来的国外马克思主义研究产生了深远的影响,并逐渐形成广义的后马克思主义理论和狭义的后马克思主义理论。所谓广义的后马克思主义概念,是指 20 世纪七八十年代以来,立足于后现代主义精神,解释马克思主义而形成的各种马克思主义理论,也可以称之为"后现代的马克思主义理论"。所谓狭义的后马克思主义概念,是指以拉克劳、墨菲所提出的"霸权理论"、"接合理论"、"多元民主"和"偶然性"等观念为基础,形成的社会政治思潮,主要包括拉克劳、墨菲、詹姆逊、德里达等人,其中拉克劳、墨菲可以被看作离历史唯物主义较远,离后结构主义较近的后马克思主义的"右翼"代表人物;詹姆逊则可以被看作离历史唯物主义较近,离后现代主义较远的"左翼"代表人物;德里达则属于中间性质的代表人物。本书所说的"后马克思主义",主要是指狭义的后马克思主义中的拉克劳、墨菲在《领导权与社会主义的策略》一书中体现的以"霸权理论""接合理论""激进与多元民主""反本质主义""偶然性"等观念为基础而形成的一股社会政治思潮。后马克思主义突出的理论特征是解构马克思主义的阶级概念、历史必然性概念、激进革命理论,重构了基于偶然性、多元主义、话语革命的霸权理论。在他们解构和重构马克思主义理论的过程中,葛兰西和阿尔都塞的理论起了至关重要的作用。对此,拉克劳、墨菲指出:葛兰西的著作中"包含的阵地战、历史集团、集体意志、领导权、知识分子和道德领导这些新概念,是我们在《领导权与社会主义的策略》中进行思考的出发点"②。而阿尔都塞对后马克思主义理论建构的影响主要体现在他所提出的"多元决定论"、意识形态理论和后期对偶然性的强调等方面。

---

① [英]恩斯特·拉克劳. 我们时代革命的新反思. 孔明安,刘振怡,译. 哈尔滨:黑龙江人民出版社,2006:117-163.
② [英]恩斯特·拉克劳,查特尔·墨菲. 领导权与社会主义的策略. 第二版序言. 尹树广,鉴传今,译. 哈尔滨:黑龙江人民出版社,2003:3.

2. 阿尔都塞的"多元决定论"对后马克思主义理论建构的影响

阿尔都塞在《保卫马克思》一书中，从反对对马克思主义理论的经济决定论的解释模式出发，通过探寻马克思与黑格尔辩证法的区别，指出与黑格尔辩证法的简单矛盾观主导的"一元决定"不同，马克思的辩证法是由复杂矛盾所构成，并存在主导性矛盾和非主导性矛盾的"多元决定"的辩证法，这就决定了马克思的历史观不是单纯的经济决定论，而是"多元决定"的历史观。阿尔都塞由此批评对马克思主义历史观的经济决定论的错误理解。"只有'经济主义'（机械论）才一劳永逸地把各因素的实质和地位确定下来，不懂得过程的必然性恰恰在于各因素'根据情况'而交换位置。"[1] 阿尔都塞所谓马克思"多元决定"的历史观的内涵主要包括两层含义：第一，经济因素归根结底的决定作用；第二，上层建筑因素具有相对自主性和独立性，它在具体历史发展过程中也能起到决定作用。阿尔都塞强调，只有用"多元决定"来理解马克思的辩证法和历史观，才能真正划清马克思与黑格尔的本质区别，才能避免对马克思主义的经济决定论和技术还原论的解释。

阿尔都塞的"多元决定"的历史观成为后马克思主义建构其理论的重要思想资源。在后马克思主义看来，经典马克思主义在强调无产阶级夺取领导权时阐发了三个基本论题，即"经济运动规律的内生性特征相应于生产力中心地位这一论题；社会代表在经济层面的统一性相应于工人阶级贫困的普遍化论题；生产关系应该成为超越经济领域的历史利益所在地的条件，相应于工人阶级是社会主义根本利益的论题"[2]。而上述三个论题在后马克思主义看来是错误的，是一种需要克服的经济主义和还原论的本质主义的错误。在后马克思主义看来，人类社会历史并不存在经典马克思主义所说的由经济必然性所决定的历史规律，当代西方社会也不存在经典马克思主义所说的统一的工人阶级，工人阶级已经破碎化为具有不同利益的主体，这就意味着当代西方政治的首要问题是如何把这些不同的主体结合起来。后马克思主义强调，除了葛兰西的领导权理论之外，阿尔都塞的"多元决定"论对于解决上述问题意义尤其重大。

---

[1] ［法］路易·阿尔都塞. 保卫马克思. 顾良，译. 北京：商务印书馆，2006：228.
[2] ［英］恩斯特·拉克劳，查特尔·墨菲. 领导权与社会主义的策略. 尹树广，鉴传今，译. 哈尔滨：黑龙江人民出版社，2003：85.

第六章 阿尔都塞与当代马克思主义研究

后马克思主义之所以肯定阿尔都塞的"多元决定"的历史观，是因为在它们看来，"多元决定"的历史观突破了经济必然性的观念，凸显了社会发展的差异性、多维度、多元性特征，为连接当代差异性的社会关系提供了可能和基础。但后马克思主义同时又强调，阿尔都塞的"多元决定"的历史观依然无法解构经典马克思主义的社会总体观，因为它包含了本质主义的要素，这体现在阿尔都塞关于经济因素的最后决定作用的论断上，因此，"假如多元决定这一概念不能在马克思主义话语之中产生它对总体的解构作用，这是因为，从一开始就存在着要适应阿尔都塞话语之中另一个中心因素的企图。严格地说，即适应经济的最后决定作用"①。后马克思主义由此提出要真正发展阿尔都塞"多元决定"概念，就必须否定阿尔都塞由"经济的最后决定作用"所支配的具有本质的总体的存在，为把总体中有差异的各要素连接起来创造前提。

可以看出，后马克思主义对阿尔都塞"多元决定"概念的肯定在于这一概念承认了社会总体中的多样性和差异性，为它们建构接合理论奠定了前提。同时它们又改造了阿尔都塞"多元决定"概念中的"经济的最后决定作用"这一唯物主义的内容，把它当作本质主义的残余加以否定和抛弃，实际上曲解了阿尔都塞提出"多元决定"概念的目的，即既坚持历史唯物主义的历史规律，同时又反对对历史唯物主义的经济决定论、技术还原论的理解。对于后马克思主义的上述做法，英国学者斯图亚特·西姆在《后马克思主义思想史》一书中指出：拉克劳、墨菲把强调社会总体和必然性的理论当作应该被抛弃和否定的本质主义，并把葛兰西和阿尔都塞理论的某些方面激进化，构造出他们所谓的以差异为基础的霸权理论。具体到阿尔都塞的理论，一方面，拉克劳、墨菲强调阿尔都塞的"多元决定"概念实际上就是拒绝社会和社会行为具有任何本质的观点，因而对拉克劳和墨菲来说，"一切都像阿尔都塞声称的那样应该是多元决定的社会关系，应该超出了总体化的范围，而那种总体化的手段则是经典马克思主义强加给所有现象的僵化的理论图式"②。另一方面，拉克劳、墨菲又认为"多元决定"的概念虽然强调了偶然性和

---

① [英]恩斯特·拉克劳，查特尔·墨菲. 领导权与社会主义的策略. 尹树广，鉴传今，译. 哈尔滨：黑龙江人民出版社，2003：106.
② [英]斯图亚特·西姆. 后马克思主义思想史. 吕增奎，陈红，译. 南京：江苏人民出版社，2011：29.

差异性，但是又和阿尔都塞关于经济因素归根到底的决定作用的论述相矛盾，而拉克劳、墨菲认为后者是阿尔都塞理论中应当被抛弃的本质主义的残余。但是他们都肯定阿尔都塞"首先开启了这种观念的先河：为了多元决定而牺牲了归根到底决定论，并且把偶然性和必然性纳入到一种新的关系中，在这种关系中，'只有作为偶然性领域的部分限制，必然性才存在'"①。拉克劳、墨菲之所以批评阿尔都塞的"多元决定"中蕴含的本质主义，是因为阿尔都塞的"多元决定"的概念依然从属于他对总体性的追求。"假如多元决定这一概念不能在马克思主义话语之中产生它对总体的解构作用，这是因为，从一开始就存在着要适应阿尔都塞话语之中另一个中心因素的企图。严格地说，即适应经济的最后决定作用"②。为了解决阿尔都塞话语中的内在矛盾，拒斥总体性和必然性，凸显偶然性和差异性，就必须批判阿尔都塞话语中的本质主义，即经济的最后决定作用。

可以看出，拉克劳、墨菲正是通过改造、利用阿尔都塞"多元决定"的概念，解构历史唯物主义的总体性和必然性规律，凸显历史进程中的偶然性和差异性，来建构其后马克思主义理论的。在他们看来，断定社会存在着总体性是一种本质主义的错误，因为社会根本不可能运用历史唯物主义的总体性方法得到解释。"所有总体性的方法的目标曾是确定社会成分或社会过程之外的意义，也就是在与其他成分的关系系统中的意义。"③ 按照总体性方法解释社会的话，必然会落入本质主义的错误。这是因为：按照历史唯物主义的总体性方法，社会总体的意义取决于经济基础与上层建筑的矛盾运动，这种矛盾运动必然会区分为如下两种情况，即或者断定经济基础与上层建筑是矛盾关系，或者断定经济基础和上层建筑是认同的关系，但无论二者是哪一种关系，实际上都承认了它们的关系中存在一个中心和基础，上述观念都把总体性运作看作社会秩序可理解性的潜在原则和本质状况。与上述本质主义相反，"今天我们接受社会的无限性，即任何结构体系都是有限的，其总是受到难

---

① [英]斯图亚特·西姆. 后马克思主义思想史. 吕增奎，陈红，译. 南京：江苏人民出版社，2011：31.
② [英]恩斯特·拉克劳，查特尔·墨菲. 领导权与社会主义的策略. 尹树广，鉴传今，译. 哈尔滨：黑龙江人民出版社，2003：106.
③ [英]恩斯特·拉克劳. 我们时代革命的新反思. 孔明安，刘振怡，译. 哈尔滨：黑龙江人民出版社，2006：108.

第六章　阿尔都塞与当代马克思主义研究

于把握的'多余意义'的包围；这样，建立在自身部分过程之上的、作为一元的、可理解对象的'社会'，就是不可能的"①。由此他们以结构主义为基础，对坚持社会总体的本质主义做了批判。在他们看来，结构主义作为一种研究方法，把整个社会归结为社会结构内不同要素之间关系作用的结果，而本质主义认为社会有一个中心，这将破坏结构主义的关系原则；不仅如此，本质主义把社会总体看作一个具有自足性、一贯性的封闭的体系，社会总体的性质由某种总体性原则所决定，这实际上陷入了先验主义的错误。由此，拉克劳、墨菲接受后结构主义的观点，即任何结构都是处在无限生成过程中的，不存在固定的中心、先验的支配原则和所谓意义，这就决定了"不固定性""不稳定性"才是社会的特征，"社会不仅仅是无限的差异游戏，它也试图在一个次序的有限性内来限定这一游戏，来驯服和包容无限性。但这一次序（或结构）不再具有社会潜在本质的形式，而是试图通过不稳定的、危险的定义，管理该社会，统治该社会"②。这也就意味着本质主义的社会概念及其所追求的同一性必须退出历史舞台。可以看出，他们主要借助阿尔都塞的"多元决定"概念和后结构主义来否定历史唯物主义的必然性、本质概念，张扬差异性、多样性和偶然性概念，从而建构其后马克思主义理论。只是他们这种对阿尔都塞"多元决定"概念的改造和利用，是建立在误读阿尔都塞原意的基础上的。因为阿尔都塞是在肯定历史唯物主义的总体性、历史必然性规律的基础上，强调"多元决定"概念的，其目的在于反对对马克思主义的经济决定论、技术还原论的理解，并以此捍卫马克思主义理论的科学性。而后马克思主义在利用阿尔都塞"多元决定"概念建构其理论的过程中，恰恰是以割裂历史唯物主义的总体性、历史必然性规律与多元决定之间的辩证关系为前提的。

3. 阿尔都塞的意识形态理论对后马克思主义理论建构的影响

后马克思主义强调当代西方社会已经是多元化、差异化的社会，反对经典马克思主义的阶级理论和革命理论，主张通过把不同主体"接合"起来，展开激进民主运动和话语革命。在探讨不同主体之间如何

---

① [英]恩斯特·拉克劳. 我们时代革命的新反思. 孔明安，刘振怡，译. 哈尔滨：黑龙江人民出版社，2006：108.
② 同①109.

"接合"的问题时,他们吸收了葛兰西、阿尔都塞和后结构主义的意识形态理论,形成了他们的新霸权理论。本书只考察阿尔都塞的意识形态理论是如何影响后马克思主义的理论建构的。

如前所述,阿尔都塞的意识形态理论经历了一个发展变化的过程。具体说:在《保卫马克思》一书中,他主要从捍卫马克思主义理论的科学性出发,坚持科学与意识形态对立论,一方面把意识形态看作一种不提供科学认识的虚假意识,另一方面又强调在捍卫马克思主义理论科学性的基础上,发挥其意识形态职能;在《列宁和哲学》中,他从本体论的维度揭示了人的生存与发展离不开意识形态,甚至把人规定为意识形态的动物,并将意识形态的特征规定为物质性、无历史性、想象性和强制性等,特别是他"意识形态国家机器"概念的提出和对意识形态功能的阐述,深深地影响了后马克思主义的理论建构。

拉克劳、墨菲的后马克思主义强调历史唯物主义所说的统一的阶级在当代西方社会已经不复存在,已经成为一个有差异和多元主体的社会,因此他们认为当前的理论任务就是如何把这些多元的主体接合起来,形成进行话语革命的统一主体,拉克劳、墨菲主要是借助阿尔都塞意识形态理论完成上述任务的。众所周知,阿尔都塞在论述意识形态功能时,除了强调意识形态对人们的欺骗、想象和体验的功能之外,在《意识形态与意识形态国家机器》一文中还重点论述了意识形态对主体的建构功能,从而维系资本主义生产关系的生产和再生产。意识形态对主体的建构功能主要体现在其对主体的召唤和质询。在阿尔都塞那里,所谓召唤和质询,就是通过意识形态与个体对话和打招呼,把个体建构成为真正的主体,这个被意识形态所建构出来的主体即便表面上看是自由的,但也从属于更大的主体,即受资产阶级意识形态所束缚。"主体范畴构成一切意识形态,但同时马上我还要补充说,只有在一切意识形态具有把具体的个人'构成'主体的这一作用(作用规定了意识形态)这个范围内,主体范畴才构成一切意识形态。一切意识形态的作用都存在于这种双重构成的相互作用里,意识形态什么都不是,意识形态只是以产生作用的物质存在形式方式出现的意识形态的作用而已。"① 阿尔都塞这里实际上通过意识形态的召唤和质询功能,把个体变成具体的主

---

① [法]路易·阿尔都塞. 列宁和哲学. 杜章智,译. 台北:远流出版事业股份有限公司,1990:189.

第六章　阿尔都塞与当代马克思主义研究

体,并且确保意识形态和主体之间的相互作用来保证二者的同一性。后马克思主义正是通过借鉴阿尔都塞上述思想来建构其理论的。具体说:

第一,后马克思主义改变了阿尔都塞的意识形态召唤和质询机制的内在结构。在阿尔都塞那里,意识形态召唤和质询机制的内在结构是建立在他对拉康镜像理论的运用之上的。阿尔都塞在《意识形态与意识形态国家机器》一文中,把意识形态区分为宗教、法律、政治和伦理等具体意识形态,强调其功能在于维系不同阶级的利益;同时又认为存在着意识形态的一般,其功能是通过对个体的召唤和质询功能,在使个体变成主体的同时,让主体既感觉到自己是自由的主体,同时又能够服从社会秩序的要求。如果说阿尔都塞的意识形态理论强调了意识形态的普遍性、虚幻性和对主体的建构功能,并借用拉康的镜像理论,通过召唤和质询等话语来实现和保证意识形态与主体的内在一致性的话,拉克劳、墨菲的后马克思主义侧重的则是意识形态的召唤和质询功能对意识形态本身的作用和影响,从而将阿尔都塞关注意识形态与个体之间的相互作用转移到意识形态本身上了。而在后马克思主义看来,意识形态总是与政治实践联系在一起的,因此他们更加关注的是意识形态内部如何实现话语的统一性。这就意味着在阿尔都塞意识形态理论中的作为主体的具体的个人,已经被转换成意识形态的构成要素;阿尔都塞所强调的意识形态与主体之间的相互作用和统一转换成意识形态内部不同召唤与质询之间的相互作用和统一。

第二,后马克思主义片面发展了阿尔都塞意识形态理论中的话语理论。阿尔都塞的意识形态理论虽然注重"召唤"与"质询"等话语在实现意识形态和主体建构之间的内在统一中的作用,但在阿尔都塞那里,他所说的"主体"是一种阶级主体,他所说的"话语"不是主体间一般意义上的"言谈",而是能够代表意识形态进行主体间交往的话语。后马克思主义则完全消解了阿尔都塞所说的"主体"的阶级属性,片面发展了阿尔都塞的话语理论,把阿尔都塞所追求的以工人阶级为主体的革命变成一种激进的话语革命。拉克劳、墨菲在《领导权与社会主义的策略》一书中,强调"把任何建立要素之间关系的实践称之为连接,那些要素的同一性被规定为连接实践的结果。来自连接实践的结构化总体,我们称之为话语。不同的立场只要在话语之中被连接起来,我们就称之为因素(moments)。相对应地,我们称任何没有被话语连接的差别为要素（element）"①。拉克劳、墨菲进一步指出，要真正建立不同主体之间的话语连接，就必须消解主体的阶级属性，使之成为一种单纯的抽象存在，主体的所有特征均由意识形态单向度决定，其隐含的理论逻辑是：一方面只有消解主体的阶级属性，才能保证意识形态统一性的基础；另一方面话语又是保证没有任何阶级属性的主体获得统一性的基础。因此，在拉克劳和墨菲的后马克思主义那里，所有的主体都是话语主体，而非阶级主体，话语是实现不同主体接合的基础。"正是话语构成了社会行为主体的主体身份，所以社会行为主体不是话语的源泉。……对象的实存完全不依赖于其话语的链接，我们甚至可以来构造那一个纯粹的实存（也就是说，该实存没有任何的社会意义），社会分析的起始点。"②这就意味着"话语"是理解后马克思主义的非阶级属性的意识形态的关键概念。

在阿尔都塞那里，意识形态通过发挥其召唤和质询功能，把个体变为主体，并保证在意识形态结构范围内意识形态与主体的同一。而拉克劳和墨菲的后马克思主义则将主体转化为具有多样性和开放性的话语，并通过话语连接来确保不同话语之间的同一性。在他们那里，"话语"有下述三个特征：其一，话语不是局限于言语等语言学范围的范畴，话语是包括言语和依言语行事两个方面的辩证统一。因此，不能把话语简单地归结为唯心主义，因为话语是与言谈、行动和语言使用的语境有机联系在一起的总体。其二，话语本质上是一种解构了总体性的结构，具有去总体化、去中心化的特征，因而不再面临传统哲学形而上学的主体与客体对立、主观与客观对立等困境，"如果我们接受话语总体上从来不以简单给定和划定的实证形式存在，相关的逻辑就会是不完整的并且被偶然性打破，从'要素'到'因素'的转换永远不会完全地实现"③。这就意味着它们只是通过偶然性接合在一起而形成一种话语结构或社会存在，话语的意义就取决于商谈的结果。其三，后马克思主义解构具有中心化和必然性的总体，但他们又通过接合理论建构某种具有一致性行

---

① [英]恩斯特·拉克劳，查特尔·墨菲. 领导权与社会主义的策略. 尹树广，鉴传今，译. 哈尔滨：黑龙江人民出版社，2003：114.
② [英]恩斯特·拉克劳. 我们时代革命的新反思. 孔明安，刘振怡，译. 哈尔滨：黑龙江人民出版社，2006：122.
③ 同①122.

第六章　阿尔都塞与当代马克思主义研究

动的总体，只不过这种他们重新建构的总体的意义是由话语所决定的。对于这一点，他们以足球比赛为例加以说明。"一切社会的构形都是有意义的。如果我在街上踢一个球体，或我在足球比赛中踢足球，物理事实相同，但各自意义却不同。"① 因为一个对象成为足球的对象，必须与其他对象建立某种关系，这些关系是由社会所建构的，而这一关系在他们看来就是"话语"。也就是说，"话语"具有建构社会关系和意义的功能。

第三，后马克思主义在吸收阿尔都塞对意识形态国家机器功能的解释的同时，又解构了阿尔都塞意识形态理论中的阶级性。阿尔都塞的意识形态理论把国家机器划分为"镇压性国家机器"和"意识形态国家机器"两种类型，认为前者主要以镇压性方式行使其职能；后者则主要以非镇压性方式行使其职能，保证资本主义生产关系的生产和再生产。而这种非镇压性方式主要依靠意识形态的教育和潜移默化，让人们自愿接受统治阶级的统治。拉克劳、墨菲借用阿尔都塞关于意识形态国家机器功能的论述，反对经典马克思主义意识形态具有阶级性的论断，并把这一论断归结为应予以抛弃的阶级决定论和阶级还原论。为了解构经典马克思主义关于意识形态的阶级决定论和阶级还原论，他们区分了意识形态的内容和形式，指出二者之间并不完全一致。经典马克思主义之所以秉承意识形态上的阶级决定论和阶级还原论，其根本原因就在于混淆了二者的区别，进而把阶级的本质与存在形式等同起来了。他们由此借用阿尔都塞的意识形态国家机器功能的论述，指出不仅存在阶级的意识形态，而且也存在非阶级的意识形态，他们从建构接合理论这一目的出发，把理论关注的重点放在后一方面。在他们看来，统治阶级实现其统治主要有两种方式，一是把自身的意识形态以潜移默化的方式灌输给被统治阶级，从而达到被统治阶级认同统治阶级的目的；二是把非阶级的意识形态吸收、接合到统治阶级意识形态中，从根本上实现统治阶级的霸权。通过以上论述，他们强调统治阶级行使其领导权，不仅仅局限在让本阶级的意识形态获得被统治阶级的认同上，更重要的是将非阶级的意识形态接合进本阶级的意识形态之中，这种接合在他们看来就是阶级的意识形态对非阶级的意识形态的召唤和质询。

---

① ［英］恩斯特·拉克劳. 我们时代革命的新反思. 孔明安，刘振怡，译. 哈尔滨：黑龙江人民出版社，2006：121-122.

可以看出，拉克劳、墨菲解构经典马克思主义论述的意识形态的统一性，其根本目的并不是要反对意识形态的统一性本身，而是要解构经典马克思主义基于经济因素的根本决定作用的阶级统一性。在这一解构过程中，他们把经典马克思主义的意识形态批判完全转化为话语批判，断定社会存在以及社会存在中的一切关系都是话语建构的结果，其发展变化不存在经典马克思主义所强调的由内部矛盾所决定的必然性，而是社会多种因素偶然作用的结果，这种偶然作用决定了社会存在的差异性、多样性和不确定性，经典马克思主义所强调的由经济因素所决定的历史必然性、阶级就这样被后马克思主义所解构了。正因为如此，他们也告别了阶级的政治，把西方人自由和解放的道路寄托在如何接合好当代西方的生态运动、女性运动等各种新社会运动上。

4. 阿尔都塞理论中的"偶然性"概念与后马克思主义理论

反决定论、反目的论是阿尔都塞的马克思主义理论的突出特点。在《保卫马克思》一书中，阿尔都塞对当时马克思主义阵营中基于历史目的论的研究方法论提出了批评，提出了理论"总问题"研究方法，强调理论家应当面临社会历史背景和意识形态背景，揭示理论家的理论"总问题"，最终确定理论体的理论性质。从反对那种对马克思主义理论的经济决定论、技术还原论的解释出发，阿尔都塞提出了"多元决定"的概念，在肯定经济因素最后决定作用的同时，肯定历史发展进程中"偶然性"因素的作用。他在评论恩格斯晚年致布洛赫的书信中关于历史必然性和偶然性关系的内容时强调，"在这里，必然性作为偶然事件的总结果而建立在偶然事件的基础上；因此，它真的是这些偶然事件的必然性"[①]。实际上阿尔都塞在这里强调必然性必须以一系列偶然的社会事件为基础。阿尔都塞晚年从反对目的论和决定论的唯物主义出发，提出了"偶然相遇的唯物主义"哲学的理论主张，其核心是反对任何追求开端、本质和目的的哲学，强调世界的虚空性、差异性、偶然性，希望在当代西方存在政治空白（虚空）的情况下，建立马克思主义理论与政治实践的联系。阿尔都塞反对决定论、本质主义，强调差异、偶然性的思想与后马克思主义思想具有高度的一致性，并为后马克思主义所继承和

---

① ［法］路易·阿尔都塞. 保卫马克思. 顾良，译. 北京：商务印书馆，2006：111.

第六章 阿尔都塞与当代马克思主义研究

发展。

拉克劳、墨菲通过解构经典马克思主义历史必然性、经济决定论、阶级统一性,结合葛兰西的领导权、阿尔都塞的多元决定、后现代主义思潮,强调当代西方社会的差异性、多元性、偶然性,接合当代西方社会的多元主体,形成所谓新霸权,展开以多元主义文化和民主为主要内容的话语革命。后马克思主义所建构的新霸权,首先建立在解构经典马克思主义的阶级主体的基础上,目的在于找寻一个新的霸权主体。在他们看来,经典马克思主义在经济决定论的本质主义的支配下,提出了三个核心论点:生产力对生产关系具有决定作用;工人阶级在生产关系中的地位决定了它的阶级主体性;工人阶级在生产关系中的地位也决定了它的历史使命和追求目标。而要使这种经济必然性基础上形成的霸权实践得以成立,就必须满足如下三个条件,即"第一,其运动规律必须是严格内生的,而且派出所有来自政治或其他外在干预的不确定性——否则,构造功能不会专门归于经济。第二,在经济层面上构造的社会代表的统一和均质性,必须来自这一层面的运动规律(任何需要在经济之外重构的分裂和分散立场都排除了)。第三,这些生产关系代表的立场必须具有历史利益,因为那些其他社会层面代表的存在——通过代表和连接的机制——必须最后在经济利益的基础上得到解释,后者因此不能束缚在确定的社会领域,而要依靠社会的全局性方面"①。拉克劳、墨菲在《领导权与社会主义的策略》一书中通过分析俄国和西欧革命的历史事实来证明经典马克思主义所说的上述经济必然性并不存在。在他们看来,俄国革命与经典马克思主义理论的设想存在着两个错位,即俄国革命与西方革命的错位、俄国革命主体的错位。从第一个错位看,按照经典马克思主义的理论逻辑,革命应当发生在西欧而不是在俄国。发生这个错位的原因在于"在欧洲社会民主党那里,主要的问题一直是工人阶级立场的分散以及马克思主义理论所要求的统一受到损害。正是资产阶级文明的成熟程度把它的结构化秩序表现在工人阶级之中,破坏了工人阶级的统一"②。也就是说,当时西欧资产阶级通过采取一系列政治和意识形态的措施,使西欧工人阶级融入了资本主义的统治秩序。从第二

---

① [英]恩斯特·拉克劳,查特尔·墨菲. 领导权与社会主义的策略. 尹树广,鉴传今,译. 哈尔滨:黑龙江人民出版社,2003:84.
② 同①50.

个错位看,主要是"俄国资产阶级无力进行他们'正常'的争取政治自由的斗争而迫使无产阶级果断介入来实现这一目标"①。拉克劳、墨菲以这两个历史错位为理由,提出经典马克思主义所说的由经济因素所决定的历史必然性无法成立,经典马克思主义所说的工人阶级的同质性已成为不可能,历史发展具有随机性和偶然性,应当通过接合把不同的主体连接起来,形成多元主体彼此认同基础上的新霸权。可以看出,拉克劳、墨菲正是借助阿尔都塞关于必然性和偶然性关系的论述,并加以引申,运用偶然性来重建霸权主体的。阿尔都塞尽管提出了要重视偶然性,但他把必然性看作经济因素运动的结果,与偶然性之间存在密不可分的关系,而在拉克劳和墨菲那里,必然性被斥之为本质主义而予以抛弃,他们虽然也追求霸权主体的同一性,但他们所追求的同一性是通过多元性、偶然性的结合而形成的。

阿尔都塞晚年提出了"偶然相遇的唯物主义"理论,他反对对马克思主义理论的历史目的论和决定论的解释,并强调马克思主义理论与政治实践的内在关联。他明确断定如果传统知识论哲学的主要目的是探讨世界的本原的规律的话,马克思哲学的主要目的就是如何改变世界。他认为,马克思哲学对政治实践的关注的根本目的是确立"新君主"。而要确立"新君主"一方面应当把握必然性,即能力;另一方面也应当把握偶然性,即机遇。这就意味着马克思主义的政治实践应当以必然性为基础,根据必然性和偶然性造就的"形势"展开,这一思想实际上是他的"多元决定"的概念在政治实践中的深化和发展,阿尔都塞上述思想被拉克劳和墨菲所继承和发展。

拉克劳、墨菲把经典马克思主义强调经济因素在历史发展进程中的决定作用的思想当作本质主义予以否定和抛弃,代之以偶然性的逻辑;又消解了经典马克思主义的阶级概念和由经济利益决定的阶级同一性的思想,认为工人阶级在当代西方已经被碎片化、非同质化了,强调今天"不固定性已经成为每一个社会同一性的条件"②,把当代西方社会看作是由多元性、差异性的主体构成的。而后马克思主义关注的正是如何在政治实践中运用接合理论把偶然性、必然性、差异性、多元性的主体连

---

① [英]恩斯特·拉克劳,查特尔·墨菲. 领导权与社会主义的策略. 尹树广,鉴传今,译. 哈尔滨:黑龙江人民出版社,2003:51.
② 同①96.

第六章 阿尔都塞与当代马克思主义研究

接成具有某种文化和政治认同的新的霸权主体。在阿尔都塞那里，对偶然性的强调是为了更准确地理解经典马克思主义所说的必然性，捍卫马克思主义理论的科学性，使偶然性从属于必然性；阿尔都塞"偶然相遇的唯物主义"理论强调马克思主义的政治实践应当注意把握"形势"，在他那里对偶然性的重视更多地体现为马克思主义政治实践的一种策略，而在后马克思主义那里，他们在借鉴阿尔都塞思想的同时，完全改变了阿尔都塞的原意。体现在：他们把承认必然性的存在看作一种应该加以否定和抛弃的本质主义思想，因而也必然否定由经济必然性所决定的阶级同一性。不仅如此，他们在政治实践中强调通过接合，形成所谓的具有同一性的新霸权主体，但这种同一性不是建立在具有共同经济利益基础上的阶级同一性，而仅仅是具有文化认同和政治认同的同一性，这就决定了他们已经从经典马克思主义所强调的阶级政治转变成多元主体的西方新社会运动，从经典马克思主义所强调的以阶级同一性为基础的宏观政治转向了以多元主体为基础的微观政治，既不符合阿尔都塞思想的原意，也是对马克思主义理论的根本背离。

参考文献

（一）中文著作

1. 马克思恩格斯文集. 北京：人民出版社，2009.
2. 列宁专题文集：论社会主义. 北京：人民出版社，2009.
3. 马克思恩格斯选集. 北京：人民出版社，1995.
4. ［法］路易·阿尔都塞. 保卫马克思. 顾良，译. 北京：商务印书馆，2006.
5. ［法］路易·阿尔都塞. 列宁和哲学. 杜章智，译. 台北：远流出版事业股份有限公司，1990.
6. ［法］路易·阿尔都塞，艾蒂安·巴里巴尔. 读《资本论》. 李其庆，冯文光，译. 北京：中央编译出版社，2001.
7. ［法］路易·阿尔都塞. 自我批评论文集. 杜章智，沈起予，译. 台北：远流出版事业股份有限公司，1990.
8. ［法］路易·阿尔都塞，等. 自我批评论文集：补卷. 林泣明，许俊达，译. 台北：远流出版事业股份有限公司，1991.
9. ［法］路易·阿尔都塞. 来日方长：阿尔都塞自传. 蔡鸿滨，译. 上海：上海人民出版社，2013.
10. ［法］路易·阿尔都塞. 黑格尔的幽灵：政治哲学论文集［Ⅰ］. 唐正东，吴静，译. 南京：南京大学出版社，2005.
11. 陈越. 哲学与政治：阿尔都塞读本. 长春：吉林人民出版社，2003.

12. ［英］柯林尼可斯. 阿图塞的马克思主义. 杜章智，译. 台北：远流出版事业股份有限公司，1990.

13. ［日］今村仁司. 阿尔都塞：认识论的断裂. 牛建科，译. 石家庄：河北教育出版社，2001.

14. ［英］卢克·费雷特. 导读阿尔都塞. 田延，译. 重庆：重庆大学出版社，2014.

15. ［法］加斯东·巴什拉. 科学精神的形成. 钱培鑫，译. 南京：江苏教育出版社，2006.

16. ［法］加斯东·巴什拉. 火的精神分析. 杜小真，顾嘉琛，译. 长沙：岳麓书社，2005.

17. ［法］加斯东·巴什拉. 梦想的诗学. 刘自强，译. 北京：生活·读书·新知三联书店，1996.

18. ［英］佩里·安德森. 西方马克思主义探讨. 高铦，文贯中，魏章玲，译. 北京：人民出版社，1981.

19. ［英］佩里·安德森. 当代西方马克思主义. 余文烈，译. 北京：东方出版社，1989.

20. ［法］约瑟夫·祁雅理. 二十世纪法国思潮. 吴永泉，陈京璇，尹大贻，译. 北京：商务印书馆，1987.

21. ［波兰］亚当·沙夫. 结构主义与马克思主义. 袁晖，李绍明，译. 济南：山东大学出版社，2009.

22. ［斯洛文尼亚］斯拉沃热·齐泽克，［德］泰奥德·阿多诺，等. 图绘意识形态. 方杰，译. 南京：南京大学出版社，2002.

23. ［俄］A. R. 梅斯里夫钦科. 当代国外马克思列宁主义哲学. 中共中央编译局研究室，译. 北京：社会科学文献出版社，1986.

24. ［美］赫伯特·马尔库塞. 爱欲与文明. 黄勇，薛明，译. 上海：上海译文出版社，2005.

25. ［美］赫伯特·马尔库塞. 单向度的人. 张峰，译. 重庆：重庆出版社，1988.

26. ［美］埃里希·弗洛姆. 逃避自由. 刘林海，译. 北京：国际文化出版公司，2000.

27. ［美］埃里希·弗洛姆. 健全的社会. 蒋重跃，等译. 北京：国际文化出版公司，2003.

28. ［奥］威尔海姆·赖希. 法西斯主义群众心理学. 张峰, 译. 重庆：重庆出版社, 1990.

29. ［德］马克斯·霍克海默, 西奥多·阿多诺. 启蒙辩证法——哲学断片. 渠敬东, 曹卫东, 译. 上海：上海人民出版社, 2003.

30. 法兰克福学派论著选辑：上卷. 北京：商务印书馆, 1998.

31. ［英］戴维·麦克莱兰. 马克思以后的马克思主义. 林春, 等译. 北京：东方出版社, 1986.

32. ［英］大卫·麦克里兰. 意识形态. 孔兆政, 等译. 长春：吉林人民出版社, 2005.

33. ［英］特里·伊格尔顿. 美学意识形态. 王杰, 傅德根, 麦永雄, 译. 桂林：广西师范大学出版社, 1997.

34. ［美］詹明信. 晚期资本主义的文化逻辑. 陈清侨, 等译. 北京：生活·读书·新知三联书店, 1997.

35. ［法］雅克·德里达. 马克思的幽灵. 何一, 译. 北京：中国人民大学出版社, 1999.

36. ［法］雅克·拉康. 拉康选集. 褚孝泉, 译. 上海：上海三联书店, 2001.

37. ［英］恩斯特·拉克劳, 查特尔·墨菲. 领导权与社会主义的策略. 尹树广, 鉴传今, 译. 哈尔滨：黑龙江人民出版社, 2003.

38. ［英］恩斯特·拉克劳. 我们时代革命的新反思. 孔明安, 刘振怡, 译. 哈尔滨：黑龙江人民出版社, 2006.

39. ［美］埃伦·梅克辛斯·伍德, 约翰·贝拉米·福斯特. 保卫历史：马克思主义与后现代主义. 郝名玮, 译. 北京：社会科学文献出版社, 2009.

40. ［英］斯图亚特·西姆. 后马克思主义思想史. 吕增奎, 陈红, 译. 南京：江苏人民出版社, 2011.

41. 周凡. 后马克思主义：批判与辩护. 北京：中央编译出版社, 2007.

42. ［英］保罗·鲍曼. 后马克思主义与文化研究. 黄晓武, 译. 南京：江苏人民出版社, 2011.

43. ［英］约翰·B. 汤普森. 意识形态理论研究. 郭世平, 等译. 北京：社会科学文献出版社, 2013.

44. 陈学明. 20 世纪西方马克思主义哲学历程. 天津：天津人民出版社，2013.

45. 陈学明. 时代的困境与不屈的探索. 哈尔滨：黑龙江大学出版社，2007.

46. 陈学明. 情系马克思：陈学明演讲集. 武汉：武汉大学出版社，2010.

47. 张一兵. 当代国外马克思主义哲学思潮. 南京：江苏人民出版社，2012.

48. 张一兵. 启蒙的自反与幽灵式的在场. 哈尔滨：黑龙江大学出版社，2007.

49. 张一兵. 文本的深度耕犁：西方马克思主义经典文本解读. 北京：中国人民大学出版社，2004.

50. 张一兵. 文本的深度耕犁：后马克思思潮哲学文本解读. 北京：中国人民大学出版社，2008.

51. 张一兵. 问题式、症候阅读与意识形态. 北京：中央编译出版社，2003.

52. 张一兵. 文本学解读语境的历史在场：当代马克思哲学研究的一种立场. 北京：北京师范大学出版社，2004.

53. 张一兵. 回到列宁：关于"哲学笔记"的一种后文本学解读. 南京：江苏人民出版社，2008.

54. 俞吾金. 意识形态论（修订版）. 北京：人民出版社，2009.

55. 俞吾金. 传统重估与思想移位. 哈尔滨：黑龙江大学出版社，2007.

56. 俞吾金，陈学明. 国外马克思主义哲学流派新编：西方马克思主义卷. 上海：复旦大学出版社，2002.

57. 俞吾金. 问题域的转换：对马克思和黑格尔关系的当代解读. 北京：人民出版社，2007.

58. 俞吾金. 重新理解马克思：对马克思哲学的基础理论和当代意义的反思. 北京：北京师范大学出版社，2005.

59. 衣俊卿. 西方马克思主义概论. 北京：北京大学出版社，2008.

60. 衣俊卿. 现代性焦虑与文化批判. 哈尔滨：黑龙江大学出版

社，2007.

　　61. 衣俊卿，等. 20世纪的文化批判：西方马克思主义的深层解读. 北京：中央编译出版社，2003.

　　62. 衣俊卿，等. 20世纪的新马克思主义. 北京：中央编译出版社，2001.

　　63. 徐崇温. "西方马克思主义". 天津：天津人民出版社，1982.

　　64. 徐崇温. "西方马克思主义"论丛. 重庆：重庆出版社，1989.

　　65. 徐崇温. 西方马克思主义理论研究. 海口：海南出版社，2000.

　　66. 段忠桥. 理性的反思与正义的追求. 哈尔滨：黑龙江大学出版社，2007.

　　67. ［法］高宣扬. 新马克思主义导引. 上海：上海交通大学出版社，2017.

　　68. 孔明安，等. 当代国外马克思主义新思潮研究. 北京：中央编译出版社，2012.

　　69. 王雨辰. 中国语境中的西方马克思主义哲学研究. 武汉：湖北人民出版社，2010.

　　70. 王雨辰. 哲学批判与解放的乌托邦. 哈尔滨：黑龙江大学出版社，2007.

　　71. 王雨辰. 国外马克思主义哲学前沿理论问题研究. 武汉：湖北人民出版社，2016.

　　72. 仰海峰. 西方马克思主义的逻辑. 北京：北京大学出版社，2010.

　　73. 黄继锋. 阿尔都塞与马克思. 合肥：安徽人民出版社，2003.

　　74. 金瑶梅. 阿尔都塞及其学派研究. 重庆：重庆出版社，2010.

　　75. 郑忆石. 阿尔都塞哲学研究. 延吉：延边大学出版社，2001.

　　76. 孟登迎. 意识形态与主体建构：阿尔都塞意识形态理论. 北京：中国社会科学出版社，2002.

　　77. 朱晓慧. 哲学是革命的武器：阿尔都塞意识形态理论研究. 上海：学林出版社，2007.

　　78. 凌新. 阿尔都塞后期哲学思想研究. 武汉：湖北人民出版社，2009.

79. 李世黎. 阿尔都塞政治哲学研究. 武汉：湖北人民出版社，2012.

80. 林青. 阿尔都塞激进政治话语研究. 上海：复旦大学出版社，2015.

81. 曾枝盛. 阿尔杜塞. 香港：三联书店，1990.

82. 曾枝盛. 后马克思主义：解构还是僭越?. 北京：北京师范大学出版社，2015.

83. 陈炳辉，等. 后马克思主义的理论. 北京：中国社会科学出版社，2011.

84. 周凡. 后马克思主义导论. 北京：中央编译出版社，2010.

85. 侯惠勤. 马克思的意识形态批判与当代中国. 北京：中国社会科学出版社，2010.

86. 郑永廷，等. 社会主义意识形态发展研究. 北京：人民出版社，2002.

87. 张秀琴. 西方马克思主义意识形态理论的当代阐释. 北京：中国传媒大学出版社，2005.

88. 张秀琴. 马克思意识形态理论的当代阐释. 北京：中国社会科学出版社，2005.

89. 王晓升，等. 西方马克思主义意识形态理论. 北京：社会科学文献出版社，2009.

90. 严泽胜. 拉康与后马克思主义思潮. 北京：人民出版社，2013.

91. 李青宜. 阿尔都塞与"结构主义马克思主义". 沈阳：辽宁人民出版社，1986.

92. 李青宜. 当代法国新马克思主义. 北京：当代中国出版社，1997.

93. 汪明安. 生产（第6辑）：五月风暴四十年反思. 桂林：广西师范大学出版社，2008.

94. 陈修斋. 欧洲哲学史上的经验主义和理性主义. 北京：人民出版社，1986.

95. 杨祖陶. 德国古典哲学逻辑进程. 武汉：武汉大学出版社，2003.

96. 沈恒炎，燕宏远. 国外学者论人和人道主义：第一辑. 北京：社会科学文献出版社，1991.

97. 欧阳谦. 文化与政治. 北京：中国人民大学出版社，2012.

98. 欧阳谦，等. 文化的转向：西方马克思主义的总体性思想研究. 北京：中国人民大学出版社，2015.

99. 张之沧，张岢. 西方马克思主义哲学研究. 北京：人民出版社，2015.

100. 黄继锋，等. 马克思主义基本原理在当代西方. 北京：中国人民大学出版社，2013.

101. 孙承叔，等. 重建历史唯物主义——西方马克思主义基础理论研究. 上海：复旦大学出版社，2015.

102. 陈先达，等. 被肢解的马克思. 北京：中国人民大学出版社，2016.

103. 段方乐. 总体性的终结：从卢卡奇到阿多诺. 北京：中国社会科学出版社，2009.

104. 周凡，李惠斌. 后马克思主义. 北京：中央编译出版社，2007.

（二）英文著作

1. ALTHUSSER L，BALIBA E. Reading Capital. BREWSTER B，tran. London：NLB，2006.

2. ALTHUSSER L. Philosophy of the Encounter：Later Writings，1978—1987. GOSHGARIAN M，tran. London：Verso，2006.

3. ALTHUSSER L. Lenin and Philosophy and Other Essays. BREWSTER B，tran. New York：Monthly Review Press，1972.

4. ASSITER A. Althusser and Feminism. London：Pluto Press，1993.

5. SMITH S B. Reading Althusser：An Essay and Structural Marxism. New York：Cornell University Press，1984.

6. ELLIOTT G. Althusser：The Detour of Theory. London：Verso，1987.

7. DENRRIDA J. Margins of Philosophy. FEMBACH D，tran. London：NLB，1975.

8. LACLAU, MOUFFE. Hegemony and Socialist Strategy: Toward a Radical Democratic Politics. London: Verso, 1985.

9. LACLAU E. The Making of Political Identity. London: Verso, 1994.

10. MOUFFE C. Gramsci and Marxist Theory. London: Routledge and Kegan Paul, 1979.

11. GRAMSCI A. Selection from the Prison Notebooks. London: Lawrence and Wishart, 1971.

12. SMITH A M, LACLAU, MOUFFE. The Radical Democratic Imaginary. London and New York: Routledge, 1998.

后 记

　　加强对自卢卡奇到阿尔都塞的经典西方马克思主义研究，并把经典西方马克思主义研究与国外马克思主义新思潮研究有机结合起来是我一直所倡导的。之所以要加强经典西方马克思主义研究，不仅是因为经典西方马克思主义与历史唯物主义具有最近的渊源关系，并结合西方社会历史条件的变化，对历史唯物主义提出了诸多新的论题，能够为我们发展历史唯物主义和中国现代化建设提供有益的思想资源；而且国外马克思主义新思潮虽然流派众多，但其理论建构都借鉴、吸收了西方马克思主义的理论资源，不加强对经典西方马克思主义的理论研究，就不可能正确评判国外马克思主义新思潮的理论得失。基于这种理念，我不仅指导我的博士生展开了对卢卡奇、科尔施、葛兰西和法兰克福学派的研究，而且也指导他们做墨菲等后马克思主义理论和哈维、詹姆逊等人的研究。

　　如果说经典西方马克思主义研究是我国国外马克思主义研究绕不过去的论域的话，阿尔都塞则是我国国外马克思主义研究绕不过去的理论家，他提出的诸多论题极大地影响了当代国外马克思主义理论的发展。我的硕士论文是做阿尔都塞的，那时我国学术界对阿尔都塞还不太理解，记得当时我在论文中对阿尔都塞的"多元决定"的历史观有所肯定，遭到论文答辩老师的严厉批评。而我当时对阿尔都塞的思想理解也非常肤浅，后来参加了外校的博士论文答辩，至少有四位博士生撰写了阿尔都塞，使我受益匪浅。阿尔都塞可以说一直是我国学术界的热门话题，我虽然也非常关注国内学术界对阿尔都塞的研究，但把主要精力放

后 记

在对国外马克思主义哲学理论的专题研究、生态学马克思主义研究上。

之所以写《阿尔都塞的马克思主义理论研究》这本书,并不是我对阿尔都塞有什么新见,而是因为三个原因:一是我关于阿尔都塞思想研究得到了中华文化发展湖北省协同创新中心的大力支持,也是我主持的中宣部"四个一批"自选项目"国外马克思主义哲学基本理论研究"中的一个子项目。二是我的硕士导师张守正(张本)先生在我研究生一年级的时候,要我通读阿尔都塞的著作,并让我翻译埃尔斯特的《理解马克思》一书的两章。在读完阿尔都塞之后,他又教导我要真正理解阿尔都塞就必须通读西方马克思主义人本主义流派的著作,专门为我一个人开设了"葛兰西思想专题研究"。因为在他看来,对比研究才能抓住阿尔都塞思想的特质。先生因患癌症于1998年去世,但我时常想起他对我的教诲,他的那些做人、做学问的教诲影响了我的一生,我因此也非常怀念他。这本书根源于我的硕士论文,今年也是他去世20周年,本书的出版也是学生对老师的一个纪念。三是写硕士论文的时候我与我的夫人正处于热恋之中,阿尔都塞的所有著作都是在她寝室读完的,她当时在随州下派锻炼。虽然她不懂我所研究的专业,更不懂阿尔都塞,但她始终如一地支持我的学术研究。因此这本书也可以看作对那一段热恋感情的纪念。

感谢中国人民大学出版社杨宗元女士为本书能够获得国家出版基金所做出的努力和帮助。感谢中国人民大学出版社吴冰华女士为著作校对和编辑所做的工作,正是她的严格认真,极大地提升了本书的质量。原来是准备与我的博士生高晓溪合写的,但因为他忙于博士论文的写作,所以他原来承担的阿尔都塞与当代西方的文化研究就只能忍痛割爱了,好在我承担的国家社科基金课题"西方马克思主义学术史研究"还有相关的内容,感谢高晓溪博士为本书收集资料和讨论提纲所做的工作。

本书是中华文化发展湖北省协同创新中心的课题成果,也是我主持的中宣部"四个一批"自选项目"国外马克思主义哲学基本理论研究"(中宣办发〔2015〕49号)和我主持的国家社科基金重点项目"西方马克思主义学术史研究"(17AKS017)阶段性成果。因时间仓促、学术功力有限和兴趣点转移,本书必定存在很多缺点,敬请专家批评指正!

王雨辰
2018年3月于武昌金地格林小区

图书在版编目（CIP）数据

阿尔都塞的马克思主义理论研究/王雨辰著. —北京：中国人民大学出版社，2018.5
（马克思主义研究论库·第二辑）
ISBN 978-7-300-25489-0

Ⅰ.①阿… Ⅱ.①王… Ⅲ.①马克思主义理论-理论研究 Ⅳ.①A81

中国版本图书馆 CIP 数据核字（2018）第 027004 号

国家出版基金项目
马克思主义研究论库·第二辑
阿尔都塞的马克思主义理论研究
王雨辰 著
A'erdusai de Makesi Zhuyi Lilun Yanjiu

出版发行		中国人民大学出版社			
社　　址		北京中关村大街 31 号		邮政编码	100080
电　　话		010-62511242（总编室）		010-62511770（质管部）	
		010-82501766（邮购部）		010-62514148（门市部）	
		010-62515195（发行公司）		010-62515275（盗版举报）	
网　　址		http://www.crup.com.cn			
		http://www.ttrnet.com（人大教研网）			
经　　销		新华书店			
印　　刷		北京联兴盛业印刷股份有限公司			
规　　格		160 mm×235 mm　16 开本		版　次	2018 年 5 月第 1 版
印　　张		14.75 插页 3		印　次	2018 年 5 月第 1 次印刷
字　　数		228 000		定　价	68.00 元

版权所有　侵权必究　印装差错　负责调换